ワークで学ぶ

ITO Gen
井藤元 ———編

Pedagogy

教育学

【増補改訂版】

ナカニシヤ出版

はじめに

なぜ「教育学」を学ぶ必要があるのか

　教職を志すうえで「教育学」を学ぶ意味とは何であろうか。本書ではさしあたり、その問いに対して、①私たちが常日頃当たり前だと考えている教育的観念を切り崩し、②それを客観化・相対化するなかでみずからの立ち位置を確認し、③多角的な視座を獲得することで教育に対するものの見方を拡大・深化するためと回答したい。

　教職を志している皆さんはしばしば、教壇に立つうえですぐに役立つ、即効性のある知識を望むことが多い。指導案の書き方、発問の方法、板書の仕方などなど。学べば学んだぶんだけ成果が上がり、明日からでも現場で使える実践的な知識や技術。それらを修得することは教師になるうえでもちろん大切なことである。

　一方、そうした知識・技術とは違って、本書で学んでゆくこととなる教育学は、すぐに役立つ（インスタントな）知識を提供するものではない。教育学を学んだからといって、すぐに良い教育者になれるわけではないし、素晴らしい授業のできる教師へと劇的に変われるわけでもない。さらにいえば、教育をめぐる諸問題への解決策が即座に見出されるわけでもない。

　では、なぜ教育学を学ぶ必要があるのか。

　意外に思われるかもしれないが、じつは教育学を学べば学ぶほど「教育とは何か」がわからなくなってくる。

　何が正しい教育なのか、良い先生とはどんな先生なのか、良い授業とはどのような授業なのか。そう尋ねられたら、皆さんはどう答えるだろうか。これまでの体験をふりかえり、自分の教育体験をふまえて答えを導き出す人が多いかもしれない。もしくは皆さんのなかには、すでにこれらの問いに対する自分なりの明確な答えをもっている人もいるかもしれない。

　けれども、その答えをそのまま無条件に「正答」として信仰し続けることを教育学は許さない。教育学は私たちが無意識のうちに抱いてしまっている教育

観に揺さぶりをかけ、時には根本から破壊してしまうほどのとてつもないエネルギーを秘めている。

　だから、本書を読み終えたあと、「教育についての明確な答えが得られた」とスッキリした気分になることは残念ながらありえない。あるいはスッキリされては困る。本書では教育に関する重大な問いを読者の皆さんに投げかけているが、是非ともそれらの問いの前で立ち止まり、大いに悩んでほしい。というのも、教育者は自分の教育観・教育実践に偏りがないか、自分の立ち位置はどこにあるのかなどをつねに反省しながら実践に臨まねばならないからである。自分の考え方・やり方を唯一絶対に正しいと信じ、無反省な態度でいると、目の前の生きた子どもを相手にする際に大きな誤りを犯すことにもなりかねない。

　みずからの教育観をたえず客観化・相対化するなかで「当たり前」を切り崩す力。多様な価値観に開かれることで「ものの見方」を広げ、さらには深めてゆく力。教育学はそうした力を養うことに寄与する学問だといえる。だから、教育学はけっして明日使える知識を提供するものではない。一生かかっても答えの出ない問いに、それでもなお向き合いつづけるセンスを磨くための学問なのである。

本書の特徴

　本書では主体的学びを促進するためのワークを数多く取り入れている。上で述べたようなセンスを磨くためには、自分の頭で考え、問いを深化してゆくための訓練が必要となるからだ。そこで、つねに当事者の視点から教育を問い直すために、各章には必ずトピックに対応したワークを織り交ぜている。教職を志す皆さんにとって教育学はしばしば無味乾燥な法令や過去の教育家の思想を、その歴史的意義や思想的意味もよくわからぬまま教員採用試験対策のために丸暗記するだけの科目となっているようだが、それではあまりにもったいないし、そうした意識では客観的思考、批判的思考、さらには創造的思考を養うことにもつながらない。本書では、教育学を古臭い知の集積としてではなく、日々のアクチュアルな問題に向き合うための視点を提供するものと捉えているので、つねに現代的問題との関連のなかで個々のトピックを掘り下げてゆく。具体的には、漫画や映画などを随時取り上げながら、身近なメディアを通じて教育

問題を吟味していく章を数多く用意している。

　本書は、とくに教職を志している大学生・短大生・専門学校生などを対象として書かれたものであるが、現場の先生方や教育に関心をもっている一般の読者にも手にとっていただけたら幸いである。

　なお、本書の執筆者はいずれも大学で教鞭をとっている研究者である。私たち研究者は、一方で「研究」に軸足を置き、わかる人にだけわかる難解な言葉で、わかる人にだけわかる難解な内容を論述することに精力を傾け、論文執筆の際には事実それが求められている。だが、他方で「教師」として授業を行う際には、いかに難解な内容を平易な言葉で聞き手に伝えてゆけるかが求められる。そうした状況にあって、私たちは日々「教育学」の最新の知見をわかりやすく学生に伝えてゆくことを使命とし、葛藤を抱えながらも工夫を重ねつつ授業を行っている。そして本書の作成にあたっては、どの執筆者も具体的に学生たちの顔を思い浮かべ、実際の授業を想定しながら執筆を行った。この意味において本書は研究者による教育学講義のライブ・実況中継ともいえる内容となっている。

　『ワークで学ぶ教育学』の初版を世に送り出してから5年が経過したが、その間、版を重ね、幸いにも多くの読者を得ることができた。今回、増補改訂版を刊行するにあたっては、教育をめぐる時代の変化にあわせて、各章のマイナーチェンジを行うとともに、新たに1章を加え、全20章構成のテキストとなった。

　増補版の出版にあたっては、ナカニシヤ出版の酒井敏行さんに多大なるお力添えをいただいた。この場を借りて心よりお礼を申し述べたい。

　前置きはこれくらいにしておく。「教育学」という名の稲妻に打たれ、新たな思考を切り拓くための第一歩を踏み出すことにしよう。

編者　井　藤　　　元

目　次

ワークで学ぶ教育学〔増補改訂版〕

◎イラスト＝藤沢チヒロ

第1章
「教育」は何のためにあるのか？
「人間」になるために大切なことを「教える」「学ぶ」営みとして

1．「教えられる立場」から「教える立場」へ

　本書を読んでいる人は、何らかの形で「教師（先生）」になることを目指しているであろう。それは「教育」という営みにおいて「教える立場」に立つということにほかならない。だからこそ、いままさに教室で「教えられる立場」に立っているあなたには、視点を転換してもらうことが必要になる。そのために、まずは、次の問いに答えてほしい。

ワーク1-1

いままで「先生に褒められたこと」は何か、どのような状況でどんな内容をどんな言葉や態度で褒められたのか、具体的に書いてください。
いちばん重要な点として「先生はなぜ褒めたのか？」の理由を考えてください。
・たくさん褒められたことがある人は、もっとも印象に残っていることを選んで書いてください。
・あんまり褒められたことがないよ、という人は、自分以外の人の事例でもかまいません。

何を褒められた？（内容）	どんな言葉・態度？（場面）	なぜ褒めたのか？（理由）

　さて、どのような答えになっただろうか。「教えられる立場」からすると、「先生に褒められたら嬉しい」「できるだけ叱られないようにしよう」という意識

でもって「教育」に接する。しかし、あらためて「先生」はどうして褒めたり叱ったりするのだろうと考えてみると、「褒める」「叱る」という行為は「先生」にとって大事な「仕事」の一部であることがわかる。つまり、これからは、あなた自身が子どもたち（児童・生徒・学生）を褒めたり叱ったりする立場になる。そこで、「褒める」「叱る」立場の人間、つまり「先生」はどんなことを考えているのか、種明かしをしてみよう。

2．人間だけが「教育」をする動物？

「先生」が褒めたり叱ったりする理由を一言でいえば、「教育のため」ということになるだろう。ところが、これだけでは説明としてはまだまだ不十分だ。「教育って何？」という問題や、「なぜ、教育のためには褒めたり叱ったりするの？」という問題が残されたままだからである。

そこで、はじめの「教育って何？」という問題から考えてみよう。人間を「**ホモ・エデゥカンドゥス（homo educandus、教育を必要とする動物）**」とする考え方がある。たとえばドイツの哲学者**イマヌエル・カント**（Kant, I. 1724–1804）は「**人間だけが教育を必要とする動物だ**」という。ここで注目したいのは「人間だけ」という部分だ。「えっ、だってほかの動物だって、子どもにいろいろなことを教えるよね」と考える人がいるかもしれない。そのとおりだろう。たとえば、親ライオンは子ライオンに「狩り」の仕方を教える。テレビなどで見たことがある人もいるだろう。子ライオンの前での狩りではあえていつもとは違った行動をとるなど、親ライオンはたしかに子ライオンに狩りを教えている。

しかし、ここで本書が「教育学」を学ぶための本だということを思い出してほしい。少なくとも「教育学」の見方に立った場合には、「教育する（educate）」と「教える（teach, tell）」とは、まったく同じ営みを指す言葉ではない。同じでないということは、どこかに「違い」があるということである。それは何だろうか（ワーク1-2）。

ここで注目するのは、二つの行為の「目的」である。親ライオンが子ライオンに「狩り」の仕方を教える目的は何か。もちろん、子ライオンが「狩りがで

── ワーク1-2 ──

二つの違いを考えてみよう

【子どもたちを「教育する」】　【「狩りの仕方」を「教える」】

きるようになること」だし、それによって子ライオンが自分で自分のエサを手に入れることができるようになることだ。その結果、子ライオンは自分の力で生きていくことができるようになる。だから、もしも親ライオンが子ライオンを褒めるとしたらうまく獲物をしとめた（狩りに成功した）ときだろうし、叱るとしたら獲物を逃した（狩りに失敗した）ときだろう。

　それでは、人間が子どもを「教育する」ときの「目的」は何だろうか。「ワーク1-2」の絵のなかでは、子どもたちは理科の実験をしている。「理科の実験ができるようになること」、それが子どもたちを「教育する」ことの「目的」なのだろうか。こんなふうに聞けば「何か違う……」と感じる人がいるはずだ。なぜなら、ライオンの「狩り」の場合と違って、理科の実験ができなくても人間は生きていくことができるからである。学校の勉強中に、「こんなことは二度と人生のなかで使わないだろうな……」と思ったことがある人もいるかもしれない。それは、とても素朴でとても大事な問いのはじまりでもある。

　なぜ、人生のなかで実際には使わないように思える知識や技術を人間はあえて教えたり学んだりするのか。ここに「教育する」ことの「目的」を考えるヒントがある。人間にとって「教育する」ことの「目的」は、たんに目の前のこ

5

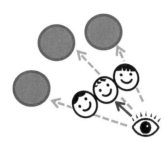

←：見る　←---：観る

図1-1　教師が「観て」いるのは、目
　　　の前のことだけではない

とができるようになることだけではないのである。だからこそ、人間の教師が褒めたり叱ったりする場合、教師は単に子どもたちが目の前のことをできたかどうか、という点だけを「観て」いるのではない。たとえば、子どもたちは、理科の実験が成功しても叱られることがあるし、逆に失敗しても褒められることがある。そうした教師の一見「謎の行動」は、教師が子どもの側からは「見えにくい」ような「教育の目的」を意識し、それにもとづく行動をとっているからである。

3.「教育」は子どもをどうすること？

　それでは、いよいよ教育の「目的」の話に入ろう。じつは、これにはたくさんの説明の仕方がある。というのも、どのような場で誰が教育をするのか、という点によって違いが出てくるからである。ライオンの事例では、親ライオン、子ライオンという書き方をした。動物の場合は、群れをつくる場合も含めて「親が子に教える」ことがほとんどである。しかし人間の「教育」の場合は、「親が子に教える」教育、つまり家庭教育だけでなく、学校教育、地域教育、企業教育、社会教育といった、多様な「教育する場」と「教育する人」が存在する。まずはこの点を「教育」という行為の特徴の一つとしてしっかりと心にとどめておいてほしい。

　そのうえで、ここではあなたに学校の「教師」になってもらおう。「先生」であるあなたに聞きたい。「教育」とは子どもをどうすることなのだろうか（ワーク1-3）。

　どのような答えになっただろうか。もちろん、一人ひとりの違いはあるだろう。しかし、「教育とは、子どもを悪く変えることである」のように答えた人はあまりいないのではないだろうか。実際に授業のなかで学生から答えてもらった例をみてみると、「子どもにいろいろな能力を身につけるようにする」

― ワーク1−3 ―

以下の文章の○○に適当な言葉を入れて文章を完成させてください。

文字数は関係ありません。また、「する」の部分が変化してもかまいません。

「教育とは、子どもを○○することである。」

⋯⋯⋯⋯⋯⋯⋯⋯⋯⋯⋯⋯⋯⋯⋯⋯⋯⋯⋯⋯⋯⋯⋯⋯⋯⋯⋯⋯⋯⋯⋯⋯⋯⋯⋯⋯⋯⋯

⋯⋯⋯⋯⋯⋯⋯⋯⋯⋯⋯⋯⋯⋯⋯⋯⋯⋯⋯⋯⋯⋯⋯⋯⋯⋯⋯⋯⋯⋯⋯⋯⋯⋯⋯⋯⋯⋯

⋯⋯⋯⋯⋯⋯⋯⋯⋯⋯⋯⋯⋯⋯⋯⋯⋯⋯⋯⋯⋯⋯⋯⋯⋯⋯⋯⋯⋯⋯⋯⋯⋯⋯⋯⋯⋯⋯

「子どもの可能性を伸ばしてあげる」「子どもを幸せにする」「子ども一人ひとりをよくみてそれにあわせる」といった答えが並ぶ。あなたの書いた答えはどうだろうか。表現はさまざまな形をとっているだろうが、おそらく、子どもたちにとって何らかの「善いこと」や「善い方向」を意味する内容が含まれているはずだ（ところで、自分は「教育」の悪いイメージを表す言葉を書いたという人もいるだろう。心配には及ばないし、それは「教育学」を学ぶうえではとても大切なことだ。本章の「6. 教育的価値をつくるのは誰か」を参照してほしい）。

　教育学者の村井実（1922-）は、人間はみな「善くなろうという意思」をもっており、それを手助けするのが「教育」だと説明した。私たちは日常生活のなかでとくに意識することがなくても、「教育」を通して子どもたちを何らかの「善さ」へと導こうとしている。これが、「教育する」ことの「目的」を考えるうえでの第一歩である。

　「教育」は子どもたちを何らかの「善さ」へと導くことであるとすれば、この「善さ」とは何だろうか。どうすれば子どもたちを「善さ」へと導くことができるだろうか。ここで、「教育」することの「目的」を考えるうえでの手がかりとなる代表的な考え方（モデル）を三つ紹介するので、どれがいちばんあなたのイメージに近いかを考えてほしい。

　第一に紹介するのは古代ギリシアの哲学者である**プラトン**（Plato 前427-前347）の**「イデア論モデル」**だ。世界史や倫理の授業で聞いたことがある名前だろう。プラトンは、この世界にあるものはすべて仮の姿であり、真の姿は観念の世界の「イデア（ιδέα, idea）」である、と考えた。人間によって「善さ」

「教育」の目的は、人々が物の見かけに惑わされずに「善のイデア」を観ることができるようにすることだ。

図1-2 「善のイデア」を「観る」

の「イデア」は一つであり、それを目指すことが「教育」だとプラトンはいう。この「イデア論モデル」にもとづくならば、正しいことやその方向性は一つに定まっており、それを子どもたち自身が「観る」ことができるように導いていくことが「教育」の営みとなる。

次に、**ジャン＝ジャック・ルソー**（Rousseau, J. J. 1712-1778）の「**自然主義モデル**」だ。こちらも世界史や倫理に登場する人物である。ルソーは、人間がもともともっている素質に注目し、それを大切にすることが「教育」だと考えた。

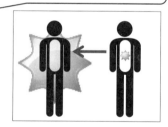

「教育」の目的は、人々の自分自身のなかにある「素質」が「自然に」現れるようにすることだ。

図1-3 「素質」が現れる

ルソーの思想を表すものとして「**自然に還れ**」という言葉が有名だが、それは「野生動物のようになれ」ということを意味するのではない。むしろ、「自然主義モデル」にもとづくならば、子どもたち一人ひとりがもっている素質を大事にし、それが自然に現れてくるように仕向けることこそが「教育」の営みとなる。

最後に登場するの

「教育」の目的は、人々が自分自身で「学ぶ力」を育てることだ。

図1-4 「学ぶ力」を育てる

はジョン・デューイ（Dewey, J. 1859–1952）の**「進歩主義モデル」**だ。デューイは、現代の「教育学」の基礎の一部をつくった人物であり、また同時に「教育学」を揺さぶり続けている人物でもある。プラトンの「正しいことは一つ！」という考え方やルソーの「正しいことは一人ひとりのなかにある」という考え方は、「教育」の「善さ」とは何かを考えるうえでとてもわかりやすい。しかし、これに対してデューイは、「正しいことは徐々につくられていく」と考える。つまり、デューイにとってすでにできあがっている「正しいこと」はどこにもない。ゆえに「進歩主義モデル」では、「正しいことを自分でつくりあげる力」を育てることが「教育」の営みとなる。

さて、以上の三つの考え方（モデル）のなかで、あなたの考え方に近いもの、あるいは、あなたが「この考え方はいいな」と思えるものはあっただろうか。先の三つの考え方のように、「教育学」にはたくさんの思想や考え方があり、「教育」の「目的」を考えるうえでの重要なヒントとして受け継がれている。しかし、それらを学ぶうえで重要なことは、「あなたはどう考えるのか？」ということだ。だから、三つの考え方をたんに丸暗記するだけでは意味がない。三つの基本的な考え方を知ったうえで、「あなたのモデル」を考えていくときに、はじめてこれらの考え方は「活かされる」といえる。

4．「教育」は何を育てたいの？──「学力」とテスト

さて、先ほど「善いこと」を目指す「教育」の営みを表す三つのモデルについて考えてもらった。「善いこと」を表すモデルが複数あるということは、私たち自身が、「教育」にとっての「善いこと」とはそもそも何であるかを考える必要がある、ということだ。もしも、はじめから「善いことは○○だ」とわかっているならば、子どもたちに対してどうすればいいかも必然的に導き出されるかもしれない。しかし、「教育学」とは、「どうやって善いことを目指すの？」と問うだけでなく、「子どもにとって何が善いことなの？」と問う学問でもある。ここで、ふたたび「先生」としてのあなたに聞いてみよう（ワーク1−4）。

たとえば、小学校の教室に「明るく元気な子」「ねばり強くあきらめない

あなたにとって、「いい子」とはどんな子どもですか？　その子どもがもっている能力、性質、態度など、できるだけ具体的に書いてください。注意点は、「先生の立場から考えるいい子」という点です。

子」「大きな声であいさつできる子」といった言葉が掲げられていることがある。あるいは、宿題をきちんとやったり、先生の言ったことを守ったり、テストの点数が上がったりすると、「いい子だね」と言われたりする。そこには、「子どもが目指す姿」としての「いい子」という存在が設定されている。しかし、先ほどのデューイの考えを思い出してみよう。あらかじめできあがった「正しいこと」がこの世界にはなく、「正しいこと」自体がつくられていくものだとすれば、「いい子」の姿もまたつくられていくということである。この「いい子」についての考え方は、たんに一人ひとりの「個人的な考え方の違い」として説明できる問題ではない。それは、一人ひとりの個人の考え方そのものが「生まれたときからそう考えていた！」といいきれるものでないかぎり、必ずどこかから材料をもらっており、時代、文化、場面などに応じてさまざまに変化する。

　たとえばここで、「頭がいい子」という点に限定して考えてみよう。学校教育の考え方でいえば、「頭がいい」とは「学力がある（学力が高い）」ということである。「**学力問題**」という言葉を聞いたことがある人もいるだろう。「高い、低い」ということがいえるのだから、それは「測定することができる」と考えられている。測定のために使用されるものの一つが「学力テスト」である。ここで次の二つの「学力テスト」を比べてみよう。

テスト A 型

（1）$\dfrac{12}{n} = \dfrac{36}{21}$ のとき、n の値は、次のどれですか。

　　　① 3　　② 7　　③ 36　　④ 63

（2）日本の初代総理大臣の名前を答えなさい。

（3）東京とイギリスの時差を答えなさい。

（（1）は TIMSS 型テストより一部改編）

テスト B 型

環境に関する宿題として、生徒たちは、

人々が捨てたゴミの分解時間について、種類ごとに情報を集めました。

ゴミの種類	分解時間	ゴミの種類	分解時間
バナナの皮	1～3 年	チューインガム	20～25 年
オレンジの皮	1～3 年	新聞	数日
段ボール箱	0.5 年	ポリエチレンのコップ	100 年以上

ある生徒は、この結果を棒グラフで表すことにしました。これらのデータを表すのに棒グラフが適していない理由を一つあげてください。

（PISA 型テストより一部改編）

　どちらの「テスト」が難しく感じるだろうか。ここで重要なことは、「学力テスト」にはさまざまな種類があり、その「難しさ」にも種類があるということだ。たとえばテスト A 型は、「分数の性質」や「人名」などを覚えていないと回答することができない。それは主として「覚えられるかどうか」に関する「難しさ」であり、そのための能力を測っているといえる。一方でテスト B 型は、覚えるよりも「考える」ことや「説明する」ことに関する「難しさ」である。必要な情報は問題のなかにすべて与えられているのだから、難しいのは「適していない理由」を考えることだし、またその理由を「他の人にわかるように説明できるかどうか」という点になる。

　このように、「学力テスト」の種類やそれを使って「測ろうとしている能力」（つまり学力）の種類はたくさんある、ということを知っておいてほしい。そうすると、「学力テスト」で測ろうとしているものが、人間がもつ能力の一部分であることがわかってくる。テストは「測る」ための道具・方法の一部で

あり、「目的」そのものではない。だからこそ、「教師」や「教育学」は、テストで測っている能力以外の大切なものが存在していることをつねに忘れてはならないし、「何をどう測るか」を慎重に丁寧に選んでいく必要がある。

5.「人間」にとって大切なこと（教える必要があること）とは何か？

── ワーク1-5 ──

（1）次の①～⑧を、「教える必要がある（教えることが大切だ）」と思う順番に並べてください。またその順番にした理由も書いてください。

（2）次の①～⑧を、「教えやすい（教えることが簡単だ）」と思う順番に並べてください。またその順番にした理由も書いてください。

①「学」という漢字を教える　　　　　②二次方程式を教える
③「平安京は794年に造られた」ことを教える　④自転車の乗り方を教える
⑤友だちのつくり方を教える　　　　　⑥優しさを教える
⑦生活習慣を教える　　　　　　　　　⑧いのちの大切さを教える

（1）

（2）

　どのような順番になっただろうか。また、（1）の順番と（2）の順番は同じ順番になっただろうか、それとも違う順番になっただろうか。「ワーク1-5」にあげた①～⑧の項目をそれぞれにみていくと、「人間にとって大切だ」「生きていくうえで必要だ」とみなされているものについて、その「大切さ」や「必要さ」にもいくつかの種類があることを感じるのではないだろうか。

　たとえば、①～③の項目は、日本の教育の枠組みを形づくっている**学習指導要領**に「教えなければならないこと」として記載されている項目であり、いわゆる「**基礎学力**」と呼ばれる。また④⑤の項目は、実際に生活をしていくなか

で「身につけていると便利」だったり「使うことが多い」項目である。さらに⑥〜⑧の項目は、「能力」というよりも、**「習慣」「性質」「ルール」「道徳」**と呼ぶほうがピンとくるような項目だろう。

　ここで、①〜⑧の項目に共通していえること、そして「教師（先生）」を目指す人にはぜひ知っておいてほしいことは、①〜⑧はすべて「教えられる」ことによって、いいかえれば「教育」や「学習」を通して人間が身につけていくもの（学んでいくもの）だという点である。

　また逆に、①〜⑧の項目のそれぞれの違いは何か。たとえば①〜③の項目は、それぞれ「国語」「数学」「歴史」といった違いはあっても「言葉で回答できる」「情報としての知識である」といった点では同じである（「命題的知識」などと呼ぶこともある）。一方で、項目④⑤の「自転車の乗り方」や「友だちのつくり方」は、「実際にやってみる」ことなしには判断できない項目である（「方法的知識」などと呼ばれたりする）。さらに⑥〜⑧になると、どのように判断すればいいのか、という点から意見が分かれてくる。たとえば「優しさを身につけたかどうか」を判断するためのテストや「AとBのどちらが優しいか」を測るためのテストを適切に設定できるだろうか。（こうした点もふまえて、⑥〜⑧をあえて「規範的知識」などと呼ぶ場合もある）。

　ここで重要なことの一つは、「子どもが回答できたかどうか」と「教えることができたかどうか」という判断はまったく同じではない、という点である。「命題的知識」のように「言葉で回答する」ことで「教えることができた」と判断されるものもあれば、「方法的知識」のように「実際にやってみる（できる）」ことではじめて「教えることができた」と判断される場合もある。

　さらにもう一つ重要なことは、「教育する」ことを考えるうえで、「人間にとって大切かどうか」という点と「教えやすいかどうか」という点とは必ずしも一致しない、ということである。たとえば、「「学」という漢字」は「言葉で回答できる」ために紙のテストを使って測定することができる。しかし「優しさ」は「言葉で回答できる」だけでは不十分なために紙のテストを使って測定することは難しい。だからといって、「「学」という漢字」を教えることのほうが「優しさ」を教えることよりも大切である、と考えてしまうことは大きな間違いのもとであろう。

それにもかかわらず、「測定しやすいもの」や「眼に見える結果」が人間に対して与える影響は大きい。この点も覚えておいてほしい。だからこそ、「教師」の立場からは、「教えることが大切な項目」と「教えやすい項目」との違いをはっきりと認識しておくことが必要であるし、そのうえで「なぜ、自分はこのことを子どもに教えるのか」についても考えをもつ必要があるのだ。

6．教育的価値をつくるのは誰か——「教育」と「社会」

人間にとって教えることが大切だと考えられる項目やその基準となるものを「教育的価値」と呼ぶ。基本的には、この「教育的価値」と社会のなかで重要だと考えられている項目やその基準である「社会的価値」とは一致するはずである。なぜなら、「教育」は人間の社会的営みの一つであり、何らかの形で社会に貢献するためのものとして想定されているからである。

しかしながら、「教育的価値」と「社会的価値」とが一致する、という点について疑問を感じる人もいるだろう。たとえば、本章の第3節の「ワーク1−3」で学生から、「教育とは子どもたちに役に立たないことを教えることである」「教育とは子どもたちを大人の思うように動かすことである」「教育とは子どもたちから個性を奪うことである」といった回答がなされることがある。オーストリアの哲学者**イヴァン・イリイチ**（Illich, I. 1926–2002）は、学校的な考え方が社会全体を覆い尽くすことの危険性を指摘した。これはたとえば、「ワーク1−5」のなかでの「教えやすい順番」が「人間にとって大切な順番」と完全に同じだとみなされるようなものだ。つまり、一歩間違えると、「学校の紙のテストでいい点数をとる」ことと「人間として優れている」こととがまったく同じだとみなされてしまうのである。

さらに、「大人の思うように動かす」という回答があるが、フランスの哲学者**ミシェル・フーコー**（Foucault, M. 1926–1984）は、学校を「監獄」の一種にたとえて、「教師」の視線を受け続ける子どもたちが最終的には自分自身で自分自身を縛りつける（規律を内面化する）ようになる、と述べた。「ワーク1−5」では「優しさ」や「命の大切さ」も教えることが必要な項目の一つとして並べたが、それらは「教えられる」ことによって身につく能力・性質である。

つまり、「教育」という行為は、それだけ人間の内面に深くはたらきかけることのできる営みであるし、同時に、それだけ人間の内面にはたらきかけてしまう営みなのだ（同様の問題については第3章を参照）。

　以上のことをふまえると、「教師」となる人・「先生」と呼ばれる人は、「教育」のもつ力、「教育」のもつ「怖さ」についても自覚しておかなければならない。「教師」が子どもを善くしようとした結果、子どもを不幸にしてしまう以上の「怖さ」があるだろうか。あなたも、それは避けたいはずだ。そのためには、「教師」がつねに自分自身の「教育」に対する問いを忘れないことが必要となる。本書の「ワーク」は、すべてがそのための手がかりであり、一度答えを出したら終わり、というものではない。むしろ、問い続ける「教師」、思考し続ける「教師」へと、あなたを導くための「ワーク」である。

　最後に、「ワーク1-1」を今度は「教師」の視点からやってみてほしい。「教育」の力と怖さをふまえたうえで、考えてほしい（ワーク1-6）。

ワーク1-6

あなたが「教師」だとしたら、子どもたちのどんなところをどんなふうに褒めてあげたいですか。その理由も書いてください。

【読書案内】

①プラトン（藤沢令夫訳）『国家』岩波文庫、岩波書店、1979年。

　「理想の国家」を問うソクラテス／プラトンの問答は、「理想の人づくり」を問う問答でもある。あらゆる教育思想の源流の一つが「対話」という形で残されている点にも注目したい。

②ルソー（今野一雄訳）『エミール』岩波文庫、岩波書店、1962年。

　1人の少年を1人の家庭教師が育てる物語。「子ども発見の書」と讃えられる書であり、ルソーにとっての「自然」ということの意味（「放任」ではない）が表された

書でもある。

③デューイ（松野安男訳）『民主主義と教育』岩波文庫、岩波書店、1975 年。

　「経験主義」や「個性尊重」の教育でも有名なデューイの、その根本となる「民主主義」への問いの提起でもある書。「個人」と「孤人（孤立した人)」との違いを考える手がかりをくれる。

④佐伯胖『「学ぶ」ということの意味（子どもと教育)』岩波書店、1995 年。

　人間にとって「学ぶ」とはどういう営みなのかについて、具体的に問いかける書。同じ著者の『「わかる」ということの意味』や『「学び」の構造』とあわせて読むと、なお問いが深まっていく。

参考文献

フーコー（田村淑訳）『監獄の誕生──監視と処罰』新潮社、1977 年。

イリイチ（東洋・小澤周三訳）『脱学校の社会』東京創元社、1977 年。

生田久美子・北村勝朗編著『わざ言語──感覚の共有を通しての「学び」へ』慶應義塾大学出版会、2011 年。

カント（加藤泰史他訳）『カント全集 17　論理学・教育学』岩波書店、2001 年。

村井実『「善さ」の構造』講談社学術文庫、講談社、1978 年。

ライル（坂本百大他訳）『心の概念』みすず書房、1987 年。

（尾崎博美）

第2章
なぜ公教育は必要なのか？
公教育が必要な四つの理由

1．公教育をめぐる三者関係

　なぜ私たちは学校教育を受けなければならないのだろうか。本章では、学校教育を「公教育」と呼んで、この問いについて考えていきたい。学校教育を「公教育」と呼ぶ理由は、論が進むにつれておのずと明らかになるだろう。

　では、なぜ公教育は必要なのか。この問いについて考えるために、アメリカでのウィスコンシン対ヨーダー事件という裁判をみていこう。プロテスタントの宗派であるアーミッシュの信徒である親が、10年間の義務教育制度の最後の2年間の教育を子どもに受けさせないことにしたのに対し、州が親を就学義務違反として処罰した。ヨーダー事件では、この処罰が信教の自由に反しないかどうかが問われた。アーミッシュは17世紀以来続く宗派で、信徒だけで共同体を形成し、文明的な生活から隔絶された生活を送り、その教義は俗世間との交わりを絶つように求めている。また、アーミッシュでは、子どもは生まれてすぐに洗礼を受けるのではなく、青年期に洗礼を受けることになっているため、子どもが学校でさまざまな経験をしたり、新しい情報にふれたりすることは、子どもが将来アーミッシュに入信しなくなる危険性を増大させるのである。それゆえ、この親は、子どもがアーミッシュとしての人生を送るには一定レベルの教育で十分であり、それ以上の教育は不必要であるだけでなく有害であると考え、子どもに最後の2年間の義務教育を受けさせないことにしたのである。

その後、法廷闘争となり、最終的な判断は連邦裁判所に委ねられることになった。では、あなたが連邦裁判所の判事ならば、どういう判決を下すだろうか。判決を下してみよう。

ワーク2-1

ウィスコンシン対ヨーダー事件において、あなたが判事ならばどんな判決を下しますか？

....

....

....

連邦最高裁判所は、アーミッシュとの関係で一定の年齢以上の就学義務を免除しないのは、**親が自分の宗教上の信念にもとづいて子どもを教育する自由**を侵害しているとして、アーミッシュの主張を認めた。最高裁は、子どもが**自律した個人**になるために、また、**民主主義を担う市民**になるために、義務教育制度が必要であるとしながらも、義務教育の最後の1、2年を免除したからといってこれらの義務教育の目的が大きく損なわれることはないと判断した。この事例においては、親の信教の自由と公教育が対立しているが、最高裁は、自律した個人の育成と民主主義を担う市民の育成という公教育の一定の目的を損なわないという条件で、親の信教の自由を擁護したのである。

しかし、この判決で個別意見を書き、義務教育の免除に懸念を示したウィリアム・ダグラスという判事がいた。ダグラス判事は、親の宗教という理由で義務教育を免除するならば、親の宗教的な考え方を子どもに押し付けることになるという意見を記した。ダグラス判事がこだわったのは、子どもの意思がどちらにあるのかはっきりわからないときに親の意思を優先するべきではないということだった。この事件の生徒はすでに14、15歳であり、親だけでなく自分でも「宗教的理由で学校に行きたくない」と述べていたから、最高裁の判決の多数意見は、この証言をもって義務教育免除を望む意思として十分であるとみなした。しかし、ダグラス判事の少数意見は、親と子どもの利害が潜在的にであれ対立する可能性を有していることを指摘した点で重要である。

実際の判決は以上のとおりだったが、親の利害、子どもの利害、公教育の目

標という三つの視点から原理的に考えてみよう。公教育の目的を重視する立場
からは、このアーミッシュの親が義務教育をすべて否定したわけではなく、そ
の最後の 2 年間を免除するように要求しただけであったとしても、親の宗教上
の信念を理由に子どもの義務教育免除を要求することは認められないという判
決がありうる。たとえば、民主主義を担う市民の育成という目的からすれば、
8 年間の義務教育では足りないといいうる。

　一方、子どもの利害を重視する立場の判事はどのように判決を下すだろうか。
この事例では、この生徒は自分の意思で学校に行きたくないと言ったのだから、
親と子どもの意見は一致している。それゆえ、親の主張が認められるべきだと
いう判決がありうるだろう。しかし、子どもの利害を考える場合、まったく逆
の判決もありうる。というのは、子どもの利害を、そのときの本人の意思だけ
で考えてよいかどうかという問題があるからである。たとえば、子どもが将来、
「義務教育を最後まで受けたかった」と言う可能性がある。これは、子どもの
判断力が十分かどうかという問題である。判断力が十分でなければ、子どもの
現在の意思と子どもの将来の利益が対立する可能性があるのである。子どもの
将来の利益を考えれば、子どもが将来自分の宗教を自分で選べるようにするた
めに、義務教育を受けさせるべきだという意見もありうる。これは自律した個
人の育成という公教育の目的と重なる。このように、公教育をめぐっては、①
親の利害、②子どもの利害、③公教育の目的、という三つの観点から考える必
要がある。

2．「私事の組織化としての公教育」論からみる公教育の必要性

　前節の事例をふまえつつ、公教育の必要性を、「私事の組織化としての公教
育」論によって検討してみよう。この理論を唱えた堀尾輝久は、教育は本来私
事であり、公教育とは私事を組織化したものであると捉えている。教育が私事
であるということは、子どもを教育する権利と義務は本来、親や家庭に属する
ということである[1]。もちろん、親が直接教育を行うことができない場合、
家庭教師を雇って教育をまかせることはできる。しかし、その場合でも、どう
いう家庭教師を雇いどうやって教育させるかは親が決めることである。このよ

うに、本来、教育とは親の自然権に属する。つまり、親が自分の子どもの教育について決定する自由は、国の法律が定めなくても、生まれながらに天から与えられている。そして、親が本来もっている教育の権利と義務を教師にゆだね、教育を共同で行うのが公教育である。

　しかし、前節でみたように、親が教育を決定する権利が公教育と対立する事例があるのはたしかである。だが、たとえば学校の教科を通じて一定の学力を身につけさせることを拒否する親はほとんどいないだろう。それゆえ、「私事の組織化としての公教育」論が主張しているのは、公教育とは親の子どもに対する願いを共同化したものであるべきだということである。このような主張がなされるのは、戦前の国家主義的な「公」観に対する強い反省があったからである。国家主義的な「公」観においては、公とは国家のことであり、個人は私心を捨てて国家に尽くすべきだとされ、教育は子どもの権利であるよりも国家に対する義務であるとみなされていた。

　「公」の意味をどう考えるかによって、教師の位置づけも変わってくる。公＝国家とみなす国家主義的な考え方おいては、教師はいわば国家の僕として、子どもを国家のために役立つ人材にするように教育する使命をもっている。それに対して、「私事の組織化としての公教育」論では、教師は子どもの教育を親から委託された教育の専門家とみなされる。

　ところで、なぜ、本来私事である教育を組織化する必要があるのか。国家主

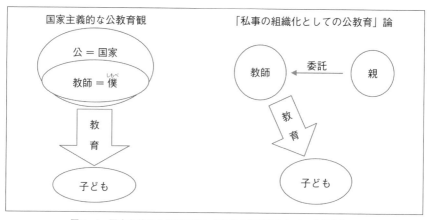

図2-1　国家主義的な公教育観と「私事の組織化としての公教育」論

義的な公教育観にとっては公教育の必要性は理解しやすい。子どもは、放っておいたら国家のために役立つ人材には育たない。だから、子どもに教育を受けさせることを親に対して義務化しなければならないというわけである。それに対して、子どもに教育を与えることが親の権利だとすると、なぜわざわざ教育を組織化しなければならないのかと問われることになる。

　私事である教育を組織化すべき理由は三つある。第一に、**教師の専門性**である。多くの親は、生活に必要な知識については自分で教えることができるかもしれない。だが、親は教科のすべてを自分で教えることはできない。それゆえ、教科を教える専門家である教師が、親のかわりに教える必要が出てくる。しかし、教科を教える専門家ということだけならば、家庭教師や塾の教師でもよいことになる。実際、最近では、学校の教師が塾の教師から研修を受けるという事例もある。しかし、学校の教師は、教科を教えること以外に、生徒指導や特別活動などの仕事も担当している。それゆえ、教師の専門性とは、教師は教科を教える専門家であるだけでなく、子どもの人格形成を促す専門家でもあるということである。

　私事である教育を組織化すべき理由の二つ目は、子どもが生まれた家庭が貧しくて教育を受けられないということを避けるためである。家庭教師を雇ったり、塾に通わせたりするにはお金がかかる。したがって、子どもがどんな家庭環境に生まれついても教育を受ける機会が平等に与えられるようにするためには、教育が無償で与えられなければならない。要するに、家庭の経済状況によって教育を受ける機会に不平等が生じないようにするために、公教育という形で教育を組織化することが必要なのである。国民は、税金を支払うことを通じて、組織化された公教育の供給を支え、**教育の機会均等**に貢献している。

　私事である教育を組織化することが必要になる三つ目の理由は、**親の恣意や偏見から子どもを解放**するために公教育が必要だということである。しかし、ヨーダー事件のところでみたように、この主張には困難がつきまとっていることも事実である。アーミッシュの親は、子どもに必要以上の知識を与えてしまうとして公教育を拒絶したからである。

　親の恣意や偏見から子どもを解放するために公教育が必要だという主張のもとにある考えは、近代の公教育論者として有名な**コンドルセ**（Condorcet, M.C.

1743-1794）の進歩主義である。コンドルセによれば、知識は絶え間なく進歩するのであるから、子どもたちは親たちよりも多くの知識を得ることによって、そこにさらに新しい知識を付け足し、人類の進歩に貢献しなければならない。それゆえ、教育は「新しい世代の権利」なのである。

　このように知識の無限の進歩を目指すべきだと主張するコンドルセにとって、公教育は真理のみを教えなければならないし、道徳教育についても、理性にもとづく万人共通の原理だけが教えられるべきである。それゆえ、公教育で特定の宗教にもとづく教育を行うことは誤謬に加担することである。こうしてコンドルセは、公教育から特定の宗教にもとづく宗教教育を排除することを主張するのである。

　しかし、知識や理性を宗教に優先させるこうした進歩主義は、現代では受け入れられにくくなってきている。それは、知識の進歩の結果として達成された経済的豊かさが、それだけでは人生を豊かにはしないからである。また、知識がいくら進歩したとしても、自分がどうしてこの世に生まれてきたのか、自分の生きる意味は何か、といった問いに答えが与えられるわけではない。科学が発展した現代にオカルトブームやスピリチュアルブームが生じていることは、知識や理性が宗教よりも優先するという考えが危機に瀕していることを示している。

　それにともなって、知識と理性にもとづく世俗教育によって子どもたちを親の偏見から解放すべきだという主張も説得力を失いつつある。現代では、一部の親にとっては、子どもが学校で学ぶ知識や理性的な考え方のほうが、自分が信じている宗教の教えよりも価値があるとは思えなくなっている。とりわけ、子どもが学校で学ぶ内容が自分の宗教の教義と反すると思える場合には、アーミッシュの親のように、宗教を優先する親もいるのである。

　本節では、「私事の組織化としての公教育」論の立場から公教育の必要性を考えてきた。①教師の専門性、②教育の機会均等、③親の偏見からの解放という三つが、公教育を必要とする理由であった。しかし、「私事の組織化としての公教育」論では明確には語られていないが、公教育を必要とするもう一つの理由がある。それは、ヨーダー事件のところでふれたように、民主主義を担う市民を育成するためには公教育が必要だということである。そこで、次節では、

民主主義を担う市民の育成を「**シティズンシップ教育（市民性教育）**」と呼んだうえで、このシティズンシップ教育と公教育の関係について考えていこう（シティズンシップ教育については第7章もみてほしい）。

3．シティズンシップ教育としての公教育

シティズンシップ教育と学校教育

　わが国において公教育が市民を育成するという目的をもっていることは、現在の教育基本法の第1条の教育の目的、すなわち、「教育は、人格の完成を目指し、平和で民主的な国家及び社会の形成者として必要な資質を備えた心身ともに健康な国民の育成を期して行われなければならない」という条文からも明らかである。この条文では、「平和で民主的な国家及び社会の形成者として必要な資質」を育成することがシティズンシップ教育にあたるだろう。戦後すぐに制定された旧教育基本法でも、「平和的な国家及び社会の形成者」を育成すると書かれていたので、じつは、学校教育でシティズンシップ教育を行うべきだということ自体はなんら新しい考え方ではない。ただし、戦後は、教育の政治的中立性の原則のもとで、特定の政党を支持するための教育が禁止され、結果的に、特定の政党を支持することを目指してはいない政治教育すらも忌避される傾向があった。それゆえ、教育基本法にうたわれていたはずの「平和的な国家及び社会の形成者」の育成のためのシティズンシップ教育は空洞化されていたといえる。しかし、1990年代以降、イギリスなどの諸外国の影響もあって、政治に参加する能力や意欲を養うことが、公教育の重要な目的とみなされてきている。こうしたシティズンシップ教育を推進する人々は、特定の政党を支持するための教育ではない政治教育であれば、忌避するのではなくて、むしろ積極的に行うべきだと主張する。この主張は、日本のような民主主義社会にあっては、政治とは、一部の政治家が行うものではなく、私たち一人ひとりの意思決定にもとづいて行われるべきものであり、私たち一人ひとりの「市民」が政治の主体であるべきだという前提があるからである。それにもかかわらず、現実には、若者の政治への無関心が指摘されており、そのことは投票率の低さにも表れている。シティズンシップ教育を推進しようという主張の背景には、こ

うした現状に対する危機感がある。

　ところで、このシティズンシップ教育は、必ずしも学校教育のなかの特定の教科や領域で行うべきだと主張されているわけではない。たしかに、先述したように、以前に比べると、政治に関する知識の習得よりも**政治に参加する意欲や態度の育成**が強調されているので、特別活動のなかで実践的な活動をしたり、総合的な学習の時間のなかで現代社会の諸問題について問題解決的に学習することで政治への関心を高めたりすることの意義に注目が集まる傾向にある。しかし、たとえば、政治的な問題として環境問題を捉え、それを解決するためにはエネルギーに関する知識を理科で学ぶ必要があるように、市民としての資質を育成するための教科教育の意義がなくなっているわけではない。むしろ、たんに総合的な学習の時間でシティズンシップ教育を行うというようなことではなくて、市民の育成という目的からみたときに、学校教育全体のカリキュラムや教育方法をどのように編み直すかということが問題なのである。

　しかし、シティズンシップ教育という観点から学校教育全体を捉え直すといっても、それでイメージされる教育は市民性の内実をどう考えるかによってさまざまでありうる。そこで、ここでは市民性の内実について二組の対比から考えてみることにする。

コスモポリタニズム対共同体主義

　まず、自分たちが属する一つの国家に対する忠誠を優先するのか、それとも、人類という世界規模の共同体への忠誠を優先するのかによって、シティズンシップ教育の内容は変わってくる。人類共同体への忠誠を優先する立場を**コスモポリタニズム**、国家への忠誠を優先する立場を**共同体主義**と呼ぶ。教育基本法の第2条の教育の目標をみると、「伝統と文化を尊重し、それらをはぐくんできた我が国と郷土を愛する」ことと「他国を尊重し、国際社会の平和と発展に寄与する態度を養うこと」が並列して書かれているように、わざわざコスモポリタニズムと共同体主義を対立させて考える必要はない場合もある。また、そもそもこれまでコスモポリタニズムにもとづいたシティズンシップ教育というものがどこかの国で存在した事実があるのかどうかを疑う人がいるかもしれない。公教育が国の税金を使って行われているのだから、公教育が国家のため

に行われるのは当然であり、コスモポリタニズムにもとづく教育など幻想にすぎないという意見があるかもしれない。

　しかし、コスモポリタニズムにもとづいた教育がまったく非現実的だというわけではない。たとえば、私たちは、世界史を勉強することによって、諸国の栄枯盛衰を目の当たりにし、さまざまな国で偉大な文化が生まれてきたのをみる。そのようにして、自分の国だけが特別な位置を占めるのではなく、さまざまな国が人類の文化に寄与してきたことを知るのである。同様に、世界史では、19 世紀末のヨーロッパの先進諸国が帝国主義的な政策によってアフリカを植民地化し、アフリカの諸民族の状況を無視した自分勝手なやり方で国境を設定したことが、20 世紀後半の内戦をもたらし、多くの難民や飢餓を生み出してきたことを学ぶ。共同体主義からすれば、そうしたアフリカの悲惨な状況は、私たち日本人にとってどうでもよいことに映るかもしれない。しかし、私たちは、世界史を勉強することで、アフリカという遠くの世界の人々の境遇に、たとえ自分の家族ほどにではないとしても、思いをはせることができるのである。

　では、コスモポリタニズムにもとづいた教育を積極的に擁護する論拠とはいったい何だろうか。ヌスバウム（Nussbaum, M.C. 1947-）は、コスモポリタニズムを共同体主義よりも優先するべき四つの論拠をあげている。

　①コスモポリタン的教育を通じて、私たちは、自分たち自身についてより多くを学ぶことができる。

　諸外国の歴史を知ることを通じて、自分の国の文化や慣習が絶対的なものでないことを知ることができる。それによって、自分の国の文化や慣習こそが「正常」なものだという偏見から解放される。

　②コスモポリタン的教育を通じて、国際的な協力が必要な問題の解決に向けて進んでいくことができる。

　大気汚染などの環境問題、食糧問題、人口問題、などの国境を越えた諸問題は、グローバルな対話を不可欠にしている。グローバルな対話を可能にするには、他国の地理や生態系について知るのはもちろんだが、他国の人々についても知ることが必要である。

　③コスモポリタン的教育を通じて、私たちは、世界の他の部分に対する道徳的責務を認識することができる。

先進諸国の高い生活水準をそのまま発展途上国に普遍化しようとすると、地球温暖化といった生態学的な危機を引き起こしてしまうだろう。それゆえ、私たちは、自分の国の利益だけを考える国民を育てるわけにはいかない。

④国境とは道徳的にみて恣意的な境界である。

たんに国境の内側にいるからという理由でその人たちに敬意を払うことを正当化する道徳的な理由はない。

ここでは、コスモポリタニズムを擁護するヌスバウムの主張が説得力をもっているかどうかを話し合ってみよう（ワーク2-2）。

── ワーク2-2 ──

コスモポリタニズムを擁護するためにヌスバウムがあげる論拠は説得的だろうか？　また、コスモポリタニズムと共同体主義のいずれが説得的だろうか？

古典的共和主義対公民的共和主義

コスモポリタニズムか共同体主義かという対立以外に、シティズンシップ教育をめぐってはもう一つの対立がある。それは、市民として生きるということを人生全体のなかでどれくらい重視するかをめぐる対立である。

専制政治の国家であればまったく政治参加をしないことも許されるが、民主主義の国家であれば、最低限の政治参加がどうしても要求される。そうでなければ、一部の団体が、自分たちにとってだけ利益となるような政策を全国民に押し付けてきたとしても、それに対抗することができないからである。それゆえ、民主主義の国家であれば、民主主義を維持するために最低限必要な政治的資質を養っておくとともに、進んで公的生活に参加する必要がある。この立場が「**古典的共和主義**」である[2]。この「古典的共和主義」は、最終的に個人の自由が侵害されないようにするためにこそ、自分たちの権利に対する関心や

政治に対する関心を高める必要があるという立場であり、公的生活への参加それ自体が美徳であるとまで主張しているわけではない。

　それに対して、「公民的共和主義」は、政治参加こそが人間にとってもっとも重要な活動だと主張するだけでなく、人間の本性は、もっとも広範で活発な政治参加が行われる民主主義社会においてこそもっともよく開花すると主張する。つまり、民主主義的な政治参加は、個人の自由を守るという消極的な目的以上に、それを通じて人間性を陶冶するという積極的な価値をもつ。たとえば、「公民的共和主義」からすると、陪審制度は、たんに人々の権利を守り犯罪者を罰するためにあるのではなく、それに参加することを通じて、同胞への共感と責任をもち、公益に目を向けるようになることを目指す。

　この2種類の共和主義のもっとも大きな違いは、古典的共和主義にとって政治参加は一つの善にすぎず、特権的な価値をもつものではないが、公民的共和主義は政治参加こそが人間にとって本質的な善だとすることである。それゆえ、古典的共和主義は、政治制度に関する一定の知識や政治参加への一定の意欲を陶冶すれば、あとは個人の私生活に干渉することはない。

　この2種類の共和主義のいずれをとるかによって、公教育のカリキュラムは大きく変わってくるだろう。公民的共和主義からすれば、学校を政治参加の練習場とみなし、同胞への共感や責任感といった政治的資質を養うためのカリキュラムを中心におくことになるだろう。その場合、生徒会活動やホームルーム、ボランティア活動などは非常に大きな位置を占めることになり、教科の授業でも討論が中心になるだろう。反対に、上記の政治的資質と結びつきにくい音楽、図工、体育といった教科は縮小されるかもしれない。

　一方、古典的共和主義にもとづく学校のカリキュラムはどういうものになるだろうか。これについては、まったく逆の方向性がありうる。すでに述べたように、古典的共和主義は政治参加を特権的な人間の活動とはみなさない。それゆえ、芸術的感性を育てるといった政治と結びつきにくい教育にも価値を認める。ただし、そのうえで、そうした芸術的感性の教育を公教育の内部で行うべきだと考えるのか、それとも、公教育のなかでそうした教育を行うことを警戒するのかは、立場が分かれる。前者は、芸術的感性の陶冶が人間にとって重要な価値であるかぎり、公教育はそれに責任を負うべきだと考える。それに対し

て、後者は、学習指導要領によって教育内容が拘束されてしまうことで、かえって芸術教育が画一的で決まりきったものになり、自由な教育が行えなくなってしまう危険性を指摘する。

　2種類の共和主義は、以上のような違いはあるが、どちらも民主主義を維持するために必要な一定の政治的資質の養成を公教育の課題とみなしている点では共通している。この政治的資質のなかには、たんに政治制度に関する知識をもっていることだけでなく、政治参加への意欲や態度も含まれている。世界史を例にして述べたように、教科教育がシティズンシップ教育に寄与することはたしかである。しかしながら、現代では、子どもたちがもっと実際に政治参加をしながら、政治について体験的に学んでいくことが求められているといえよう。いずれにしても、公教育をシティズンシップ教育として再編成しようという試みはまだはじまったばかりである。

注
（1）　親は国家に対しては、自分の子どもの教育を決定する権利をもっている。その一方で、親は子どもに対しては、教育を与える義務を負っている。
（2）　「古典的共和主義」と「公民的共和主義」については下記を参照。河野哲也『道徳を問い直す──リベラリズムと教育のゆくえ』ちくま新書、筑摩書房、2011 年、100–104 頁。

【読書案内】
①コンドルセほか（阪上孝編訳）『フランス革命期の公教育論』岩波文庫、岩波書店、2002 年。
　公教育を考えるうえで絶対に避けては通れない古典である。本論でもふれたコンドルセの公教育案は、教育の中立性、世俗性、無償性といった原則を掲げ、その後の各国の公教育に大きく影響を与えた。コンドルセ以外ではルペルティエの公教育案が有名。
②小玉重夫『シティズンシップの教育思想』白澤社、2003 年。
　著者は、学校を批評空間と捉え、古代ギリシアの哲学者ソクラテスが市民と対話を繰り広げたアテネの広場を現代の学校によみがえらせることを主張する。また、シティズンシップ教育の観点から、ルソーやカントなどの教育思想を読み直す視点は画期的である。

③ヌスバウムほか（辰巳伸知・能川元一訳）『**国を愛するということ——愛国主義の限界をめぐる論争**』人文書院、2000 年。

　コスモポリタニズムか愛国主義かをめぐってアメリカの政治哲学者の間で交わされた論争。アメリカと日本の文化は大きく異なるが、哲学的・理論的には共通する問いを抱えている部分もある。シティズンシップ教育について深めるには読んでおくべき図書。

参考文献

コンドルセほか（阪上孝編訳）『フランス革命期の公教育論』岩波文庫、岩波書店、2002 年。

堀尾輝久『現代教育の思想と構造』岩波書店、1971 年。

小玉重夫『シティズンシップの教育思想』白澤社、2003 年。

ヌスバウムほか（辰巳伸知・能川元一訳）『国を愛するということ——愛国主義の限界をめぐる論争』人文書院、2000 年。

阪口正二郎「公教育と信教の自由——義務と自由の微妙な関係」『法学セミナー』570号、2002 年、16-20 頁。

（髙宮正貴）

第3章
学校とはどのような場所なのか？
学校の来歴と未来の学校

1．学校の取り扱い説明書

　あなたにとって学校はどのような場所であっただろうか。友だちと会うことのできる楽しい場所であったかもしれないし、部活動や学校行事の思い出がたくさんつまった大切な場所であるかもしれない。あるいは、人間関係や試験のプレッシャーに悩まされ、毎日通うことが苦痛でしかなかったという人もいるだろう。ちなみに、小学校から高校までの12年間を通じて受けてきた授業時間数は、合計何時間になると思うだろうか。答えは約1万2000時間である。部活動などの時間も含めれば、この数字はさらに膨れあがるだろう。私たちはこのように膨大な時間を学校で過ごし、意識的もしくは無意識的に、さまざまなことをそこで学び、身につけてきた。

　ところで、どこかの教室でこのテキストを開いている人は、自分が教室に入ってから着席するまでの、一連の動作を思い起こしてみてほしい。あなたはごく自然にドアを開け、自分の座席を見つけ、教壇に身体を向けて、椅子に座ったのではないだろうか。何を当たり前なことを、と思うかもしれないが、あなたがいつの間にか身につけたその「当たり前」なことは、かつてはけっして当たり前なことではなかった。次の史料をみてみよう（図3-1）。

　この史料は、**学制**発布（1872〔明治5〕年）の2年後の1874（明治7）年に出版された、『小学教師必携補遺』の一部である。右から左の順番で、教室に入ってから着席するまでの手順が事細かに図示されている。一列になって教室に入り、教師は「教壇」という名の台の上へ、生徒たちは2人一組のペアになって「机」と呼ばれるものの両端に立つ。教師の号令に従って生徒たちは中央へと進み、前を向き、「椅子」に腰かける。当時の人々はこうした取り扱い

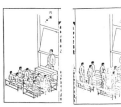

図3-1　号令による教場入場から退場まで

出所）森重雄『モダンのアンスタンス——教育のアルケオロジー』ハーベスト社、1993年、86-87頁。

表3-1　明治初期学校破壊関連事件の全国的布置状況

発生年月日	場所	暴動規模（参加人数）	小学校被害等
明治6年3月1日	宮崎県宮崎郡太田村	200人以上	瓦をはぎ取られる
3月4日	敦賀（現福井）県大野今立坂井三郡	10,000人	—
5月26日	北条（現岡山）県美作国	数万人	15校焼失、3校破毀　教師宅一軒焼失
6月16日	福岡県嘉麻穂波二郡	当初数千人	2校焼失、27校大破
6月19日	鳥取県会見郡	12,000人	教師宅一軒破毀
6月27日	名東（現香川）県鵜足等七郡	事件後20,000人処分	48校焼失
7月23日	京都府何鹿郡	2,000人以上	—
明治9年11月27日	茨城県真壁郡飯塚村等	500人以上	—
12月19日	三重愛知岐阜堺（現大阪府）四県	三重県のみで50,000人以上処分	三重県のみで79校毀焼

出所）森前掲書、67頁。

説明書がなければ、現在の私たちにとっては当たり前な一連の身体的所作を行うことができなかった。

　明治初期の人々にとって、学校は異質な空間でしかなかった。西洋服を着込んだ「教師」なる人物に、貴重な労働力でもあった子どもたちを奪われる。子どもたちは「学校」という得体の知れない空間に閉じ込められ、翻訳版の教科書を通じて、何の役にも立たない事柄を覚え込まされる。そのうえ、当時は「授業料」なるものの支払いまで命じられた。こうした事情から、全国各地で**学校焼き討ち事件**が続発した（表3-1）。就学率も長い間30パーセント前後にとどまっていた。この数値がようやく90パーセントを超えるのは、学制発布から35年後の1907（明治40）年になってからのことである。学校が当たり前の場所として根づくには、ゆうに一世代を超える年月が必要だったのである。

2．学校の隠れたカリキュラム

　表3-1の数字が物語っているように、西洋から移植された学校という装置に対して当時の人々が示した拒否反応は、相当なものであった。数万人規模の学校廃止運動など、学制発布から140年以上がたとうとしているいまとなってはまったく想像できないだろう。もしくは、**小1プロブレム**[1]といった現代の教育問題には、人間が学校空間に対して抱く本質的な違和感が表れているのかもしれない。とはいえ、私たちの大半は入学当初の違和感を乗り越え、学校文化にしだいに身を染めていく。「プロブレム」という言葉が示唆しているように、学校文化になじめないことは、早急に解決すべき問題として認識されている。

　ここではまず、私たちが学校という場で身につけるふるまいやルールについて考えてみたい。小1プロブレムを問題だとみなす私たちは、どのような身体的・言語的所作や考え方を子どもに求めているのだろうか。学校という場に特有のルールや、教師たちに称賛されるふるまいを、思いつくままに列挙してみよう（ワーク3-1）。

> ── **ワーク3-1** ──
> 学校で身につけるふるまいやルールをあげてみよう。
> ....
> ....
> ....

　いくつのふるまいやルールを言語化できただろうか。チャイムが鳴ったら教室に戻ること、授業中はだまって先生の話を聞くこと、出歩いたり、立ったりしないこと、発言の際には挙手すること、先生や目上の人には敬語で話しかけること、先生から言われたことをきちんと守ること、教科書には正しい事柄が書かれていると信じること……。学校という場所で私たちは、さまざまな身体的・言語的所作や考え方を意識的あるいは無意識的に身につける。学習指導要領に明記された**顕在的カリキュラム**よりもむしろ、我慢強さや従順さといった

価値内容からなる**隠れたカリキュラム**を身につけた子どもたちが、学校では高く評価される。

　顕在的カリキュラムと隠れたカリキュラムを効率的に伝達する装置としての学校は、学制発布から現在に至るまで、ほぼ当時のままの姿形を保ってきた。住宅やオフィスといった、私たちの生活空間がこの間に遂げてきた数々の変化を思い浮かべれば、その特異性はいっそう際立つだろう。しかしその一方で、学校という伝達装置はそろそろ限界を迎えているとの指摘もある。学級崩壊、いじめ、不登校、そして先にみた小１プロブレムなど、学校装置の機能不全を思わせる現象が生じてきているように思われる。この指摘が正しいとすれば、現在の私たちには、新しい学校の形を構想することが求められているといえるだろう。そのためにも、以下ではこれまでの学校装置を駆動させてきたある原理について考え、修繕が必要な箇所をみきわめてみたい。

3．近代の学校装置とその原理

ベル＝ランカスター法

　学制とともに日本に移植された学校装置の起源を、ここでは 19 世紀初期のイギリスに求めてみたい。産業革命後のイギリスの街角は、労働者階級の子どもたちであふれかえっていた。彼らの道徳的な頽廃（たいはい）状態を改善し、読み書きを教え、有能な労働者へと形成していくことは、当時のイギリス社会にとって緊急の課題であった。そのためには、彼らを一定の空間に囲い込み、できるかぎり効率的な仕方で教育を施さなければならない。そこで発明されたのが、**モニトリアル・スクール**と呼ばれる学校である。モニトリアル・スクールとは、生徒のなかから何人かの助教（モニター）を選び、彼らに授業を代行させるという、新たな教授方法を取り入れた学校である。イギリスの教育学者ベル（Bell, A. 1753-1832）とランカスター（Lancaster, J. 1778-1838）がほぼ同時期にそれぞれ提唱したこの教授方法は、彼らの名前をとって、**ベル＝ランカスター法**と呼ばれている。

　ここに描かれているのは、授業の合間に行われた全体集会の場面である（図3-3）。右上の教壇には、教師がひときわ大きなサイズで描かれている。教師

図3-3 ランカスター・システム（1）
出所）前掲書、40頁。

図3-4 ランカスター・システム（2）
出所）前掲書、41頁。

と対面する形で固定された座席には、数百人の生徒たちが座っている。各列の
端に立って指示を与えているのは、生徒のなかから選ばれた助教たちである。
彼らは教師から与えられた指示を、個々の生徒に伝え歩いている。実際の授業
は右の図のような仕方で行われた（図3-4）。レベルごとに振り分けられた5、
6人の生徒たちは、各ブースで助教から指導を受ける。彼らのなかで優秀な成
績をあげた者は、新たな助教として採用される。このような分業形式の導入に
よって、一度に数百人から1000人程度の生徒に授業を行うことが可能となっ
た。また、優秀な生徒が助教に選ばれるという、一種の競争原理がはたらいて
いる点も注目に値する。

監視という原理

　もちろん、モニトリアル・スクールには問題点も多かった。何より実際に授
業を行うのは教師本人ではなく助教であったため、教育内容は読み書き計算と
いったごく単純なものに限られた。いくら優秀だとはいえ、助教も生徒の1人
であることに変わりはない。ベル＝ランカスター法は、より高度で複雑な教育
内容の伝達には不向きな方法であった。現代の私たちの感覚からしても、少な
くとも小学校から高校までの間にかぎっていえば、教師1人につき1000人近
い生徒を抱える教室などとうてい考えられないだろう。

　その一方で、現代の学校とモニトリアル・スクールとの共通点に気づく人も
多いのではないだろうか。たとえば、教室という空間のデザインである。先の
図3-3をもう一度みてほしい。教室前方に教壇があり、教師と対面する形で

椅子と机が配置されるというスタイルは、現代にも通じる学校の基本形である。じつは、現代の学校は重要な原理をモニトリアル・スクールから引き継いでいる。それは、「監視」という原理である。固定された椅子に座るモニトリアル・スクールの生徒たちは、つねに教師の視線にさらされていた。その周囲を、今度は助教たちの視線が取り囲む。モニトリアル・スクールは、「いつでも誰かに見られている」という意識を生徒たちに植えつけることで、効率的な知識伝達のための秩序を保っていたのである。

パノプティコン

　監視という原理は、近代という時代の産物でもあった。ベルやランカスターとほぼ同時代を生きたイギリスの哲学者**ベンサム**（Bentham, J. 1748–1832）もまた、監視の効果を最大限に利用したことで知られている。彼が考案し、**パノプティコン**（一望監視装置）と命名した、次の装置をみてほしい（図3-5）。

　円形状の建物の中央部には監視塔がある。個々の部屋はこの中央監視塔を囲む形で設けられ、外部から射し込む光によって、囚人の一挙手一投足が塔から監視できる仕組みになっている。一定期間この部屋で過ごさなければならないとしたら、あなたは耐えられるだろうか。「いつでも誰かに見られている」という環境下で感じる精神的ストレスは、閉じ込められていることからくる身体的苦痛よりも、はるかに苦しいものであろう（図3-6）。実際にベンサムは、囚人はやがて「いつでも誰かに見られている」という意識を内面化し、もはや中央監視塔に誰も人がいなくても、みずからを律することができるようになると考えた。冷徹なまでに合理的な彼のアイデアを具現化したものが、パノプティコンという装置だったのである。

　ちなみに、ロンドンにあるブリティッシュ・ライブラリーの稀覯書コーナーを訪れることがあったら、マグナ・カルタはもちろん、ベンサムの著書『パノプティコン』（1791年）も見逃さないでほしい（ついでにロンドン大学まで足をのばせば、ベンサム本人のミイラに会うことができる〔図3-7〕）。その中表紙には、パノプティコンにふさわしい場所として「監獄、救貧院、工場、病院」などがあげられ、その1行後にやや大きな字で、「そして学校」と書かれている。監視の視線を内面化した、自律的な主体を育成する場こそ、学校にほかならない。

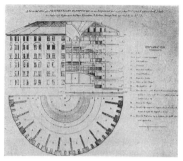
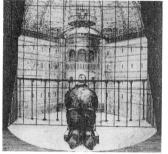

図3-5　ベンサム「一望覧視施設の設計　図3-6　N・アルー＝ロマン「懲治監
　　　図」　　　　　　　　　　　　　　　　　獄の計画」

出所）フーコー『監獄の誕生——監視と処罰』　出所）フーコー前掲書、図版頁。
　　　新潮社、1997年、図版頁。

図3-7　ベンサムのオート・　　　図3-8　アメリカ合衆国、ステイトヴィル懲治
　　　アイコン（自己標本）　　　　　　　　監獄（20世紀における）の内部

出所）著者撮影。　　　　　　　　　　出所）フーコー前掲書、図版頁。

現実の学校にはさすがに中央監視塔まではつくられなかったが、監視を通じて
生徒の自律化をはかるという原理自体は、現代の学校にも引き継がれている。

規律訓練権力

　このように、人間の精神的な領域に監視のシステムをつくりだし、みずから
を管理する主体となるよう仕向ける権力のことを、フランスの哲学者**フーコー**
（Foucault, M. 1926–1984）は**規律訓練権力**と名づけている。学校という空間には、
この権力が隅々にまで行きわたっている。なかでもフーコーが着目するのは、

「試験」という権力装置である。入学当初の不特定多数の子どもたちにはまず試験が課され、点数という形で可視化されることによってはじめて、1人の生徒として把握される。生徒たちは試験のために勉強するよう推奨され、一部の生徒たちには次の試験装置への入学資格が付与される。そして、こうした一連の点数の推移が、生徒個人のアイデンティティの証明として記録され、管理される。あなたもまた、自分が何者であるかを語る際に、試験を通じて獲得してきた学校歴をいちばんにあげるのではないだろうか。試験に代表される規律訓練権力を受け入れ、それに従属（subject）することで、人はアイデンティティをもった一個の主体（subject）となるのである。

　ここで再び、あなたのこれまでの学校経験を振り返ってみてほしい。あなたの学校では、生徒たちの心と身体を監視し、管理するために、どのような決まりや課題が設定されていただろうか。フーコーが例としてあげた試験以外にも、さまざまな事柄を受け入れて（あるいは反抗して）きた結果、いまのあなたがあるはずである。学校の監視システムと、それがあなたの自己形成に与えた影響について論じてみよう（ワーク3-2）。

ワーク3-2

学校の監視システムについて論じてみよう。

4．学校の未来／未来の学校

パノプティコンの限界

　本章ではここまで、学校装置を駆動する「監視」という原理に焦点を当ててきた。フーコーが論じていたように、監視の視線を内面化することによって、人は自律的な主体となることができる。学校という場には、主体化を促す無数の視線が張りめぐらされているのである。しかしながら、現代の学校はどうだろうか。はたして、監視にもとづく主体化の装置はうまく機能しているといえ

るだろうか。学級崩壊、いじめ、不登校など、学校装置の機能不全を思わせる事例に事欠かないのが現在の状況なのではないだろうか。

　実際のところ、先にみたパノプティコンという装置は、個人の比喩であると同時に社会の比喩でもあった。ただ一つの監視塔が中央部に位置し、その権威がすべての囚人によって認められることで、パノプティコンは監視装置として機能する。個人はこの権威を権威として受け入れ、みずからの行為やふるまいを監視する一つの視点を獲得することではじめて、一個の主体となることができる。社会についても同様に、たとえば良い学校に行けば良い人生を送ることができるといった、一つの信念が社会全体に共有されていたからこそ、学校はみずからの存在意義を得ることができたのである。

　現在生じているのは、学校をめぐるこれまでの信念が（崩壊とまではいわないにしても）複数化するという事態である。「良い」学校に行ったからといって、幸せな人生が待っているとはかぎらない。学校の勉強は何の役にも立たない。教師に聞くよりも、インターネットで調べたほうが速いし正確だ。学校以外に学びの場はいくらでも存在する。学校がそもそも存在するから、いじめや不登校などの問題が生じるのだ……。学校をめぐる価値観がこのように多様化した結果、パノプティコンはもはや制御不能状態に陥ってしまっているように思われる。

イリイチの脱学校論

　現代の学校が機能不全を起こしているのだとすれば、今後の学校のあり方をめぐって、私たちにはどのような道が残されているのだろうか（同様の問題については第4章を参照）。一つの方向性としてありうるのは、従来型の学校を制度もろとも根本的に改編するというものである。

　ウィーン生まれの哲学者**イリイチ**（Illich, I. 1926-2002）は、著書『脱学校の社会』（1971年）のなかで、現代社会に生きる人々の制度依存状態を痛烈に批

判し、**脱学校論**を提唱した。イリイチによれば、現代の私たちは根拠のない制度信仰に陥ってしまっている。たとえば、テレビで電車の信号機故障のニュースを見た私たちは、通勤や通学は「不可能」だと自動的に考えてしまう。徒歩であれ自転車であれ、移動すること自体は可能であるにもかかわらず、交通機関の麻痺と移動の不可能をイコールで結びつけてしまう。交通制度なしに移動はできず、医療制度なしに病気の治癒は望めず、そして学校制度なしに何かを学ぶことはできないと考えてしまう。学校に代表される制度に依存しきった社会のことを、イリイチは**学校化社会**と呼ぶ。学校化社会は私たちから、自律的な学びの可能性を不当に奪い去っている。

　そのうえでイリイチは、学校制度の大幅な見直しを要求する。まず、学習のために利用可能な事物を各地の学習センターに配備する。次に、個人から直接学ぶための技能交換所を設置する。さらに学習仲間と結びつくためのネットワークを構築し、知恵と指導性に優れた広義の教育者たちを登録する。誰もが自由にアクセスし、自律的に学ぶことのできる**学びのネットワーク**を、イリイチは学校制度の代替案として提示したのである（イリイチやフーコーの思想については第1章を参照）。

未来の学びのデザイン

　たしかに学校さえなくなれば、不登校やいじめや学級崩壊といった問題はすべて解消するかもしれない。とはいえ、多くの人がイリイチのアイデアはあまりにラディカルだと感じるだろう。その場合に残されるのは、やはりいまある学校をより良いものに変えていくという方向性である。ここではその一例として、**未来の学びのデザイン**というアイデアを紹介しておきたい。

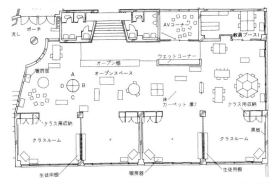

図3-8　小学校クラスルーム、オープンスペース平面図（長野県下伊那郡浪合村浪合学校）

出所）長澤悟・中村勉編『スクール・リボリューション──個性を育む学校』彰国社、2001年、25頁。

既存の学校制度は保ったまま、学校空間を「デザイン」という観点から捉え直し、現代社会により見合った姿に変えていくことを目指すものである。現在でもなお多くの人が、たがいに似通った学校建築のイメージをもっているだろう。南側に教室が並び、北側に廊下があり、学年ごとに階が分かれた、「ハーモニカ型」と呼ばれる一般的な学校建築である。そのイメージと上の図面を比べてみてほしい（図3−8）。

　オープンスペースを設けた、新しい学校建築の平面図である。横長のオープンスペースの周囲を、各教室が取り囲む構造となっている。机や椅子は可動式であるため、一斉授業形式に縛られる必要はもはやない。さらに各教室とオープンスペースとの間には、壁も扉も存在しない。かつては教師の「聖域」であった教室空間を解放し、他の教師や参観者たちによる複数の視線から、子どもを「見守る」ことが目論まれているのである。

　イリイチの脱学校論と「未来の学びのデザイン」という、学校の未来をめぐる二つのアイデアをここでは紹介してきた。あなたは未来の学校はどうあるべきだと考えるだろうか。あなたの描く理想の学校とはどのようなものだろうか。最後に意見をまとめたうえで、議論してみよう（ワーク3−3）。

```
┌─ ワーク3−3 ──────────────────────────────
│ 未来の学校はどのような場所であるべきか？
│ ......................................................................
│ ......................................................................
│ ......................................................................
│ ......................................................................
│ ......................................................................
└──────────────────────────────────────────
```

注
（1）「小1プロブレム」とは、小学校に入学したばかりの1年生が、集団行動がとれない、授業中に座っていられない、先生の話を聞かないといった、学校生活になじめない反応を示し、その状態が数カ月続くことを指す。

【読書案内】

①**森重雄『モダンのアンスタンス——教育のアルケオロジー』**ハーベスト社、1993 年。

　近代教育の成立と定着のプロセスを批判的にたどることで、教育の歴史性が浮かび
あがる。「当たり前」であるがゆえに、いまとは別のものであった可能性を思考する
ことが困難な教育について、批判的、反省的に考えるための本。

②**田中智志『教育思想のフーコー——教育を支える関係性』**勁草書房、2009 年。

　「近代教育の暴力性の告発者」という従来型のフーコー像の刷新をはかった本。教
育の根源的な暴力性や、他者性の抑圧といった批判を超え、より自由で倫理的な自己
創出の可能性を説いた、もう 1 人のフーコーの姿をみせてくれる。

③**辻本雅史『「学び」の復権——模倣と習熟』**岩波書店、2012 年。

　近代型の学校が西洋から移植されたことで、私たちは何を失ってしまったのだろう
か。「模倣」と「習熟」をキーワードに、日本の伝統的な「学び」のあり方とその現
代的な可能性を提示した本。

参考文献

イリイチ（東洋・小澤周三訳）『脱学校の社会』東京創元社、1977 年。

苅谷剛彦『学校って何だろう——教育の社会学入門』筑摩書房、2005 年。

長澤悟、中村勉編『スクール・リボリューション——個性を育む学校』彰国社、2001
　年。

フーコー（田村俶訳）『監獄の誕生——監視と処罰』新潮社、1977 年。

三上剛史『社会の思考——リスクと監視と個人化』学文社、2010 年。

美馬のゆり・山内祐平『「未来の学び」をデザインする——空間・活動・共同体』東
　京大学出版会、2005 年。

宮澤康人『教育文化論——発達の環境と教育関係』放送大学教育振興会、2002 年。

（渡邊福太郎）

第4章
学校のカタチは一つだけなのか？
オルタナティブな教育について

１．学校を相対化する

　私たちは「学校とはどんな場所か」と尋ねられたとき、どのような場所を思い浮かべるだろうか。四角い教室で、教科書を使った授業が行われ、子どもたちはテストで学力を測られる。私たちの多くはそのような学校のあり方を「当たり前」と考えているだろう。そして、あまりにも「当たり前」すぎて、はるか昔からそうした風景が存在していたと考える人も多いかもしれない。けれども、わが国で近代公教育制度が導入されたのは1872年のこと（「学制」発布）である。その歴史はわずか百四十数年にすぎない。しかも1人の教師が多数の子どもたちを教えるという学校のあり方は、西洋で発明されたものであり、日本の近代学校は、19世紀後半の西洋の学校を模範としている。つまり、日本の学校システムは、ずっと昔から変わらずにあり続けたのではなく、西洋から輸入したものなのである。そしてこの百四十数年の間に学校に通うことも学校のあり方そのものも「当たり前」となった。

　けれども、現代日本の学校教育のカタチは唯一絶対のものではない。世界には私たちが通常思い描くイメージとはまったく異なる学校が存在する。そこで本章では私たちの常識を突き崩すような一風変わった学校について紹介する。

　なぜそのような学校について紹介するかといえば、そうした学校についてみていくことで、私たちが抱いている学校のイメージを相対化し、学校教育をめぐる常識を問い直すためである。相対化は、あるものを唯一絶対のものとみなさないために必要な作業であり、その作業は学校教育のあり方を根本から見直すために不可欠である。

　ではなぜ、いま、学校教育のあり方を見直す必要があるか。その理由は、近

年（1970年頃から）、学校システムそのものがうまく機能していないのではないかという疑念が湧き起こっているからである。学校教育をめぐって校内暴力、不登校、体罰事件、いじめ、学級崩壊等々、さまざまな種類の問題が同時多発的に発生したのが引き金となってのことである。

こうした問題の噴出により、マスメディアの報道ともあいまって、学校をめぐる状況への危機意識が私たちのうちに芽生えるようになった。そして、そうした現代的な状況を受け、私たちが「当たり前」と考えている学校のあり方をいま一度、根本から捉え直すことが求められているのである。つまり、私たちのなかにある「当たり前」を突き崩し、学校に関する固定観念を取り払ってみる必要が出てきたのである。

そこで学校イメージの相対化のために、本章では**オルタナティブ教育**について検討する。オルタナティブ教育とは従来の学校教育の枠にとらわれない「もう一つの教育」を指すものであり、本章で紹介する教育は、私たちが「当たり前」のものとして思い描いている学校イメージを大きく揺さぶる。以下、そうした既成の枠に縛られない特殊な教育についてみていくことで、学校教育のあり方そのものを吟味してゆくことにしたい。

2．シュタイナー教育について

さて、オルタナティブ教育にはモンテッソーリ教育、ドルトン・プラン学校、イエナ・プラン学校、サマーヒル・スクール、フレネ学校、サドベリー・スクールなどさまざまなものがあるが、本章ではとくに、その代表格である**シュタイナー教育**について取り上げることにする。

シュタイナー教育とは、思想家である**ルドルフ・シュタイナー**（Steiner,R. 1861-1925）が提唱した教育で、彼の教育思想にもとづくシュタイナー学校（ヴァルドルフ学校）では独特の教育実践が行われている。その最初の学校は1919年にドイツのシュトゥットガルトに設立された。

近年、シュタイナー学校は世界規模で急増しており、その数は世界六十数カ国でおよそ1100校を数える。普及の仕方も広範で、ヨーロッパを中心として、北米、中近東、アジア、アフリカ、中南米、オーストラリアなど全世界の国々

で設立されている。こうした動きと相関して、関連図書も数多く出版され、とくに幼児教育界においてシュタイナーの教育実践は広く受容されている。

　シュタイナー教育は、ユネスコ（UNESCO 国際連合教育科学文化機関）からも高い評価を受けている。ユネスコは国境を越えて人類社会の平和と福祉を築くユネスコの理念にもとづいた教育を促進するため、パイロット的な役割が期待できる学校をプロジェクト校（ユネスコスクール）として認定しているのであるが、そのなかには数多くのシュタイナー学校が含まれている[1]。

　では、シュタイナー教育とは、どのような教育なのだろうか。いかなる意味で私たちになじみのある教育と異なるのであろうか。以下、具体的にみていくことにしたい。

3．シュタイナー教育のカリキュラム

エポック授業について

　シュタイナー学校のカリキュラムはきわめて特徴的である。そのカリキュラムの柱となるのが、エポック授業である。エポック授業とは午前中の約100分間、同じ一つの科目を集中的に3〜4週間学び続ける授業である（ただし、体育、音楽、外国語[2]などはエポック授業の対象にならない。それらの科目は毎日少しずつ学ぶ〔図3-1〕）。

　算数なら算数、理科なら理科を1カ月間連続で学び続けるエポック授業。その1カ月間は、一つの教科だけに集中して授業が行われる。たとえば国語のエポックの期間に社会や算数を学ぶことはない。

　一つの教科をじっくりと

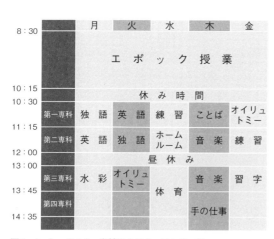

図3-1　シュタイナー学校のカリキュラムの一例

出所）子安美知子ほか『子どものいのちを育む――シュタイナー教育入門』学習研究社、2000年、153頁。

学ぶのである。一つのエポックが終わったら次のエポック（別の教科）へ、そのエポックが終わったらさらに次のエポック（さらに別の教科）へと学習が展開してゆく。このカリキュラムだと、たとえば国語のエポックが終わったあと、次にまた国語のエポックが回ってくるのは数カ月後ということになる。

　そうしたカリキュラムは、複数の科目を毎日少しずつ学んでゆくスタイルとは性質が異なる。

図4-2　エポックノート（小学1年生、算数）

教科書がない

　また、シュタイナー学校では教科書を使用しない。指定された教科書はなく、エポックノート（エポック授業で使用される

図4-3　エポックノート（小学1年生、国語）

ノート）が教科書代わりとなる。エポックノートの大きさは学年や各学校によっても異なるが、写真のエポックノート（小学校1年生用）は縦40センチメートル、横30センチメートルのもので、かなり大きい（図4-2）。このエポックノートには、教師が黒板に描いた絵や文字が子どもたちの手によってそのまま模写される。つまり、与えられた教科書があるのではなく、子どもたち自身が授業中、みずからの手で教科書をつくってゆくのである。

　また、図4-2はスイス・チューリッヒのシュタイナー学校における小学1年生の算数のノートなのだが、エポックの最初の時間、100分間の授業のなかで数字の「1」についての説明がなされる。担任の教師が数字の「1」とは何なのかについて、イマジネーション豊かにストーリーを物語り、黒板の左半分にはその物語にまつわる絵を、右半分には数字の「1」を描く。その描写も単

なる無機質な「1」ではなく、色彩豊かにさまざまな色を用いて描かれる。

　算数だけではなく他の教科においても学習のスタイルは同じである。図4-3は小学1年生の国語のノートなのであるが、最初の授業ではアルファベットの「A」について100分間かけて学ぶ。「A」の成り立ちについて教師が子どもたちに語りかけ、黒板に絵で示し、それを子どもたちが模写する。1日1文字、100分かけてアルファベットを学んでゆく。

　100分で一つの数字、一つの文字についてだけ学ぶ授業。いくら小学1年生とはいえ、進むスピードが遅すぎると感じた人が多いのではないか。だが、シュタイナー学校では、速く多く学ぶことを良しとしない。黒板の絵や文字を模写する際、急いで速く描き写す子どもはむしろ叱られてしまう。ゆっくりと時間をかけて一つの事柄を深く掘り下げることに重きをおいているのである。このようなエポック授業の特質について、皆さんのなかにどのような印象が生じただろうか。ここで一度立ち止まって以下の空欄にエポック授業に関するあなたの考えを記してほしい（ワーク4-1）。

　― ワーク4-1 ―

　エポック授業というカリキュラムについてどのような印象をもったか。

　..

　..

　..

　肯定的印象と否定的印象どちらが強かっただろうか。あるいはエポック授業について何らかの疑問が沸き起こってきただろうか。上に書いたコメントをもとにエポック授業についての印象を他の人と話し合ってみよう。

テストもない――忘れることが大事

　一つの教科を連続して3〜4週間学び続けるエポック授業。先にも書いたが、その間は一つの教科だけに集中して学習が進められる。そして、一つの教科を学んだあと、次にその教科の順番が回ってくるのは数カ月後ということになる。このようなカリキュラムだと、せっかく算数の勉強を1カ月間じっくりと行っても、次に算数を学ぶまでの数カ月の間に算数の学習内容をすっかり忘れてし

まうのではないか、という心配が沸き起こってくる。だが、シュタイナー教育では、忘れることをネガティブなことと捉えていない。忘れることは避けられるべきことではなく、むしろ必要なことと考えられているのである。皆さんはテスト前に一夜漬けで勉強をしてテストに臨んだことはないだろうか。一晩で詰め込んだ知識は、翌日のテストの時点ではかろうじて記憶できているかもしれないが、数日たったらすっかり忘れてしまう。だが、シュタイナー学校での学びはゆっくりと時間をかけて深く学習がなされているため、学んだ内容が消えてなくなるとは考えられていない。そこでの学びは、時間がたてば剥がれ落ちてしまうメッキのような知識ではない。むしろ、あえて学んだ知識を一定期間寝かせ、醸成する。そして、時間をおき、ふたたびその知識と出会い直すのである。学んでは忘れ、忘れてはまた再会する。この繰り返しのなかで、知識が血肉化し、身体に刻み込まれてゆくのである。

　忘れることを大事にしているから、その必然的な結果として、シュタイナー学校にはテストがない。ペーパーテストで測れるような知識は重んじられておらず、テスト当日の時点で学習内容を記憶できているかが勝負という発想とは相容れないのだ。テスト後、すぐに内容を忘れてしまっても、ともかくテストの時点で力が発揮できればそれで評価される、というような考え方とは真っ向から対立するのである。いかに多くの知識を知っているか、あるいは問題を早く正確に解けるかが重要なのではなく、物事を深くじっくりと学ぶこと、知識をほんとうに自分のものにすることが求められているのである。

8年間一貫担任制

　こうしたシュタイナーのカリキュラムを支えるのが8年間一貫担任制である。シュタイナー学校では、1年生から8年生まで、同じ1人の教師がクラスの子どもたちを一貫して担当する。その期間担任が変わることはない。この8年間という一まとまりは、シュタイナーの人間発達理解にもとづく。シュタイナーの発達論によれば、人は7年ごとに節目を迎えるという。0〜7歳を第1・7年期、7〜14歳を第2・7年期、14〜21歳を第3・7年期と捉え、第2・7年期は信頼できる大人に従う体験が必要と考えられている。その信頼できる大人が担任の教師ということになる。ではなぜ7年間一貫担任制でないかといえば、子

どもたちが８年目の最後の１年を使って、担任の教師から巣立ち自立してゆくためである。

　第２・７年期をまるごと支える担任教師に求められるもの、それは教師の権威である。権威というと子どもたちを力で押さえつけるイメージをもつ人も多いかもしれない。だが、シュタイナー学校の教師がまとう権威とは、子どもたちが自然と従いたくなるような魅力に裏打ちされた権威である。ここでの権威は「師」のもつ権威のイメージである。子どもたちが教師の魅力に惹きつけられ、自発的にそれに従うのである。だが、第２・７年期の終盤で教師の権威からの離反が目指される。権威に盲従することのない人間を育成するには、逆説的にではあるが、人生の適切な時期に権威に従うという経験が必要と考えられているのだ。だが、それは最終的に権威から離れるための前段階として必要なのである。ここで一度立ち止まり、８年間一貫担任制について、どのようなメリットとデメリットが考えられるか、下の空欄に意見を書いてみよう（ワーク４−２）。

┌─── ワーク４−２ ─────────────────────────────
│ ８年間担任が変わらないことについてどのようなメリット・デメリットがあるか？
│ ┈┈┈┈┈┈┈┈┈┈┈┈┈┈┈┈┈┈┈┈┈┈┈┈┈┈┈┈┈┈┈┈┈┈
│ ┈┈┈┈┈┈┈┈┈┈┈┈┈┈┈┈┈┈┈┈┈┈┈┈┈┈┈┈┈┈┈┈┈┈
│ ┈┈┈┈┈┈┈┈┈┈┈┈┈┈┈┈┈┈┈┈┈┈┈┈┈┈┈┈┈┈┈┈┈┈
│ ┈┈┈┈┈┈┈┈┈┈┈┈┈┈┈┈┈┈┈┈┈┈┈┈┈┈┈┈┈┈┈┈┈┈
│ ┈┈┈┈┈┈┈┈┈┈┈┈┈┈┈┈┈┈┈┈┈┈┈┈┈┈┈┈┈┈┈┈┈┈
└──────────────────────────────────────

　メリットとデメリットをそれぞれいくつあげられただろうか。デメリットとしては担任と相性があわなかったときへの危惧や、子どもが１人の先生にあまりにも長く寄り添うことで１人の先生の考え方に染まってしまうことの危険などがあげられるかもしれない。

　けれども、そうしたデメリットを抱えつつも、シュタイナー教育では８年間一貫担任制のメリットを大切にし、その意義に賭ける。では、８年間担任が変わらないことのメリットは何か。まず第一に、エポック授業との連動の問題があげられる。同じ教師が連続してエポック授業を担当することではじめて、エ

ポックの一貫性が重要な意味を
もつのである。たとえば、学校
法人シュタイナー学園（神奈川
県）3 年生の算数の授業「位取
り」について（図 4-4）。写真
に示したとおり、「位取り」の
授業に際して、すもう大会のた
めに全国から集まったねずみが
宿屋に泊まるという状況を想定
し、「一屋」「十屋」「百屋」と
いう名の宿屋にねずみが宿泊す
る場面を思い描きながら、イ

図 4-4　位取り「ねずみの宿屋」

出所）学校法人シュタイナー学園編『シュタイナー学園のエ
　　　ポック授業──12 年間の学びの成り立ち』せせらぎ出版、
　　　247 頁。

メージ豊かに「位取り」の学習が進められている。だが、そうした説明の伏線
としてすでにこれまでの他の教科での学習のなかでねずみたちの物語について
の学習が行われていたのである。つまり、「ねずみの宿屋」の物語は、「位取
り」の説明のために急遽用意されたものなのではなく、他の教科における学び
との有機的な連関のなかで持ち出された物語なのである。こうした教科や学年
を横断・縦断した学びのあり方は、8 年間一貫担任制が採用されているシュタ
イナー教育ならではの醍醐味ともいえるだろう。また担任は 8 年間ずっと子ど
もたちに寄り添うことで、子どもたちの個性を見極めて個々の特性にあったは
たらきかけをすることができる。さらにはそれぞれの子どもがどのような家庭
環境にあるかなども十分に理解し、配慮しながら教育的活動を行うことができ
るのである。

　次にシュタイナー教育のカリキュラムのなかでなされる具体的な教育方法に
ついてみていくことにしたい。

4．シュタイナー教育の方法

答えは一つではない──「逆向きの足し算」について

　写真をみてほしい（図 4-5）。この写真のノートに記された数式をみて、気

$$12 = 2+2+3+5$$
$$12 = 2+4+4+2$$
$$12 = 3+3+2+4$$
$$12 = 7+4+3+5$$
$$12 = 4+2+3+3$$
$$12 = 5+1+3+2$$

$$12 = 4+2+3+3$$
$$12 = 4+2+4+2$$
$$12 = 7+1+2+2$$

$$12 = 4+2+3+3$$
$$12 = 4+2+4+2$$
$$12 = 7+7+2+2$$

図4-5　逆向きの足し算

づいたことはあるだろうか。私たちが見慣れた数式は、左辺に式が、右辺に答えが配置されているものだろう。シュタイナー学校の算数の授業で行われている「逆向きの足し算」では、その配置が逆転する。左辺に答えが、右辺に数式が置かれるのである。

　そのような「逆向きの足し算」では、答えが無数に想定できる。5＋7＝？の式においては、答えはただ一つである。「逆向きの足し算」においては、あらかじめ設定された数式から一つの答えを求め、単一の筋道で解答へと向かってゆくのではない。到達点のみが提示され、そこへと至る無数の筋道を発見してゆくのである。一つの答えを求めるのではなく、無限の可能性に目を向けるという「逆向きの足し算」の実践は、あらゆる意味において、シュタイナー教育を象徴する実践である。というのも、「逆向きの足し算」は、シュタイナー教育がもっとも大切にしている「芸術的であること」を端的に示したものといえるからである。芸術は多様性を大切にする。唯一絶対に正しい絵画や唯一絶対に正しい音楽というものは存在しない。シュタイナー学校では、エポックノートにみられるような絵画的な要素だけでなく、音楽も重視している。しかも音楽の授業のなかでだけ音楽が取り扱われるのではなく、すべての教科のなかで音楽が取り入れられている。また、12年間（小学校から高校まで）の学びの集大成として、最終学年で「卒業演劇」も行われる[3]。そして、先に紹介したエポックノートのうちに現れ出ているとおり、シュタイナー学校ではあらゆる教科が芸術に満たされている。芸術を教えているのではない。すべての教科が芸術的に教えられているのである。算数が芸術的に教えられ、国語が芸術的に教えられ、理科が芸術的に教えられる。

　さらには、シュタイナー教育の諸実践自体が構造的に「逆向きの足し算」となっているともいえる。あらかじめシュタイナーの教育理論にもとづく確固たるメソッドが示されていて、それを善きものとして教員が信奉し、ひたすら忠

実にその方法に従う（正しい方法はた
だ一つ）というのではなく、シュタイ
ナー教育の理念が個々の教員のはたら
きかけを通じて多様な形で具現化し、
個々の実践のうちに結実しているのだ。
そして、結果的にその細部に至るまで
シュタイナーの思想が生きた形で行き
渡っているのである。そのバリエー
ションは「逆向きの足し算」と同じく
無限である。

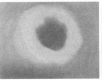

図4-6　ぬらし絵

学びのプロセスを大切にする――ぬらし絵の実践

　教育自体が芸術に満たされていること、とりわけ音楽を重視すること、それ
はいいかえればプロセスを重んじることを意味する。先にも述べたとおり、
シュタイナー学校では、学習内容が理解できているかを数値化可能なテストで
測るということをいっさいしない。なぜなら、シュタイナー教育ではどれだけ
深く学習内容に没頭できたか、どれだけ深く浸ることができたか、その学びの
プロセスそのものを重んじているため、そもそも、そうした体験自体を点数化
することができないからである。

　シュタイナー教育におけるプロセスの重視を端的に示しているのが「ぬらし
絵（にじみ絵ともいう）」の実践である。「ぬらし絵」は、幼児期から小学校5
年生頃まで行われる実践であるが、それは海綿（スポンジ）で水を含ませた画
用紙に透明水彩を置いてゆく実践である。この実践で用いるのは、黄色、青色、
赤色の三原色のみである。紙に水を十分含ませるため、絵筆を置いてみると、
色彩がにじみながら画面全体に広がってゆく。描き手の意図しない形にどんど
ん色彩が広がってゆくのである。そして色と色がぶつかるところで新たな色が
生まれる。ここで重視されるのが色彩の世界を全身で感じるプロセスである。
色が画面に広がってゆくプロセスに身をゆだね、徹底的に色彩の世界に入り込
む。この実践を通じて、たとえば、光と闇が出会うところに緑が生まれるとい
う物語を子どもたちは観念的な次元ではなく、色彩体験のなかで身体全体を通

じて学んでゆく。シュタイナーの色彩論に従えば[4]、黄色は光、青は闇を象徴すると考えられているのだが、両者の接点に自然（緑）が立ち現れることを子どもたちは知らず知らずのうちに体験するのである。けっして黄色と青色を混ぜれば緑色になると知的に教えはしないのである。プロセスを重視することは、流れ（音楽性）を重視することと同義である。細分化され、パッケージ化された内容を子どもたちに伝えるのではなく、流れをありのまま子どもたちに体験させるのだ。

5．シュタイナー教育との対比からみえてくること

　さて、このようなシュタイナー教育はしばしば「自由な教育」だと誤解される。テストがなく、教科書もなく、通知表もない。詰め込み教育とはおよそ正反対であるから、自由放任のイメージで理解されることが多い。だが、シュタイナー教育は「自由への教育」を標榜しているのであって、けっして「自由な教育」なのではない。エポックノートに描く絵にしても自由気ままに描いてよいのではなく、教師が黒板に描いた絵を正確に写さねばならない。むしろ、すべての教育方法がしっかりとしたルールの上に成り立っている。シュタイナー教育は「自由な教育」ではなく、「自由を目指す教育」なのである。子どもたちが最終的に「自由」を獲得することができるよう、その前段階に学校教育を位置づけ、あらゆる工夫を施しているのである。

　また、シュタイナー教育に対しては、しばしば「ほんとうにあの方法で学力がつくのか」といった疑問が投げかけられる。だが、シュタイナー教育が目指しているのは、偏差値で示されるような学力をつけることではない。真に自分自身と向き合い、社会において自分が果たすべき役割を見極め、個性を発揮してゆくことができるための力をつけることが目指されている。したがって、テストで良い点数がとれるかどうかといった次元で語られる「学力」のイメージとは別次元の力を養うことを大切にしている。

　このようなシュタイナー教育のあり方について、私たちが「当たり前」のものとして受けている学校教育と比べて、どのような印象を受けるだろうか。以下の空欄に日本の教育との対比で考えを記し、そのうえで周りの人と考えを共

ワーク4-3

日本の教育と比べてシュタイナー教育についてどのような印象をもつか？

....

....

....

....

....

有してみてほしい（ワーク4-3）。

　さて、本章ではオルタナティブ教育の代表的実践の一つであるシュタイナー教育について詳しくみていった。テストがない。教科書もない。担任が8年間持ち上がりで、同じ科目を1カ月間学び続ける等々。ここで紹介した実践は、私たちになじみのある教育実践と比べてかなり異質に感じられるかもしれない。だが、本章でオルタナティブな教育方法について取り上げた理由は、旧来の教育を否定し、オルタナティブな教育を賛美するためではない。そうではなくて、オルタナティブな教育方法に目を向けることで、学校のカタチはけっして一つではないことを知り、私たちの学校に対する考えを相対化するためである。一度立ち止まって、学校教育とはどうあるべきかを考えてみてほしい。

注
（1）　また、2001年には、ユネスコ第16回理事会が世界のシュタイナー学校運動をサポートしている「シュタイナー教育芸術友の会」を「シュタイナー教育の理念と倫理的規範は、ユネスコのそれと呼応している」として「ユネスコ公式NGO」に認定した。
（2）　シュタイナー学校では外国語の学習を重視しており、小学校1年生から2カ国語の外国語を学ぶ。
（3）　そのほかにも、フォルメン線描、オイリュトミーなど、シュタイナー教育独自の芸術的な実践がある。
（4）　シュタイナー学校では、シュタイナーの色彩論にもとづき、学年ごとに教室の色が異なっている。たとえば1、2年生の教室では、子どもたちを包み込むイメージの色＝薄いピンク色で教室が彩られている。

【読書案内】

①子安美知子『ミュンヘンの小学生——娘が学んだシュタイナー学校』中公新書、中央公論社、1965 年。

　ドイツのシュタイナー学校に娘を通わせた独文学者の子安美知子氏がその体験を綴ったエッセイ。ミュンヘンのシュタイナー学校の様子が生き生きと描き出されており、シュタイナー教育に関心をもつ人にとっての必読書となっている。

②永田佳之『オルタナティブ教育——国際比較に見る 21 世紀の学校づくり』新評論、2005 年。

　欧米やアジアなど世界各国のオルタナティブ教育の現状について詳細な紹介がなされた本。豊富な資料とともに、オルタナティブ教育の社会的機能とその意義が説得的に示されている。

参考文献

井藤元『マンガでやさしくわかるシュタイナー教育』日本能率協会マネジメントセンター、2019 年。

子安美知子ほか『子どものいのちを育む——シュタイナー教育入門』学習研究社、2000 年。

西平直『シュタイナー入門』講談社現代新書、講談社、1999 年。

学校法人シュタイナー学園編『シュタイナー学園のエポック授業——12 年間の学びの成り立ち』せせらぎ出版、2012 年。

吉田敦彦『日本のシュタイナー学校〈社会とのつながり〉資料編（〜2012)』大阪府立大学、2012 年。

（井藤　元）

第5章
子どもとはどのような存在か？
子ども観の歴史と現在

1．子どものイメージとは？

　「教育」の意味を1行で説明しなさいと言われたら、あなたはどう答えるだろうか。社会に出てから必要となる知識を授けること、豊かな人間性を育むこと、道徳的な価値や規律を教え込むこと、主体的な判断力を身につけさせること……。人によって定義はさまざまだろう。ここで考えてみてほしいのは、教育の定義について考えているときに、子どもはどのような存在としてイメージされているか、ということである。それは男の子だろうか、女の子だろうか。年齢はいくつぐらいだろうか。どのような服装で、何をしているのだろうか。さっそくだが、「子ども」と聞いてあなたがイメージする絵を左の欄に描き、その特徴を表すキーワードを右の欄に書いてみよう（ワーク5-1）。

```
── ワーク5-1 ──
子どものイメージを書いてみよう。

                        子どもの特徴
┌──────────┐  ┌──────────────┐
│          │  │ ──────────────── │
│          │  │ ──────────────── │
│          │  │ ──────────────── │
│          │  │ ──────────────── │
│          │  │ ──────────────── │
│          │  │ ──────────────── │
│          │  │ ──────────────── │
└──────────┘  └──────────────┘
```

　どのような子どものイメージが思い浮かんだろうか。ほぼ二頭身で、丸みを

図5-1　オランダ派「コルネリア・ビュルフの肖像、生後2カ月」1581年、ハル、フェレンズ美術館

出所）ラングミュア『子供の図像学』東洋書林、2008年、156頁。

図5-2　作者不詳「聖ヴァンサン・ド・ポールと、捨て子養育院設立のため彼に宝石を寄付する慈愛の婦人たちの集まり」1729年以降（?）、パリ、社会福祉博物館

出所）ラングミュア前掲書、92頁。

帯びた輪郭をしているかもしれない。おそらくゆったりとした子ども服を着て、笑顔を浮かべながらボール遊びなどをしているだろう。無邪気、元気、純粋といったキーワードをあげた人も多くいるのではないだろうか。今度は、自分で描いた絵と上の絵画を見比べてみてほしい。

　ここに描かれているのは、まだほんの生後2カ月の子どもである（図5-1）。どこかに違和感を覚えないだろうか。まず目を引くのは、ぐるぐる巻きにされたその姿だろう。これは「スウォッドリング（swaddling）」と呼ばれる育児習俗で、何世紀にもわたって世界中で観察されたものである（図5-2）。当時の人々は、赤ん坊のやわらかい身体をまっすぐにし、また突然の運動を防ぐために、「スウォッドリング・バンド」と呼ばれる布で赤ん坊をぐるぐる巻きにした[1]。先住アメリカ人たちは、スウォッドリングされた赤ん坊を垂直状態のまま寝かせていたという。後述するルソー（Rousseau, J-J. 1712-1778）は、著書『エミール』（1762年）のなかで赤ん坊を拘束的な産着から解放すべきだと主張したが、ルソーのいう拘束的な産着とはまさにこのスウォッドリング・バンドのことを指している。

　やや脇道にそれてしまったが、ここで注目したいのはもう一つの特徴である。子どもの顔をよくみてほしい。どこか不自然に大人びた表情をしていないだろ

うか。生後たった 2 カ月の子どもであるはずなのに、正面をただじっと見据えたまま、泣きも笑いもせずに生真面目な表情をたたえている。つまり、写実的にみえる絵画に実際に描かれているのは、子どもではなく、「小さな大人」なのである。

2.　子どもの発見

　「中世の社会では、子ども期という観念は存在していなかった」。フランスの心性史家**アリエス**（Ariès, P. 1914-1984）は、著書『〈子供〉の誕生』（1960 年）のなかで、**アリエス・テーゼ**と呼ばれるこの驚くべき説を提示した。アリエスによれば、中世ヨーロッパの子どもたちは 7 歳頃になると早くも家事や労働に従事し、共同体の一員として大人とともに日常生活を営んだ。特別な愛情をもって育てられ、大人の社会とは区別された空間（学校）で一定期間を過ごし、そのあとでようやく一人前の大人になるという今日の一般的な子ども観は、かつての人々のなかには芽生えていなかった。当時の子どもは、大人からの保護と愛情を必要とする無垢で未熟な存在としてではなく、小さな大人としてみなされていたのである。

　アリエスが論拠とするのは、絵画、墓碑銘（ぼひめい）、日誌、書簡といった、従来の歴史学では重視されてこなかった史料である。アリエスは、公的な記録文書ではなくこうした史料にこそ、ある特定の時代と場所に暮らした人々の思考様式や物事の感じ方（心性＝メンタリティ）が表れていると考えた。アリエスが「心性史家」と呼ばれるゆえんである。なかでも子どもをモチーフにした絵画には、当時の人々の意識的・無意識的な子ども観が反映されている。ここではその一例として、次の絵画をみてほしい（図 5-3 ）。

　これはスペイン王家の王子バルタザール・カルロス（2 歳 4 カ月）の肖像画である。左手は剣にかけられ、右手には指揮棒が握られ、直立不動の姿勢でこちらを見つめている。スカートのようにみえる衣装は総司令官の軍服の小型版であり、その上にまとっているのは同じく小型版の首鎧（くびよろい）である。ここに描かれているのは、子ども服を身にまとい、無邪気に遊ぶ子どもからはほど遠い、小さな大人の姿である。大人と同様の衣装に身を包み、同様のポーズをとったバ

図5-3　ベラスケス「王子バルタ
　　　ザール・カルロスとお付きの
　　　小びと」1632年、ボストン美
　　　術館

出所）ラングミュア前掲書、303頁。

ルタザール・カルロスは、大人のミニチュア版
としてイメージされている。

　もちろんアリエスは、絵画における子どもの
不在を理由に、子どもという生物学的存在その
ものを否定しているわけではない。中世ヨー
ロッパにも、当然ながら3歳や4歳の人間は存
在した。ただ、現在の私たちと同じ感覚で彼ら
を子どもとして眺め、特別な衣装や遊びや教育
を準備しようとするまなざしが、中世において
は存在しなかったと述べているのである。

　アリエスによれば、子どもを教育や躾の対象
としてみるまなざしは、17世紀末頃にようや
く生じてくる。この背景には、産業化にともな
う近代家族の登場という歴史的状況がある。産
業化によって、父親は家の外で労働に従事し、母親は家のなかで家事に従事す
るという新たな役割分担が生じる。また、労働の内容が複雑化したことによっ
て、労働力としての子どもの価値も減少する。子どもは大人とともに労働にい
そしむ小さな大人ではなく、母親の愛情を受けながら徐々に大人になっていく
存在として認識されるようになる。こうして17世紀末頃に、大人とは区別さ
れた特別な存在として子どもを眺めるまなざしが誕生した。そしてこのまなざ
しの誕生とともに、けがれた大人の世界から無垢な子どもを隔離し、誘惑に打
ち勝つための規律を伝達する特別な空間としての学校も、やがて産声をあげる
ことになる。

　現代の私たちが抱く子ども観や学校観は普遍的なものではなく、17世紀末
ヨーロッパという歴史的起源をもち、またそうであるからこそいまとは別物で
もありえたということに、アリエス・テーゼは気づかせてくれるのである[2]。

3．子ども観と教育観の結びつき

　次に考えてみたいのは、子ども観と教育観との関連性である。子どもを純粋

無垢な存在として捉えるからこそ、教育はその純粋さを保護し、いわばまっさらな下地に適切な図柄をプリントする営みとして立ち現れてくる。逆に、子どもはけっしてまっさらな下地などではなく、それぞれ異なった花を咲かせる種子のような存在だと考えるなら、教育はその種子が生き生きと育つよう環境を整え、水と養分を与える援助の試みとして浮かびあがるだろう。

　ここでは先のワーク5−1で描いた子どものイメージをもとに、あなたの子ども観から導き出される教育のあり方とその特徴を書き出してみてほしい。あなたの描いた子どもには、どのような教育が望ましいだろうか。あなたは何をどう教え、どのような大人になってほしいと願うだろうか（ワーク5−2）。

```
── ワーク5−2 ─────────────────────
子ども観から導き出される教育観を書き出してみよう。

　────────────────────────────────────
　────────────────────────────────────
　────────────────────────────────────

────────────────────────────────────────
```

　多くの人が、子どもの可能性を実現するための援助として、教育をイメージしているかもしれない。あるいは、無邪気であるがゆえに善悪の判断がつかない子どもには、価値や規範を徹底的に教え込むことが必要だと考える人もいるだろう。重要なのは、子どもをどうイメージするかに応じて、教育のあり方もおのずと決まってくるという事実である。

　アリエスは子どもと教育の誕生を17世紀末頃に見定めていたが、現代の私たちに通じる基本的なアイデアの原型は、17世紀以前から準備されていた。以下では、村井実（1922-）が著書『教育の再興』（1975年）で示した分類を手がかりに、子ども観と教育観の三つのモデルをみていきたい（同様のモデルについては第1章、第6章を参照）。これらの順番は、歴史的な発生の順序とほぼ一致している。しかし、いずれのモデルも完全に消え去ることはなく、いわば層として現代の私たちの見方を規定していることに、あらかじめ注意しておいてほしい。

4．子ども観・教育観の三つのモデル

「粘土モデル」の子ども観・「手細工モデル」の教育観

　第一のモデルは、子どもを粘土として、教育を手細工として捉えるものである。子どもは粘土のような存在であり、教育者の意図にしたがって、いかようにも形づくることができる。現在でも「可塑性」や「陶冶性」という言葉が教育の文脈で用いられるが、これらの言葉の使用法には、子どもを陶器や鋳物に、教師を鍛冶屋や鋳物師にたとえる見方が色濃く反映されている。このモデルで重要なのは、手細工としての完成像が教育者のなかであらかじめイメージされている点である。子どもが身につけるべき型は確固たるものとしてすでに決められており、この型へと正確に当てはめることが教育だとみなされる。

　このモデルの原型は、教育を「染物」にたとえた**プラトン**（Plato 前427-前347）の思想に見出すことができる。プラトンの比喩を敷衍すれば、染物師が陶器や布地に絵柄を染めるのと同様に、どのような苦難や悲しみに直面してもけっして落ちない色を子どもの心に染めつけていくことが、教師の役割だということになる。

　「型はめ」という言葉とともに、現代の（？）画一的で詰め込み主義的な教育のあり方を連想し、このモデルにネガティヴな響きを感じる人がいるかもしれない。しかし、あるべき完成像を理念としてイメージすることなしに教育を行うことが可能なのかについては、一度立ち止まって考えてみる必要がある。あなたがこれまで親しんできた、スポーツや習いごとを思い浮かべてみてほしい。水泳でも書道でも、まずは型を徹底的に身につけることからはじまるはずである。教育にも同じことがいえないだろうか。この問いを念頭におきつつ、次のモデルへと話を進めていこう。

「作物モデル」の子ども観・「農耕モデル」の教育観

　第二のモデルは、子どもを農作物やその他の植物として、教育を農業や植物栽培として捉えるものである。子どもは植物の種子のような存在であり、みずから成長する意志と可能性を秘めている。「すくすく育つ」という言い方があ

るが、これなどはまさに子どもを植物として眺めることに由来する比喩表現である。こうした子ども観に立った場合、教育の中身も自然と先の第一のモデルとは対照的なものになるだろう。子どもを決められた型へと押し込むのではなく、子どもが自由にのびのびと活動できるような環境を整備することが、教師に求められることになる。

　このモデルは、第一のモデルへの反発という形をとって、18世紀中頃に生じてきた。積極的に教え込むのではなく、環境のコントロールによって、間接的に子どもを望ましい方向へと導いていく**消極教育**の提唱者である**ルソー**は、このモデルの代表的な教育思想家として知られている。**新しい農場**と名づけたチューリッヒ郊外の農場に貧しい農民の子を集め、そこで優れた教育実践を行った**ペスタロッチ**（Pestalozzi, J. H. 1746-1827）や、**幼稚園**の創始者**フレーベル**（Fröbel, F. 1782-1852）もまた、この系譜に名を連ねている（図5-4、5-5）（フレーベルの教育思想については第16章を参照）。

　子どもの自発性や創造性を最大限に尊重し、教師は見守り役に徹するという教育観に、魅力を感じる人も多いのではないだろうか。しかしこのモデルには、教育がたんなる自由放任に陥ってしまう危険性が潜んでいる。植物であれば、たしかに自然のままでもすくすくと育ち、豊かな実りをもたらすかもしれないが、同じことがはたして人間の子どもにもいえるだろうか。人間を相手にする以上、そう簡単にはいかないだろう。子どもに指導すべき教育内容のほうを重

図5-4　「子どもの庭」での作業風景

　出所）酒井玲子『わが国にみるフレーベル教育の探求』共同文
　　　　化社、2011年、図版頁。

**図5-5　「子どもの庭」での遊
戯の様子**

出所）酒井前掲書、図版頁。

視するか、それとも子どもの自主性や興味関心に力点をおくかという対立には、教育をめぐる根本的な問いが含まれている。たとえば、日本の学習指導要領の変遷史にも、これらの力点の推移のプロセスがみてとれる。こうした対立ももとをたどれば子ども観の相違に行きつくことを認識しつつ、教育観と子ども観をともに深めていくことが大切なのである[3]。

「材料／動物モデル」の子ども観・「生産モデル」の教育観

　第三のモデルは、第一と第二の対立そのものをみずからのうちに包み込んでいくことになるモデルである。このモデルの背景には、18世紀後半から19世紀にかけての近代国民国家の成立と、学校という教育装置の出現がある。近代国家が成立するためには、人々が「国民」として統一されなければならない。そのためには、国民全員に共通した教育内容（たとえば標準語）を、正確に、大量生産的に刷り込んでいく必要がある。こうして出現したのが、子どもを工程処理前の「材料」として、教育を規格どおりの国民を大量に「生産」する工場として捉える第三のモデルである。第一と第二のモデルが教育を一対一のミクロな視点から眺めていたのに対し、このモデルは公教育制度というマクロな視点から教育を眺めている点に特徴がある。

　このモデルの起源は、「あらゆる人に、あらゆる事柄を教授する」ことを目的に『大教授学』（1657年）を執筆し、『世界図絵』（1658年）という絵入りの教科書を作成した、**コメニウス**（Comenius, J. A. 1592-1670）の思想に求められる。コメニウスは、グーテンベルク（Gutenberg, J. 1397頃-1468）が発明した活字印刷術（図5-6）をモデルに教育を構想し、それを**教授印刷術**と名づけた。『教育に関する考察』（1693年）を著した**ロック**（Locke, J. 1632-1704）と同様に、コメニウスは子どもを**白紙**（タブラ・ラサ）としてみる子ども観に立っている。このアイデアが近代国民国家からの公教育への要求と結びつき、やがて教育は学校という印刷工場で均一な国民を刷りあげる、巨大な印刷事業となっていく。

　その後、生産モデルの教育観は、「動物モデル」の子ども観と結びついていく。学校という工場で同一規格の製品を大量生産するためには、材料である子どもの性質を正確につかんでおかなければならない。他方で、「粘土」や「作物」や「白紙」といった直観的なモデルでは、この要求に十分に応えることが

できない。そこで登場したのが、動物モデルの子ども観である。

　動物モデルの子ども観は、自然科学の世界で行われる動物実験の成果を子どもに当てはめることで、子どもの身体的、心理的特徴をより厳密に把握しようとするものである。子どもを動物として捉え、動物実験の要領で身体と心の構造を自然科学的に解明することができれば、より効率的で生産的な教育のシステムを構築することができるかもしれない。こうした目論見のもと、動物モデルの子ども観と生産モデルの教育観は結びつきを強めていく。**スキナー・ボックス**（図5-7）での動物実験をもとに、**ティーチング・マシン**という個人学習用の機械を発明したアメリカの心理学者**スキナー**（Skinner, B. F. 1904-1990）を、このモデルの推進者としてあげることができるだろう。

図5-6　1550年代の印刷機

出所）マン『グーテンベルクの時代——印刷術が変えた世界』原書房、2006年、5頁。

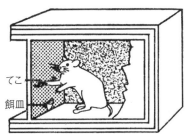

てこ
餌皿

図5-7　スキナー・ボックス

出所）佐藤方哉『行動理論への招待』大修館書店、1976年、36頁。

5．子どもはもういない？

　以上のように、17世紀末頃に発見された子どもは「粘土」、「作物」、「材料」、「動物」といったさまざまな比喩で語られ、それぞれに見合った教育のあり方が模索されてきた。それでは、現代の子どもはどのような存在として捉えられるのだろうか。最後に検討したいのは、「子ども期の消滅」という新たな事態についてである。発見されたはずの子どもがいつの間にか消え去り、教育の意味も希薄化しつつあるとしたら、あなたはどうするだろうか。

　本節に掲げた「子どもはもういない？」というタイトルは、アメリカのメディア論者**ポストマン**（Postman, N. 1931-2003）の著書『子どもはもういない』（1982年）から借用したものである。メディア・テクノロジーの専門家である

ポストマンは、現代社会における**メディア革命**によって、子どもと大人の境界線は消えてなくなったのだと主張した。まずはポストマンとともに、こうした事態に至った経緯を確認しておこう。

　ポストマンによれば、子ども期は、グーテンベルクによる活字印刷術の発明によって誕生した。中世においては修道院などのごく一部の場所だけで伝えられていた読み書きの技術が、活字印刷術の発明によって多くの人々に広まっていった。やがて読み書き能力をもつ大人と、それをもたない子どもとが区別され、この能力を身につけるための期間が子ども期として、そのための場所が学校として成立することになる。印刷された文字には、読み書き能力を身につけなければ知ることのできない、大人の文化的な秘密が記されている。大人はこの秘密へのアクセスを制限し、子どもを学校という場に閉じ込めておく（あるいは、保護しておく）ことで、子どもを子どものままにとどめておくことができた。

　20世紀半ばになると、この状況に大きな変化が生じてくる。きっかけとなったのは、何よりも**テレビ**の出現である。テレビを見るのに特別な読み書き能力は必要ない。長い時間をかけてわざわざ学校に通わなくても、テレビのリモコン操作さえできれば、大人の秘密にいつでもアクセスすることができる。学校は、テレビですでに知っていることを学ばされ、試験という苦痛にさらされるだけの場へと変貌する。同時に、読み書き能力をもっていることと、文化的秘密を握っていることで保障されていた大人の権威も失墜する。テレビは、読み書き能力という大人と子どもの境界線を消し去ってしまった。こうして現代の社会は、大人とも子どもともいえない人々の群れで埋めつくされることになったのである。

　ポストマンの主張は、たしかに現代社会の一側面を鋭く照らし出しているといえるだろう。『子どもはもういない』の原著出版から30年以上がたとうとしている現在、状況はさらに加速しているようにも思われる。スマートフォンを手にした子どもや、インターネットに関する知識や機器の操作を大人に教える子ども（「逆社会化」現象と呼ばれている）など、例をあげればきりがないだろう。ポストマンのいうように、大人と子どもの境界線は限りなく曖昧になってきているように思われる。

　それでは、もはや大人が子どもに教えることはなく
なってしまったのだろうか。学校という特別な場所で
なければ学べない事柄などいまやなく、教師という職
業が存在する意義も消え去ってしまったのだろうか。
ポストマンの主張には、現代社会の教育について考え
るための重要な問いが含まれている。あなたはポスト
マンの主張にどう反論し、どこに教育の意義を見出す
ことができるだろうか。議論を通じて考えを深めてほ
しい（ワーク 5-3）。

── ワーク 5-3 ──

ポストマンの主張に関するあなたの意見を述べてみよう。

注

（1）　2世紀頃の医学者ソラヌス（Soranus of Ephesus AD 98頃–138頃）は、赤ん
　　坊の両肩から足先までをきつく包み込み、身動きがとれないようにすることを、
　　一種の育児法として推奨した。彼の考えは医学書や助産術書を通じて普及し、15
　　世紀以降には一般的な育児習俗としてヨーロッパ中に広まっていった。

（2）　アリエスの研究には、それが私たちの常識を覆すものであるだけに、さまざま
　　な反論が提起されている。子どもへの母親の愛情がほんとうに近代以降の産物な
　　のか、それとも近代以前にもみられる本能的な事柄なのかといった議論の詳細に
　　ついては、参考文献にあげた北本正章による一連の研究に詳しい。

（3）　ルソー自身は、けっして子どもの自由に任せた教育を提唱したわけではなかっ
　　た。ある少年の気まぐれやわがままを矯正する場面（『エミール（上）』岩波文庫、
　　岩波書店、256–261頁）をぜひ読んで、「消極教育」の実態（「見かけはあくまで
　　自由に見える隷属状態ほど完全な隷属状態はない」同、248頁）をつかんでほし
　　い。

【読書案内】

①北本正章『子ども観の社会史——近代イギリスの共同体・家族・子ども』新曜社、1993 年。

　肖像画や育児習俗に関する豊富な図像をまじえながら、17〜19 世紀イギリスに暮らした人々の子育て意識や、子ども観の変容を解き明かした著作。教育の社会史研究の可能性とその射程について学ぶことができる。

②サンダース（杉本卓訳）『本が死ぬところ暴力が生まれる——電子メディア時代における人間性の崩壊』新曜社、1998 年。

　電子メディアが普及したことによって、文字の文化が衰退した。その結果、文字の文化の所産であった「自己」と人間的な感情が解体し、青少年による暴力の拡大を引き起こしている。ポストマンとあわせて読むことをおすすめしたい。

③ダーントン（海保眞夫、鷲見洋一訳）『猫の大虐殺』岩波書店、2007 年。

　「子どもの発見者」ルソーは、18 世紀フランスのベストセラー作家でもあった。フランス革命前夜、検閲の目をかいくぐりながら啓蒙思想家たちの書いたパンフレットを手に取った、当時の人々の精神生活と行動をスリリングに描いた社会史研究の傑作。

参考文献

アリエス（杉山光信・杉山恵美子訳）『〈子供〉の誕生——アンシァン・レジーム期の子供と家族生活』みすず書房、1980 年。

酒井玲子『わが国にみるフレーベル教育の探求』共同文化社、2011 年。

佐藤方哉『行動理論への招待』大修館書店、1976 年。

ポストマン（小柴一訳）『子どもはもういない——教育と文化への警告』新樹社、1985 年。

マン（田村勝省訳）『グーテンベルクの時代——印刷術が変えた世界』原書房、2006 年。

村井実『村井実著作集第二巻　教育の再興』小学館、1987 年。

ラングミュア（高橋裕子訳）『子供の図像学』東洋書林、2008 年。

ルソー（今野一雄訳）『エミール（上）』岩波文庫、岩波書店、2007 年。

（渡邊福太郎）

第6章
「いい先生」とはどんな「先生」か?
「教える-学ぶ」の相互作用を生み出す「教師」の可能性

1. 「いい先生」とはどんな先生か?——「物語られる」先生の像

　本章で考えるテーマは、「いい先生とはどんな先生か?」である。本書を読んでいる人は、「先生になりたい」と考えている人が多いだろう。しかし、本書を教科書として授業をしている「先生」は、大学の先生であれ専門学校の先生であれ、また「教育原理」の授業であれ「教職概論」や「教育学」の授業であれ、あなたに「先生になってほしい」とだけ考えているのではない。教員養成課程の授業でおそらくはすべての先生が考えていることの一つ——それは、授業を受けている学生、つまりあなたに、「いい先生になってほしい」ということである（ちなみに、教員養成課程の先生が考えていることのもう一つは、本章の最後で記述したい）。

　あなたには「いい先生」になってほしい。そのためには、「いい先生とはどんな先生か」について、あなた自身のイメージをある程度まで固めてもらう必要がある。そのことによって、あなた自身がこれから「先生」となるために何が必要か、どんなことを学び、身につけていけばいいかに一定の目印ができることになる。さらに、「いい先生」について考えることは、「いい教育」について考えることと大いに結びついている。ゆえに、「いい先生とはどんな先生か」について問いを深めていくことは、「いい教育とはどんな教育か」についての問いを深めていくことでもあるのだ。

　そこではじめに、次の問いに答えてもらいたい（ワーク6-1）。

　どんな先生が思い浮かんだだろうか。また、その先生のどんな言葉や態度が思い出されただろうか。さらには、自分とその先生とのどんな関係性やシチュエーション（場面・状況）が思い描かれただろうか。実際に授業で答えても

　いままでにあなたが出会ってきたなかで、「いい先生」とはどんな先生でしたか？　具体的に、どんなところがどのように「いい」と感じたのかを書いてください（先生の言葉、態度、性格など）。

　また、現実に出会った先生ではなく、フィクションの世界（小説、映画、ドラマ、漫画など）に登場する先生でもかまいません。

「いい先生」の名前	どんなところが「いい」のか？
‥‥‥‥‥‥‥‥	‥‥‥‥‥‥‥‥‥‥‥‥‥‥‥‥‥‥‥‥‥‥
‥‥‥‥‥‥‥‥	‥‥‥‥‥‥‥‥‥‥‥‥‥‥‥‥‥‥‥‥‥‥
‥‥‥‥‥‥‥‥	‥‥‥‥‥‥‥‥‥‥‥‥‥‥‥‥‥‥‥‥‥‥

らったなかから、テレビや漫画のなかに登場する先生をみてみよう。

　まずは、テレビドラマ『3年B組金八先生』(1979–2011年、TBS系列) の主人公である「坂本金八（金八先生）」（図6−1）である。東京都の区立中学校の教員という設定で、担任をしている3年B組内に起こるさまざまな問題を体当たりで解決していく。「生徒の気持ちを聞いてくれるところがいい」「子どもを大人の見方で決めつけないところに憧れる」といった意見が聞かれる。

　また、漫画の世界にも「いい先生」としてあげられる先生がたくさんいる。たとえば、『GTO』の「鬼塚英吉（GTO）」（図6−2、藤沢とおる『GTO』講談社、1997–2002年）や、『ごくせん』の「山口久美子（ヤンクミ）」（図6−3、森本梢

図6−1　DVD『3年B組金八先生』
出所）ビクターエンターテインメント。

図6−2　藤沢とおる『GTO』
出所）講談社、1997–2002年。

図6−3　森本梢子『ごくせん』
出所）集英社、2000–07年。

子『ごくせん』集英社 2000-07 年）だ。どちらも、"いわゆる問題児"を集めたクラスの担任として奮闘する。この2人を「いい先生」としてあげた理由としては、「たとえ生徒の成績が悪くても見捨てない」「生徒を1人の人間として扱っている」「生徒のために熱意をもって自分のことのようにかかわっている」といった意見が次々とあがってくる。

この3名に共通してつけられる形容詞に「型破り」というものがある。「型破り」とは「一般的、常識的な型や方法にはまらないこと」などと説明される。もしも、金八先生、GTO、ヤンクミといった、「いい先生」として学生から名前があがる人物が、みな「型破り」な先生であるとしたら、「一般的で常識的な」先生、いいかえれば「ふつうの先生」は「いい先生」ではないのだろうか。そして、そもそも「先生」にとっての「ふつう」とは何だろうか。次のワークを通して考えてほしい（ワーク6-2）。

---- ワーク6-2 ----

「ふつうの先生」（「先生っぽい先生」）というと、どんな先生をイメージしますか？　具体的に、どんな言葉を発したり、どんな態度をとったりするでしょうか。「生徒たちに対して」という点から考えてみてください。

「ふつうの先生」の言葉や態度のイメージ

さて、先生っぽい喋り方、先生みたいなふるまいなどの例がいくつか出てきただろうか。イメージすることが難しい人もいるだろう。「先生」に対するプラスのイメージやマイナスのイメージが両方出てきた人もいるだろう。すでにやってもらった「ワーク6-1」も「ワーク6-2」も、いまの段階では、あなたの「個人的な経験や意見の一部」にすぎないかもしれない。しかしながら、あなたが「教育を受ける側」として積み重ねてきた経験や考えのすべては、これからあなた自身が「教育をする側」に立つために大切な手がかりとなる。まずは、そうした「先生っぽさ」のイメージはどこから生まれてくるのかを考え

てみるために、先生の「型」を知るところからはじめよう。

2．「先生」の「型」——「子ども観」と「教育観」

「先生」の「型」というもの、いわゆる、「先生っぽい！」とみえたり感じられたりするようなものを考える場合には、言葉づかいや態度、授業の技術などさまざまなレベルの項目をあげることができる。しかし、ここでいちばんの基礎となる「型」として考えたいのは、「子ども」や「教育する」ことそのものに対する「見方」がもつ特徴だ。

この「見方」についてもう少し詳しく説明すると、「あなたは“子ども”をどのような存在として考えているのか」を表すものを「子ども観」という。また、「あなたは“教育する”ことをどのような営みとして考えているのか」を表すものを「教育観」という。よく「人生観」や「恋愛観」などといわれる場合と同じである。そして、「先生」は「子どもを教育することの専門家である」としてみなすならば、「先生」は「専門家」としての「子ども観」や「教育観」をもっていることになる。いいかえれば、その先生がどのような「子ども観」や「教育観」をもっているかによって、その先生が子どもに接する際の言葉や態度は異なってくるし、またどのような授業をしたり、どのように保護者に接したりするかも異なってくるのだ。

さて、ここで、「いい先生」がもつ「子ども観」、「教育観」を考えるために、2人の先生を紹介しよう。どちらも、「いい先生」としての特徴をもっているようにみえる。しかし、同じ型をとらない。次のワークに臨んでほしい（ワーク6-3）。

どのような答えになっただろうか。繰り返しになるが、「ワーク6-3」のA先生、B先生は「いい先生」の一つの型を表しているのは間違いない。たとえば、2人の先生がともに「子どものことをよく考えている」「子ども自身のできる力やすごいところを認めている」「子ども自身にとっての善いことを大事にしている」といったところを「いい先生」だと感じる人も多いだろう。

そのうえで、2人の「先生」の「いいところ」の違いについても考えてみよう。最初にA先生の場合は、子どもたちがもつ「吸収力」を重視している。

─── ワーク6-3 ───

（1）次の A 先生、B 先生のうち、あなたが「いい先生」だと思う先生はどちら
　　か、「いい」と思う理由と一緒に書いてください。

（2）2人の先生の考え方の違いは、どのような点から生じているのか、なぜこ
　　のような意見の違いが出てくるのか、考えて書いてください。

A 先生：「子どもってすごいよね。何でもどんどん吸収していく、すごい可能性
　　　　をもっているよ。だから、子どもには大人が正しい形を教えてあげて、
　　　　みんなが同じく立派になるように導いてあげないといけないよね。」

B 先生：「子どもってすごいよね。子どもたちは自分の力で自分の好きな方向に
　　　　伸びていく力をもっているんだよ。だから、大人は何も教えることなん
　　　　かない。むしろ、子どもの伸びたい方向や力を邪魔しないようにしない
　　　　といけないよね。」

（1）	（2）

　子どもは周囲のものをどんどん吸収していく存在なのだから、どのような
「形」にでも変わっていくことができる。こうした「**変わっていくことができ
る可能性**」のことを子どもの「**可塑性（かそせい）**」と呼ぶ。この場合の子どもは、「まっ
しろな紙」や「どろどろに溶けたチョコレート」にたとえられる。たとえば、
イギリスの哲学者ジョン・ロック（Locke, J. 1632-1704）は、子どもを「**白紙
（タブラ・ラサ）**」にたとえた。A 先生にとっての子どもは、まさにそうした

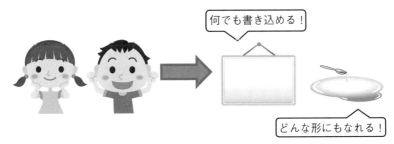

何でも書き込める！

どんな形にもなれる！

図6-4　「可塑性」重視の「子ども観」

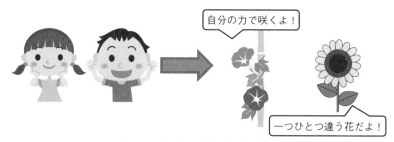

図6-5 「素質」重視の「子ども観」

「まっさらな状態」としてみえているのである。

　子どもの「吸収力」や「可塑性」を重視する立場からは、子どもたちにどのようなものを選んで与えるか、という点が最も重要になる。なぜなら、善いものを与えれば子どもは善くなるし、逆に悪いものを与えれば子どもは悪くなっていくと考えるからだ。いいかえれば、子どもをどのような形に変えていくかは大人のはたらきかけ次第である。こうした考え方は、「教育」を「布を染めること（**染色**）」にたとえたプラトン（Plato, 前427-前347）、「教育」を「**印刷術**」として捉えたコメニウス（Comenius, J. A. 1592-1670）などにもみられる。その意味において、子どもを「正しい一つの鋳型」に当てはめるこの「鋳型モデル」は、きわめて伝統的な「教育観」の一つといえる。

　これに対してB先生の場合は、子どもたちがもともともっている「伸びていく力」を重視している。子どもたちは**自分に必要なものを自分のなかにもっていて、さらにそれを伸ばす力**をももっていると考える。それは、**子どもの「自主性」や「素質」**などと呼ばれる。たとえばアサガオの種を植えればアサガオの花が咲くように、ヒマワリの種を植えればヒマワリの花が咲くように、「自然」に子どもたちに備わったものが成長する、と考える。こうした「植物モデル」の考え方の代表には、ジャン＝ジャック・ルソー（Rousseau, J. J. 1712-1778）の**「自然主義」**、フリードリヒ・フレーベル（Fröbel, F. 1782-1852）の**「子どもには神性が宿る」**などの主張があり、これも伝統的な「教育観」の一つである。

　子どもたちを「植物」のような存在として捉える「植物モデル」では、「先生」が行うことは最低限のことになる。どんなに頑張っても、アサガオの種を

植えてヒマワリの花を咲かせることはできない。それと同じように、先生がどんなに頑張っても、子どもたちがもっているもともとの素質を変えてしまうことはできないし、そんなことはしてはならないと考えるのである。

　このように、「いい先生」の考え方は、「子どもをどのような存在としてみなすか」という「子ども観」や、「教育するとはどのような営みか」を表す「教育観」と強く結びついている。それは先生一人ひとりの性格や価値観だけの問題ではない。むしろ、自分は「先生」として自身の「子ども観」や「教育観」をどのように形成しているか、と問うことを忘れないでいてほしい（同様の問いについては第5章も参照してほしい）。

　さて、そこであなたの番である。あなた自身は、子どもをどのような存在として捉えるだろうか。そしてそのとき重視する要素は何だろうか。自由に、そして具体的に発想してほしい（ワーク6-4、「絵」で答えても可）。

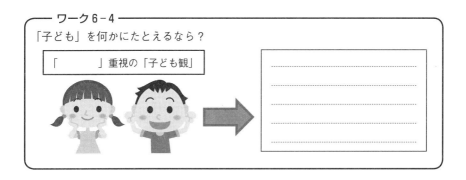

ワーク6-4
「子ども」を何かにたとえるなら？

「　　　　」重視の「子ども観」

3．「先生」のディレンマ──管理か、放任か？

　前節では、子どもや教育をどう捉えるか、について考えてもらった。次に考えてほしいのは、「いい先生」は「子どもにどうはたらきかけるのか？」である。もちろん、この子どもに対するはたらきかけは、先ほど「ワーク6-4」で考えてもらった自分自身の「子ども観」や「教育観」と強く結びついている。それを具体的にどのような行動に移していくのかが本節で考えてほしいことだ。

　さて、再びワークをしてもらおう。これは教育学では非常に有名な問いなの

だが、あなたはどう考えてどう行動するだろうか？（ワーク6-5）

ワーク6-5

（1）目の前で子どもが転んでしまった。「先生」としてのあなたはどのように行動するだろうか？また子どもにどんな言葉をかけるだろうか。

（2）問い（1）で答えたようにあなたが行動したり言葉をかけたりするのはどうしてだろうか。「子どもを教育する」という立場から考えてほしい。

（1）	（2）

　これが一般の人の場合であれば、「すぐに助け起こす」「抱きしめて泣かないように慰めてあげる」という行動だけでもかまわないだろう。子どもの健康や命を守るということは、「先生」にとってはもちろん、すべての大人にとって最大の義務の一つだ。しかし、「教育する」「育てる」「教える」ということを意識した場合には、いつもいつでも抱き上げて慰めてあげる、という行動だけでいいのだろうか、という問いが重要な意味をもつようになってくる。たとえば、「自分で立ち上がるのを待つほうがいいかな？」「いつも助けていると、甘えてばかりの子どもになってしまうかも……」と考えるのは、その子をその子にとって「善くしたい」という思いがあるからこそなのだ。

　たとえば、教育実習で「困ったこと」としてよくあがるエピソードに、「ケンカの仲裁のタイミングが難しい」というものがある。子どもたちがケンカをはじめてしまったときに、実習生とはいえ「先生」である自分が、すぐに「やめなさい！」と言ってケンカを止めていいのか、と判断に迷ってしまうのだ。子どもたちが自分たちでケンカを解決するのを待ったほうがいいのか、何か「先生」として助言できないか……など、実習生の頭のなかではいくつもの考えがぐるぐる回り、結果としてフリーズしてしまうこともしばしばだ。

　これは、「先生」の立場だからこそ経験する「迷い」である。この「迷い」

は、「教育する」「教える」「育てる」ということを考えるうえでは「最終的には子どもたちが自分で考えて自分でできるようにする (＝自律する・自立する)」ことを目指しているという点から生まれてくる。ざっくりといってしまえば、「教育」は「何かができない状態」を「できる状態」へと移行させる (移行の援助をする) 営みとして説明できるだろう。そのなかで「先生」は、子どもが「自律する・自立する」ことの「手助けをする」ということをしなければならない。いつもいつでも「先生」が助けていては (「管理」していては)、いつまでたっても子どもは自分でできるようにはならない。だからといって完全に放っておいても (「放任」していても)、やっぱりいつまでたっても子どもは自分でできるようにはならないのである。

こうした「**管理か、放任か**」というディレンマ (板挟みの状態) は、「先生」として「教育」を考えるうえでつねに向き合い続けなければならない問いである。子どもたちの自分からやりたい・やってみたいという気持ち (**自主性、自発性、能動性**などと呼ばれるもの) を大事にすること、これは現代の「教育」を考えるうえではとても重視されている視点 (方針) である。しかしながら、自分からやりたい・やってみたいという気持ちは、ただ子どもに対して何もしないで放っておいて生まれてくるとは限らない。子どもに、「好きなことをやっていいよ」とか「好きな道に進みなさい」と言うことはできる。いいかえれば、そう言うだけならば「先生」でなくてもできる。しかし、「好きなものがない」「好きなものが見つからない」という子どもに対して、「先生」としてのあなたはどんなはたらきかけをする (できる) のだろうか?

4.「先生」にできること、できないこと

「管理か、放任か」というディレンマは、「先生」であれば避けては通ることのできない、「教育の専門家」だからこそ経験するものである。そして、「専門家」である以上、いつまでもフリーズしているわけにはいかない。あなたが出会ってきた「いい先生」をもう一度思い出してほしい。おそらくその先生は「管理」でも「放任」でもない「いいはたらきかけ」をあなたにしてくれたのではないだろうか。「いい先生」を目指す一つの方法は、そうした自分にとっ

図6-6　あきらめたらそこで試合終了だよ

出所）井上雄彦『SLAM DUNK』8巻、集英社、144頁。
© 井上雄彦　I. T. Planning, Inc.

図6-7　「言葉」に至るまでの場面

出所）井上雄彦『SLAM DUNK』8巻、集英社、71頁。

ての「いい先生」を見つけ、真似をすることだ。とはいえ、たんに表面的に言葉や動きを真似しただけではなかなか「自分のもの」にはならない。なぜその先生は「いいはたらきかけ」ができたのかを考えることが必要になる。

　そこで事例として、ふたたび物語のなかの「いい先生」としてあげられた人物の力を借りよう。漫画『SLAM DUNK』（井上雄彦著、集英社、1991-96年）の「安西光義（安西先生）」である。バスケットボールの試合途中に逆転をあきらめかけた三井寿選手に対して、安西先生が「あきらめたらそこで試合終了だよ」と声をかけるシーン（図6-6）は、じつは、授業のなかでの学生たちからの支持がいちばん高い。その理由として、「教育を受ける立場」からすると、「自分もこんなふうに言ってもらえたら嬉しいと思う！」というように、言葉自体が魅力的だという点はもちろん大きい（つまり、教育的な「修辞」として優れている）。しかし、「いい言葉」をかければ、それがいつでも「いいはたらきかけ」になるわけではない。

　この「言葉」に至るまでの場面（図6-7）をより詳しくみると、安西先生は第一に、三井選手が試合の厳しい局面でも「まだだ！」という強い意志をもち、さらに高い技能ももちあわせていることを「観て」いた。そのうえで、第二に、三井選手が「勝ちをあきらめた…その時」という瞬間に彼の前に立ち、声をかけている（図6-8）。

　つまり、安西先生の言葉が三井選手にとって「いいはたらきかけ」でありえ

たのは、当の言葉の内容を裏づけている（試合は十分に逆転可能だという）安西先生の判断（＝観察力）、さらにはその言葉を届けるタイミング（＝時機の見極め）があるからだといえる。この点をふまえれば、当の「言葉」だけを切り取って、まったく異なる対象にまったく異なるタイミングで言ったとしても、それは必ずしも「いいはたらきかけ」にはならない。しかし逆に、言葉をかける対象を十分に観察し判断したうえで、時機を見

図6-8　あきらめた…その時

出所）井上雄彦『SLAM DUNK』8巻、集英社、144頁。

極めて言葉をかけたならば、それが「先生」としての「いいはたらきかけ」となる可能性は高くなる。「名言」はその場面や状況があってはじめて「名言」なのだ。

　たとえば、「啐啄同時（そったくどうじ）」・「啐啄同機（さいたくどうき）」という考え方がある。鳥の雛がたまごの殻を内側からつつく音を聞きつけた親鳥が、外側からも同時にたまごの殻をつつくことで、殻が割れて雛が生まれるという考え方である。つまり、雛と親鳥、両方の力があわさってはじめて雛は生まれてくる。また、たまごの殻をつつくタイミングがぴったりとあっているからこそ、たまごの殻は割れる。これと同じように、「先生」が「観る力」と「時機を見極める力」をもって、生徒の状況を捉えた「いい働きかけ」がなされてはじめて「生まれる」ものがある。それは、生徒がただ1人でいてはけっして生まれないもの・生徒が1人の場合

たまごの内側から　　　外側からも同時に　　　内側と外側の力が
殻をつつく音が…　　　つつくと…　　　　　　合わさって殻が割れる！

図6-9　啐啄同時

77

より「さらに善い」ものとなりえるはずである。

　また、このことは「教授（教えること）」と「学習（学ぶこと）」との相互作用としても捉えることができる。たんに先生だけが一方向的に「教授」するのでもなく、逆に生徒が自分自身の力だけで「学習」するのでもない。先生の「教授」によって生徒の「学習」が引き出されたり発展したりする、と捉えるのである。この相互作用を生じさせるために「先生」には、生徒の状況や状態を観察し判断する力とはたらきかけ（教授）を行う時機の見極めが必要となる。ロシアの心理学者であるヴィゴツキー（Vygotsky, L. S. 1896–1934）は、こうした「教授」と「学習」の間の相互作用を「**発達の最近接領域（ZPD）**」の理論として示している。子どもはたしかに自分自身で学ぶ力をもつ。それをさらにより広く高く発展させるはたらきかけが「先生としてのはたらきかけ」である。

5．「あなたがなりたい先生」とは──子どもの世界に「参入する大人」として

　前節でふれたように「いい先生」は「教える－学ぶ」の相互作用を生み出し、「生徒」の視界や活動に新しい展開を拓くことができる。そのとき、「いい先生」は「生徒」の声に、表情に、状況に、さまざまなことに耳を傾け、視線をめぐらせ、気持ちを近づけている。「観察力」や「共感する力」が、「いい先生」に共通する特徴の一つであることは間違いない。

　しかしながらその一方で、現実には「大人」である「先生」が「子ども」である「生徒」の気持ちや世界を完全につかみとることは難しい。たとえば「いじめ」問題などが起こったときに、「先生」は無力さ（自分が「大人」であること）を実感する。生徒がしばしば「先生には自分たちの気持ちはわからない」と考えるのも当然のことで、どれだけ幼い子どもであっても、子どもには子ども独自の世界や決まりがある。「いい先生」は、その世界をふまえたうえで、あえてその世界に踏み込んでいくことが必要だし、またそのための何らかの力をもっている。それは「生徒に共感する力」かもしれないし、「生徒たちを強く導く強さ」かもしれない。「客観的に分析する力」である場合もあれば、「生徒を信頼する力」であることもある。このようにさまざまな形を想定せざるをえない「先生」という仕事は、「"絶対に正しい一つの型"に決められな

い」点では「非常に難しい仕事」である。しかし同時に、「いい先生には"さまざまな型"がありうる」点では、「先生」という仕事は、「非常に可能性がある仕事」でもある。あなた方は、「全員が同じ型の先生」になる必要はない。むしろ、一人ひとりが異なる型をもった「先生」となること、あるいは1人のなかに複数の「いい先生の型」をもつことが必要となる。

図6−10 ここでクラス全員が気がついた
出所) 羽海野チカ『3月のライオン』7巻、白泉社、chapter 70。

漫画『3月のライオン』(羽海野チカ著、白泉社、2008年−)では、「いじめ」問題の解決のために、複数の先生がいっせいに乗り出す場面がある。そこで「ここでクラス全員が 気がついた クラスの中の闇に学校側が本気で介入して来た事に」(傍点引用者)というモノローグが流れる。

つまり、「いい先生」は1人のスーパーマンである必要は、必ずしもない。金八先生、GTO、ヤンクミが「型破り」だといわれるのは、彼らが1人で(しかもだいぶワイルドに)それを成し遂げているようにみえるからかもしれない。どの先生も、「先生」として「大人」として子どもの世界に本気で参入している――「教師」である――点では、現実世界の「いい先生」方と同じなのだ。

そうした意味で、現在「教育を受ける立場」から「教育をする立場」へと移り変わろうとしているあなたには、ぜひとも「教育を受ける立場」の気持ちを忘れないでいてほしい。どんな「いい先生」も、子どもたちにとって最初は自分たちの世界に入り込んでくる大人である。たとえどんな「善いこと」を与えてくれようとしていても、子どもたちにとっての「新しいこと」は、自分たちの「いま」を壊すことをともなう「不安」や「怖さ」をつねに連れてくる。

そうしてなお、あなたが「教育をする立場」として子どもたちに向き合い続けるならば、子どもたちの「変わる」過程や姿に喜び・やりがいを感じられる

ようになるかもしれない。本書で学ぶ「先生」を志すあなたに、そうした瞬間が訪れることを心から願う。「いい先生」は、何よりその先生自身が、「教師になってよかった」「教師の仕事って面白い」と感じる一瞬を知っている（だから「いい先生」は、その100万倍の長さだけ大変な時間が続いても「教師」をやめない）。教員養成課程の先生が考えているもう一つのことは、次のとおりである。あなたには「いい先生になってほしい」だけではなく、「いい先生になることであなた自身にも幸せになってほしい」のである。

── ワーク6−6 ──

あなたはどんな先生になりたいだろうか。また、そのための自分自身の課題は何だろうか。できるだけ具体的に書いてみてほしい。

【読書案内】
①ヴィゴツキー（土井捷三・神谷栄司訳）『「発達の最近接領域」の理論——教授・学習過程における子どもの発達』三学出版、2003年。
　「子ども」の学習を援助したいと思う「大人」はどんな役割を果たすことができるのか、「教える」と「学ぶ」の関係を考えることができる書。
②相馬伸一『教育的思考のトレーニング』東信堂、2008年。
　「教師」にとって必要な「教育的思考」について、実践に即した疑問を手がかりに探求していく書。「教育的」とはどういうことかを問う視点がたくさんある。

参考文献
グループ・ディダクティカ『学びのための教師論』勁草書房、2007年。
村井実『教育学入門』講談社、1976年。
佐伯胖ほか『子どもを「人間としてみる」ということ——子どもとともにある保育の
　　原点』ミネルヴァ書房、2013年。
佐藤学『教師というアポリア——反省的実践へ』世織書房、1997年。
シェフラー（村井実監訳）『教育のことば——その哲学的分析』東洋館出版社、1981年。

（尾崎博美）

第7章

「学校教員」は「子どもが好き」だけではなれない?

「教師」と「教員」はどう違うのか

1.「教師」って何だろう

「教員」と「教師」の違いって何だろう

　おそらくあなたにとって、「教師」は家族や親戚以外ではじめて出会った「大人」であろうし、さまざまな影響をあなたに与えた人たちであろう（「いい先生」に関しては第6章参照）。それだけに私たちにとって教師は身近な存在である。しかし、教師として教壇に立つ前提として教員免許状（以下「教免」）の取得が求められることに、違和感を覚えるかもしれない。では、「教師」と「教員」それぞれの言葉について、どのような違いがあると考えるだろうか。あなたのイメージを下の欄に書いてみよう（ワーク7-1）。

```
―― ワーク7-1 ―――――――――――――――――――――――――――
「教師」と「教員」の違い

┌──────────────────────┬──────────────────────┐
│        「教員」        │        「教師」        │
│                      │                      │
│ ‥‥‥‥‥‥‥‥‥‥‥‥‥│ ‥‥‥‥‥‥‥‥‥‥‥‥‥│
│ ‥‥‥‥‥‥‥‥           │                      │
│ ‥‥‥‥‥‥‥‥‥‥‥‥‥│ ‥‥‥‥‥‥‥‥‥‥‥‥‥│
└──────────────────────┴──────────────────────┘
```

　あなたはどういうイメージを書いただろうか。似たような言葉でありながらも、使われる場面が異なっていることに、気づいただろうか。たとえば「家庭教師」はいても、「家庭教員」はいない。「塾の教師」はいても、「塾の教員」はいない。また本章第3節でみていくように、「教員免許状」という言葉はあっても、「教師免許状」という言葉はない。

　では、「教師」と「教員」の違いは何なのだろうか。まず「教師」は教えるという行為の専門的職業や授業場面での指導者という側面に力点がおかれるが、「教員」は学校組織の一員という側面に力点がおかれている。また「教師」は理想的なニュアンスで使われるのに対して、「教員」は現実の実態を指して使われる傾向がある。このように言葉の響きは似ていても、その位置づけはまったく異なるのである。ここでいう「学校」とは、学校教育法第1条で定められた、幼稚園から大学に至る教育機関[1] のことである。そのため学校法人が運営する私立学校の教師も「教員」となるが、各種学校である予備校や塾の講師は「教員」ではない。「教員」という言葉は法律用語である。そのため「教員免許状」というのである。

　ちなみに「教諭」は18歳未満の児童生徒を対象に教育を行う「教員」を指す。そのため「大学教員」はいても、「大学教諭」は存在しない。のちにみるが、「教諭」になるためには、教育職員免許法（教免法）にもとづき教員免許状（教免）の取得が必要である。逆に、大学教員になるためには教免は必要ない。大学教員は学位をもち（原則として教授は博士、准教授は修士以上）、研究上の業績がありかつ大学における教育にふさわしい教育上の能力をもつことが大学設置基準で定められている。そのため、教職課程の担当者は研究上・教育上の業績はあるが、必ずしも教免所持者とはかぎらない。

教員と教師のジレンマ

　「教師」と「教員」はまったく別個の存在ではなく、重なりあいつつ、同時に達成しようとすると苦しむ場面がある。以下では「教員」を強調する場合を除いて「教員」の意味であっても、固有名詞を除いて「教師」という言葉に統一する。あなたは第6章の「ワーク6-1」で「いい教師」について考えたであろう。では、あなたはこの言葉を聞いてどんな教師を思い出しただろうか。佐藤学は「教師像」とその文化を図のように四つの類型に分類している（図7-1）。

　第一の類型が「**技術的熟達者としての教師**」で、日本では1960年代以降に

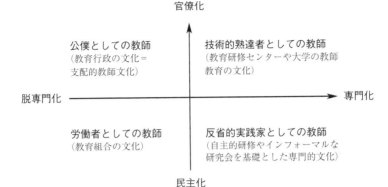

図7-1　教師像の類型とその文化

出所）佐藤学『教育の方法』左右社、2010年、176頁。

政府によりトップダウン式に推進された専門職化路線である。この時期以降、文部省（当時）と都道府県の教育委員会が研究指定校や研究センターを中心に教師の技術的な専門化をはかり、専門性と効率性において「有能な教師」を求める現職教育を進めていった。今世紀に入ってからの教職大学院の創設のように、「教員養成の高度化」という路線はこの類型に位置づけられる。

　第二の類型は「**反省的実践家としての教師**」である。授業の観察にもとづく事例研究を行う校内研修のように、「**行為のなかの省察（reflection in action）**」を高めていくことを目指している。近年の教育学研究では、生涯学習の視点で教師の学びを捉える立場もある。こうした視点が注目される背景には、教師の多忙化や教師どうしの孤立化など、教師をとりまく労働環境の悪化がある。

　第三の類型は、「**労働者としての教師**」である。この教師像はおもに日本教職員組合（日教組）といった組合によって形成された教師像で、生活者として「労働」を強調する点に特徴がある。

　第四の類型は、「**公僕としての教師**」で、子どもと親への奉仕精神と仕事に対する遵法精神と献身性という特徴を備えている。戦前は国家への奉仕者として位置づけられ、敗戦後は子どもや親に対する献身的な奉仕者として位置づけ直されたが、いずれにせよこうした「精神主義」がいまに至るまで教師文化の基礎となっている。高い権威性と倫理性を備えた「聖職者」であることが社会

から期待されるのである。国家の法令を遵守する教師は、この公僕像が基本となっている。

　では、こうしたさまざまな教師像が混ざりあう学校とはいったい何なのか。次節では学校と国民国家との関係から、「教員」の位置づけについて考えていこう。

2．学校って何だろう

国民国家統合の装置として

　学校で児童生徒はいったい何を学ぶのか。あなたはどんなイメージをもつだろうか。下の空欄に書いてみよう（ワーク7-2）。

ワーク7-2

学校では何を学ぶ？

_____

_____

_____

　算数？　国語？　理科？　社会？　それは科目である。生活態度？　道徳意識？　そうした科目や社会規範をまとめて、第一に「国語」という**「標準語」を習得**すること、第二に国旗や国歌といった**国家のシンボルを共有**することである。第一の「国語」について、実際には「なまり」のある教師も多いだろう。しかし教科書に書かれている言語は「標準語」で、方言（地方語）はきわめて少ない。仮にあったとしても、その言語が教室空間を埋め尽くすことはありえない。そもそも、なぜ「標準」語なのだろうか。こうしたスタンダードが、なぜ必要なのだろうか。

　この問いを考えるためには、近代国民国家の問題について考える必要がある。近代国民国家では「国境」という、他国との境目が目に見えないけれども存在し、「国境」内の領土では国家主権が均等に及ぶという**「想像の共同体」を共有する国民の存在**が不可欠となる。その国民を養成する場所が、学校なのである。**国民意識（ナショナルアイデンティティ）**は教室から生まれる。つまり学

校は国民をつくりだす装置といえる。「国語」とは均質な存在と認識され、当該の国民に均しく教育されて話されるべきものと位置づけられる一方で、「国語」からこぼれ落ちる「方言」や異言語には圧力が加えられることになる。なぜなら、国民国家の理想は「一国家・一民族・一言語」だからである。多様性のある日本語はいわばでこぼこした土地であり、その多様性を学校教育と「標準語」というブルドーザーで平坦な土地にしてしまう。こうして「想像の共同体」を共有するために、学校教育にはスタンダードとしての「標準語」と国家シンボルを生徒に習得させることとなる。とくに小学校教師は、下級公務員として国家と地域社会の間におかれ、国家のイデオロギーや政策を地域社会に浸透させる役割を担うことになる。「教員」は「標準語」の普及をはじめ、国民意識を人々に与えるためのリーダーと位置づけられてきたのである。

　「教員」が国家の代弁者として地域社会に配置されたのは戦前だけではない。戦後も続いている。「愛国心」の教育を国民創出のための教育と捉え直した場合、教育基本法を「改定」する際に叫ばれた「愛国心の涵養の欠如」という第一次安倍政権の主張とは裏腹に、戦後の教育法体系と実践は文部省という官と、日教組という民が一体となって「教育を通して日本人を創出する」という理念を支持し続けてきた。

　つまり、国民という存在はけっして自然に発生するのではなく、学校という国家の組織で意図的に育成されてはじめて存在する。そのため政府は「義務教育」を国民の義務としているのである[2]。

産業主義社会の発展のために

　以上みてきたように、学校の教室には、さまざまな政治的意図が込められており、私たちも「いつのまにか」その意図を学びとって「日本人」になってきた。しかしこれまで抽象的な話だったために、イメージが沸かなかったかもしれない。次に教室について考えることで、それが近代の産業社会においてどのような意味をもつのか考えていきたい。まず、下の空欄にあなたが「教室」と聞いてイメージする教室の風景を描いてほしい（ワーク7-3）。

　あなたはどんな絵を描いただろうか。机をコの字型やロの字型に配置した人はそれほど多くないであろう。ほとんどの人は、黒板と教壇が前にあり、机が

┌─ ワーク7-3 ─────────────────────┐
│ 教室空間を絵にしてみよう。   │
│   │
│   │
│   │
│   │
│   │
│   │
└──────────────────────────────┘

　縦横数列に整然と並んでいる絵を描いたのではなかろうか（第3章を参照のこと）。教師と生徒が向かい合い、教師は黒板の前に立って講義をし、生徒は黒板の解説と教師の話をノートに写すという作業を繰り返す。おそらくこういうイメージではなかろうか。こうした授業様式のことを、一般に**一斉授業**という。ではなぜ学校で行われる授業は一斉授業が中心となっているのか。

　前節では学校の役割として国民をつくりだす装置としての側面をみてきたが、学校のもう一つの重要な役割として産業社会の発展に寄与することがあげられる。知識と技術を効率よく伝授し、国民を有能な労働者として養成することが学校教育に求められている。

　こうした国民国家の要請に応えるために、国家内の人員を国民化するだけでなく、大量の人員を労働者にするために知識と技術を効率よく伝授する、一斉授業という様式が普及したのである[3]。こうした一斉授業を支える原理が、「**模倣的様式**（mimetic mode）」という概念である。模倣において重要なのは「学ぶ＝真似ぶ」ことである。こうした原理に支えられた一斉授業では、個性や創造性よりも、正解と効率が求められていくことになる。20世紀以降の産業化社会では「大量生産・大量消費」という産業主義が支配的となり、この発想のもとで大工場の流れ作業（アセンブラ・ライン）を可能にした「**テーラー・システム**」が開発されることになる。テーラーは、大量生産を可能にするために労働の分業化をはかり、作業を均質な一方向の時間単位に分割し、「目標」と「評価」によって作業を統制し、効率を達成するシステムを開発し

た。このシステムを学校教育に応用したのがシカゴ大学のボビットで、学校を工場に見立て、「生産目標」を「教育目標」に置き換え、品質管理としての「テスト」を教育課程の最後の「テスト」に置き換え、原料としての子どもを卒業生という「製品」として出荷する。教職志望のあなたはこの発想に違和感をもつだろう。とはいえ毎年春になると各予備校・塾だけでなく、難関大学への進学を売りとする公私立高校で東京大学に何人合格した、といった広告が出される。こうした広告はまさにテーラー・システムにもとづく、工場としての学校像を継承しているといえる。「大量生産・大量消費」の発想にもとづくテーラー・システムは近年後退したとはいえ、まったく塗り変わったわけではなく、いまに至るまで学校教育に大きな影響を与え続けているのである。

　こうした「模倣的様式」は「つめこみ式教育」を助長する傾向となり、1980年代の「受験戦争」を増幅することとなった。こうした状況を反省して、「ゆとり教育」が制度化されていくことになる。フィリップ・ジャクソンは学習者の変容を促す授業のことを「**変容的様式**（transformative mode）」という概念で捉え、学習者の創造的思考や自己表現に重点をおいた。「ゆとり教育」はこうした概念で捉えることができる。しかし、ほとんどすべての授業は一斉授業であるといって過言ではなく、たとえばグループワークといった協同的授業が一斉授業にすべて取って代わるということも、すぐには実現されないだろう。

子どものために、学校があるわけではない？

　以上みてきたように、**学校は「均質な国民意識をもち、産業社会に有用な人材を育成するための装置」として機能する**ことが期待されている。教科書を政府が検定するのは「均質な国民意識」を植え付けるためである。

　しかし、あなたはこうした話に違和感をもつかもしれない。「それでも学校は子どものためにある！ "国家の駒" や "社畜" を育成するためではない！」と怒り出す人すらいるだろう。しかし、冷静になってほしい。「子どもが好き」「教えるのが好き」と子どもの発達を願うことと、学校組織のなかで「教員」となることは、所与のこととして結びついているわけではない。

　おそらく、「教員」を目指す人のなかには、「**一人前の市民として人を育てる仕事がしたい**」といった想いをもっている人もいるだろう。近年は国民国家の

枠内にかぎった均質な「国民」としての人材育成にとどまらず、国家の意思決定に参加し政治的判断力を行使する「自立した市民」を育成する**シティズンシップ教育**が提唱されている（詳細は第2章を参照のこと）。こうした「一人前の市民」という人材を育成するのが「教員」であり、そのため均質さを担保するために「免許」の取得が求められているのである。次節では、「教員」になるためにはどんな手続きが必要なのか、教免の種類からはじめ、つづいて教員採用の流れ、最後に採用後の研修について確認しよう。

3.「教員」はどうやってなるの？

そもそも、教免って何？

　前節まで「教員」の位置づけと、「教員」となるためには「教免」が必要となるのはなぜか、という問題を考えてきた。では、いまの日本で教免にはどんな種類があるのか。

　戦後の日本では教職課程を有するすべての大学で、同課程修了者への教員免許の授与を原則とする「**開放制**」となった。幼稚園から高校までの教員免許は、大学で教職課程に関する科目を履修し、各地方自治体に大学が申請してそれぞれの教育委員会が発行する形になっている。ポイントは、免許状の管理者は文部科学大臣ではなく、都道府県教育委員会だ、ということである。

　教育職員免許法（教免法）には、それぞれの学校種ごとに1.**普通免許状**、2.**特別免許状**、3.**臨時免許状**がある。さらに普通免許状は一種免許状および二

表7-1　教育職員免許状の種類

種類	区分	基礎資格	効力	有効期間	職階
普通免許状	専修	修士	全国	10年	教諭
	第一種	学士			
	第二種	準学士 短期大学士			
特別免許状	－	－	都道府県	10年	教諭
臨時免許状	－	－	都道府県	3年	助教諭 養護助教諭

種免許状（高等学校教諭の場合は二種はない）、そして専修免許状に分けられる。一種は大卒程度、二種は短大卒程度、専修は大学院修士課程修了程度である。普通免許状は大学の教職課程修了者に授与され、全国で有効である。特別免許状は教育職員検定に合格した者に都道府県別に授与され、発行した都道府県内のみで有効である。四年制大学では第一種普通免許状を取得することになる。なお大学での教職課程修了による教員免許状の取得だけでなく、教員資格認定試験による普通免許状（おもに二種）の取得も可能である。

教員採用試験と教免の取得は別なの？

　教員免許をとれば、大学が自動的に赴任先の学校を選別して配属するのだろうか。残念ながら、答えはノーだ。免許をとることは、イコール教師になることを意味しない。

　教師になるためには、まず教員養成系大学や教員養成学部、さらにそれ以外の一般大学で教免法の定める教職課程を修了し、授与権者から教員免許状が授与されたあと、都道府県や政令指定都市ごとに実施される教員採用試験に合格する必要がある。試験は筆記・小論文・面接・実技・適性検査の五つを基本とし、これに合格後新採用の「教員」として配属される学校に赴任する流れとなる。こうした新採教員は正規の「教員」で、それ以外に非正規の「教員」がある。非正規教員は臨時採用教員と、非常勤講師がある。前者は一般企業の契約社員に相当し、他の教師同様フルタイムで働き、学級担任をもつことができるものの、任期に期限がある。後者はパート社員に相当し、決まった授業だけ教える時給払いの教師である。

　このように、免許の取得は教師になるための条件にすぎず、免許を取得すれば自動的に教師として採用されるわけではない。2017年度の免許状発行数と採用者数を表7-2に示した。再受験者がいるた

表7-2　教員免許状発行数と採用者数

免許状発行数	小	28,794
	中	48,435
	高	59,921
教員採用試験受験者数	小	52,161
	中	57,564
	高	34,117
採用者数	小	15,019
	中	7,751
	高	4,827
採用倍率	小	3.5
	中	7.4
	高	7.1

出所）文部科学省「平成29年度教員免許状授与件数等調査結果について」および「平成29年度公立学校教員採用選考試験の実施状況について」より作成。

め発行数と受験者がずれているが、倍率は小学校で3.5倍、中・高で約7倍となっている。むしろ教員免許取得者の大半が教師にならないといえる。そのため教員採用試験は難関となりがちである[4]。

教免は一生モノ？　え、違うの？——教員免許更新制

　一般大学で教員免許を取得しようとすれば学部学科の必修科目以外に多くの教職科目を履修する必要があり、教免をとることは簡単ではない。しかしひとたび教免を取得すればずっと有効な免許だと思ったらそれは間違いだ。なぜなら、2009年度から導入された「**教員免許更新制**」のためである。

　この制度は教員免許の有効期限を限定し、10年ごとに更新講習を受けて試験に合格しないと免許が更新されない（＝失効する）という仕組みである。先に表7-1で教員免許の有効期限を記したが、それはこの免許更新制度によって教免法が改定されたためである。

　問題は、地方公務員法で免職条項に定められる「不適格教員」と、学生指導が不適切な「指導力不足教員」とは根本的に異なるにもかかわらず、区別されずに「教師バッシング」の流れのなかで用いられてきたということだ。教師バッシングとは、教員の不祥事がマスコミ報道されたことをきっかけに過度に一般化されて世間に受け取られ、学校問題の何もかもが教員が悪いとする風潮である。その結果更新講習と次節でみる教員研修との関係が不明確のまま、無理矢理に教員免許更新制度が導入された。

４．教師はなってからが大変？

さまざまな研修制度——免許更新講習とは別だよ

　教育公務員特例法（教特法）によると、研修とは「研究と修養」のことである。一般に**法定研修、校内研修、自主研修**に分けられる。

　法定研修とは教特法で規定された研修のことで、「初任者研修」「十年経験者研修」「指導改善研修」に分けられる。「指導改善研修」とは児童への指導が不適切と認定された教師、つまり「指導力不足教員」に対して行われる[5]。

　校内研修とは、みずからの勤務学校のなかで行う「勤務学校に焦点を当てた

研修」のことである。各学校の学習指導や生徒指導などの日常の教育実践に即した、具体的な研修課題に取り組む。各学校が掲げる年度ごとの研究主題にしたがって定期的に教師どうしの授業参観にもとづく授業研究を重ねる。のちにみる「協業」としての教育活動につながる研修である。

　自主研修とは、教師個人の判断で勤務時間外に自分から研修することである。教師どうしで自主的に運営する非公的な研究会や教育実践に関する諸学会への参加、大学院での修学などがある。こうした自主研修の取り組みは歴史的にも古く、また世界的にみてもユニークである。

　このように教師として教壇に立ってから学ぶ機会がさまざまある。では、こうした教師に求められる資質能力とはいったい何か。次項ではこの問題にふれよう。

教師に求められる資質と能力って？

　今津孝次郎は「資質」とは生まれつきの性質で得手不得手や人柄とかかわり、あまり変化することのない個人の特性とし、「能力」とは教育によって成長して変化する知識・技術であるとしている。もちろん「資質」はまったくの不変のものではなく、周囲の援助などによって広がりと豊かさを得ることができる、ともしている。たとえば教師に必要な資質として「子ども好き」が言及されることが多いが、肌があわない苦手な生徒に対して子どもに関する知識と技術をふまえて指導するためには能力の向上が必要である。

　教師に求められる質の向上として、「学力の向上」が重要と考える人も多いだろう。ただ、「学力」を「受験学力」のように、何らかの達成度テストのための能力というように狭く考えてはいないだろうか。ここでは「学力論」には踏み込まないが、「教員」に求められる学力指導において、受験学力だけでなく、先にあげたシティズンシップ教育のように市民として必要な教養を培うことが重要だ。この点が、受験学力向上のための教育を商品として提供する教育産業と、「学校教員」との違いだと考える。両者は一見すると似た存在だと思われるかも知れないが、塾講師は「受験学力の向上」、学校教員は「社会の形成者としての市民の養成」と、目的が異なる。学校教員には、めまぐるしく変化を続ける現代社会において、既存の知識や技術を一斉授業様式で付与するだ

けでなく、さまざまな背景をもつ生徒たちに対してどう向かい合い、そうした知識・技術を臨機応変に対応するにはどうすればよいかつねに探究する姿勢が「資質」として求められる。さらには、「教える」ことに専念しつつも、生徒や同僚など、かかわるすべての人から謙虚に「教えられる」ことが大切である。教師は「個業（ひとりでやる仕事）」ではなく、「協業（同僚など複数の人がかかわる仕事）」である（複数の教師のかかわりについては第6章を参照のこと）。「個業」なら挫折してしまうかもしれないが、「協業」のなかでたがいに探究心を刺激しあうことが大事である。そうすることで、教授能力だけでなく、教師としての「資質」と「能力」の向上が望まれる。

「教員」から「教師」へ

　本章では教員志望者に対してかなり「挑発的」な言い方をしてきた。それはあなたに「次世代の国民」を育成するという国家の事業を担うだけの覚悟があるか、と迫りたかったからである。本章でみてきたとおり、「学校教員」は国家の存在抜きには成り立たない業種であり、「子ども好き」「教え好き」というだけでは教師にはなれない。願わくは本章をきっかけに考えを新たにし、資格としての教免をとって教壇に立つだけでなく、そこからさらに研鑽を重ねて「いい教師」を目指してほしい。

注
（1）　一般に「一条校」という。学校教育基本法第1条で「学校とは、幼稚園、小学校、中学校、高等学校、中等教育学校、特別支援学校、大学及び高等専門学校とする」と定められている。
（2）　日本国憲法第26条にあるように、国民は教育を受ける権利をもっており、その保護者が普通教育を受けさせるのが義務である。義務教育の「義務」は学校に通う「義務」のことだと考えるのは誤りである。
（3）　佐藤学『教育の方法』左右社、2010年を参照。
（4）　もちろん地域差もあるうえに、一般大学か教員養成大学かという違いによっても採用率は異なる。教員採用試験対策の詳細と採用に有利な大学の状況については、新井立夫・石渡嶺司『教員採用のカラクリ──「高人気」職のドタバタ受験事情』中央公論新社、2013年を参照のこと。

（5） 詳細は今津前掲書、第 2 章第 4 節を参照のこと。

【読書案内】

①**今津孝次郎『教師が育つ条件』**岩波新書、岩波書店、2012 年。

「教員」になる準備段階である教員養成だけでなく、「教員」として就業してからの教師の学びについて、生涯学習の観点から分析している。

②**佐藤学『教育の方法』**左右社、2010 年。

教員が教師として専門家になるために、どのような理論があるのか。教育方法は自身が受けてきた体験をなぞればいいのではなく、きちんと習得すべき理論がある。佐藤のエッセンスは、生徒個人のみの学びではなく、協業としての学び（学びの共同体）をどう構築するか、という点にある。より詳細に知りたい場合は佐藤学『教育方法学』（岩波書店、1997 年）を参照のこと。

参考文献

今津孝次郎『変動社会の教師教育』名古屋大学出版会、1996 年。

─────『教師が育つ条件』岩波新書、岩波書店、2012 年。

大澤肇「近現代上海・江南の小学教員層──1927〜1949 年」中国社会文化学会『中国──社会と文化』第 22 号、2009 年。

木村元・小玉重夫・船橋一男『教育学をつかむ』有斐閣、2009 年。

小国喜弘『戦後教育のなかの〈国民〉──乱反射するナショナリズム』吉川弘文館、2007 年。

小玉重夫『シティズンシップの教育思想』白澤社、2003 年。

佐藤学『教育の方法』左右社、2010 年。

平原春好・寺崎昌男『新版教育小辞典　第 2 版』学陽書房、2002 年。

ベネディクト・アンダーソン（白石さや・白石隆訳）『定本 想像の共同体──ナショナリズムの起源と流行』書籍工房早山、2007 年。

安田敏朗「言語化する帝国」山本有造編『帝国の研究』名古屋大学出版会、2003 年。

（山本一生）

第8章
子どもに価値を押し付けてよいのだろうか？
価値の教育をめぐる四つの視点

1．大人の自由と子どもの自由

　誰でも、大人であれば、他人から自分の生き方を強制されるのは嫌だし、自分の生き方を否定されたくはないだろう。では、子どもの場合はどうだろうか。子どもであっても、大人の場合と同じように、他人がその子の生き方を決めてはならないのだろうか。それとも、大人であれば、時には子どものありのままの姿を否定してでも、より良い生き方に向けてその子を導くべきなのだろうか。あるいは、子どもに価値を押し付けてよいのだろうか。

　大人であれば、誰も他人から生き方を強制されるべきではないと高らかに宣言しているのは、**リベラリズム**の思想である。リベラリズムを唱えた代表的な思想家はドイツの哲学者**カント**（Kant, I. 1724–1804）とイギリスの哲学者・経済学者**ミル**（Mill, J.S. 1806–1873）である。カントは、理性的な存在者である人間は、自分自身が立法者として定めた法にのみ従うべきであり、他人の意志に従ってはならないという。つまり、人間は、自分自身で定めた目的にのみ従う自律的な存在であるべきだというのである。しかしながら、カントは、子どもをこのような自律的な存在者であるとみなしているわけではない。カントによれば、子どもがやがて大人になったときに自分自身の自由を正しく使用できるようにするためにこそ、強制が必要なのである。

　ミルは、ある人の行動の自由に他人が干渉しても正当とされるのは、その行動が他人に危害を及ぼす場合にかぎられるという。つまり、人は他人に危害を及ぼさないかぎり、何をしても自由である。ある行為が本人の不利益になるからといって他人がその人の自由に干渉するべきではない、とミルはいう。しかし、ミルはこの原理を子どもには当てはめていない。その理由は、大人は、仲

間どうしで自由に議論することによって自分たちの行動を修正し改善していくことができるが、子どもは議論によるだけでは自分たちの行動を改善できないからである。つまりミルも、子どもに対しては、良い行動をさせるために何らかの強制力が必要だと考えているのである。

　このように、カントやミルのリベラリズムは、大人に与えられるのと同じ自由を子どもには与えていない。しかし、現代では、大人に与えられている自由を子どもにも与えるべきだという思想が広まってきている。たとえば、1989年に国連で制定され、日本も1994年に批准した「子どもの権利条約」では、「意見表明権」「表現・情報の自由」「思想、良心、宗教の自由」「結社・集会の自由」といった諸々の自由が規定されている。これらの自由は大人に与えられている自由と変わらないものである。

　子どもには大人と同じだけ自由を与えるべきなのか。それとも、子どもに与えられる自由は大人に比べて制限されるべきなのか。後者の場合、子どもの自由は大人に比べて、どんな自由が、どの程度まで制限されるべきだろうか。そして、そのように子どもの自由を制限する理由は何だろうか。昔あなたが通っていた学校には何らかの校則があっただろう。また、学校で制服が決められていた人も多いだろう。しかし、たとえば、登下校時の買い食いの禁止という規則がそうであるように、そうした規則には、学校を卒業すれば取り除かれるものも多い。ここでは、大人には許されているのに子どもには禁止されていることを書き出して、そうした禁止が存在する理由について話し合ってみよう。また、こうした禁止の規則が正当なものかどうかについても話し合ってみよう（ワーク8-1）。

２．価値の教育と知識の教育は分離できるか？

　リベラリズムは、人間は自由であるから、自分の行動を自分で決定すべきだ

大人の自由と子どもの自由の違い。

（a）大人には許されているのに子どもには禁止されていること（箇条書き可）。

_____

_____

_____

_____

（b）上記（a）が大人には許されているのに、子どもには禁止されている理由。

_____

_____

_____

_____

（c）上記（a）を子どもに禁止するのは正当か？　不当か？　また、その理由を
　　書いてみよう。

_____

_____

_____

_____

と考える。すでにみたように、リベラリズムの思想において、この原則は必ず
しも子どもにそのまま適用されるわけではない。しかし、その場合にも、子ど
もの自由を制限するにはそれなりの理由が必要だとされる。リベラリズムは、
正当な理由なしに子どもに価値を押し付けることを嫌うのである。このためリ
ベラリズムは、教育の中立性の原則を生み出すとともに、**知育と徳育を分離**し、
学校のなかで徳育を行うことを警戒してきた。

　近代以前の伝統的な社会では、人々が獲得すべき知識は宗教的な世界観と不
可分だった。しかし、実証的な科学が発展するにつれて、世界はこうであると
いう事実に関する知識と、世界はこうであるべきだとか人はこう生きるべきだ
という価値が切り離されていった。そして、人々が信じる宗教や思想が現に多
様であるかぎり、学校教育で強制的に教えてよいのは、事実に関する知識にか

ぎられるべきだという思想が生まれた。

　先述したミルは、あらゆる学校が価値にかかわる教育を行ってはならないとまではいっていないが、国家が価値にかかわる教育を推進することを拒否している。国家が直接道徳教育を行って、価値の問題に関する国民の結論を偏らせようとしてはならないというのである。国家が行ってもよいのは、国民が一定の実証的な知識をもっているかを確認し認定することだけであり、国民が特定の価値判断をするように誘導してはならない。ミルによれば、国家ではなく、さまざまな学校が自分たちの宗派にもとづいて宗教教育や道徳教育を行うことは、多様性という点からみて許されるべきである。しかし、国家が特定の道徳や宗教を推奨することは、国民の間に存在する多様性を損なうことにつながるのである。ミルは、国家が、直接教育の内容や方法を管理することなく、実証的な知識のみを対象とする試験という間接的な手段によって、国民の知的な教育を保障すべきだと主張している。

　ミルの主張は、人々に対して、価値判断の材料として実証的な知識を与えたうえで、そのあとにどのような価値判断を行うかは個々人の自由に委ねるべきだというものである。すでにみたように、このミルの立場は、価値と事実を分離できるという考えを前提にしている。

　しかしながら、事実的な知識を教えることが、同時に何らかの価値観の伝達を含んでしまうという事例が日常では多く存在する。たとえば、性教育の場合を考えてみよう。避妊方法に関する知識や売買春などの社会問題に関する情報を学校で扱うとしよう。ミルの立場で考えるならば、避妊方法を学んだうえで性行為を行うかどうかは個人の選択の問題であるし、売買春という社会問題を知ったうえで、そうした問題についてどう判断するかは個人の自由である。しかし、学校で性教育を行うことに対して嫌悪感を示す保護者が存在するのは、知識を伝達することが特定の価値観の伝達を含んでしまうことを警戒するからであろう。たとえば、中学生に避妊方法に関する知識を教えることが、「避妊さえすれば性行為をしてもよい」という価値判断を伝達してしまう可能性がある。カトリックの公式見解では、性行為は夫婦間で子どもをつくるための神聖な行為であり、生殖に結びつかない性行為は禁止されている。敬虔なカトリックの信徒にとっては、避妊方法に関する知識を教えること自体が、結婚する前

の性行為を助長することと捉えられるのである。

　もちろん、ミルのようなリベラリズムにとっては、知識を教えることは特定の価値判断に向けて人々を誘導することではなくて、人々の選択の可能性を広げる点で良いことである。しかし、先述した敬虔なカトリック信徒の場合のように、そもそも選択の自由など必要ではないと考えている事柄についても、リベラリズムは知識を教えることで選択の可能性を開いてしまう。さらには、選択の可能性を広げるだけではなく、特定の行為を選択するように導く場合さえある。そこで、ここでは、子どもに知識を与えることが子どもに特定の選択を促すような事例がないかどうか考えてみてほしい（ワーク8-2）。

ワーク8-2

知識を与えることが子どもに特定の選択を促す事例をあげてみよう。

　たとえば、金融教育は、お金や金融のはたらきについての知識を与えることによって、子どもに金融商品への興味をもたせ、株式取引に夢中にさせてしまうかもしれない。もちろん、子どもが株式取引を行うことが一概に悪いとはいえないが、子どもの健全な発達を歪めてしまうという批判はありうるだろう。じつは、性教育と金融教育は類似している部分がある。というのは、どちらも「純真無垢」というイメージを子どもに対して抱いている大人にとっては、子どもから子どもらしさを奪い、あまりに早くから大人にしてしまう愚かな行い

と映るからである。たしかに、性教育や金融教育の推進者は、若者の性行為を助長したり、小学生の投資を煽ったりすることに目的があるのではなく、むしろ、子どもを危険から守るために必要な教育だと主張するだろう。しかし、性教育や金融教育を行うことが子どもに性や金融に対する興味を抱かせることはたしかであり、性教育や金融教育の批判者が警戒するのはこの

ことなのである。

　それゆえ、知識と価値を分離すべきだとしても、知識を教えること自体が良いことであるかのように考えることは問題であるといえるかもしれない。その意味で、ドイツの教育思想家**ヘルバルト**（Herbart, J.F. 1776–1841）が、教授（知育）のない教育（徳育）を批判するとともに、教育（徳育）と結合しない教授（知育）を拒否したことを想起しておくことは重要である。つまり、知識を教える際には、それがその人の人格形成にとってどういう意味をもつかを考えなければならないということである。

　たしかに、リベラリズムが主張するように、教師が自分の価値判断を子どもに押し付けることなく、価値判断の材料となる知識だけを与えてあとは子ども自身に判断させるということは、価値の押し付けを防ぐ意味で重要である。しかし、性教育や金融教育の事例でみたように、知識を与えること自体が何らかの価値観を伝達してしまうことがある。教師はこのことに敏感でなければならないだろう。

3．教えなければならないことと、教えてもよいが教えなくてもよいこと

　これまで、知識の教育と価値の教育の問題について考えてきたが、ここからは、学校のなかの道徳教育に限定して価値の押し付けの問題を考えてみよう。

　最近の道徳教育をめぐる議論では、つねに二つの主張が併存している。一方では、道徳教育は、子どもに特定の価値観を押し付けてはならず、子どもの**主体性**を重視するべきだ、という主張がある。その一方で、道徳教育は、社会を維持していくのに必要なルールやマナー、規範意識などを身に付けさせるべきだ、という主張がある。しかし、ここで疑問が生じる。一定のルールやマナーを教えることは特定の価値観を押し付けることではないのか。

　特定の価値観を押し付けてはならず、道徳的価値について主体的に考える子どもを育ててほしい。しかし、一定のルールやマナーについてはきっちり教えなければならない。この二つの要請は矛盾しないだろうか。たしかに、特定の宗教に対する信仰で結ばれた共同体であれば、教義に疑義を差し挟むことはできないが、現代の自由で民主的な社会では、一定のルールやマナーに対して疑

義を差し挟むことは許されている。その意味では、一定のルールやマナーを教えなければならないといったとしても、そうしたルールやマナーを絶対的で不可侵のものとして教えることではない。子どもたちは、大人になってからそれらを修正し改変することができる。だとすれば、一定のルールやマナーを教えることは、子どもたちに特定の価値観を押し付けることではない。こう考えるならば、あくまで一定のルールやマナーを暫定的なものとして教えているのであり、将来的にそれらを修正することを妨げていないのだから、子どもの主体性を無視してはいないといえよう。

　しかし、その場合でもなお、暫定的なものであれ現在の社会のなかでは正しいとされているルールやマナーと、そもそも人によって立場や考え方がさまざまであり、暫定的なものとしてすら社会で共有されているとはいえない道徳的価値と区別しておくべきではないだろうか。というのは、あらゆるルールに対して否という人も稀に存在するだろうが、多くの場合、価値の押し付けが問題になるのは、後者の、人によってさまざまな立場や考え方が存在する道徳的価値についてだろう。たとえば、自分の殺人を正当化する理由をいろいろとあげる犯罪者がいようとも、殺人を禁止するルールそれ自体を誤りだと言う人はいないだろう。殺人の正しさが問題になることがあるとすれば、死刑や戦争、あるいは安楽死の場合のように、例外的に殺人が許される条件は何かということである。

　では、学習指導要領で教えなければならないと規定されている「道徳の内容」のなかには、人によってさまざまな考え方があるものが含まれていないだろうか。ここでは小学校第3学年および第4学年の「道徳の内容」を取り上げてみよう。たとえば、「A―（3）自分でできることは自分でやり、安全に気を付け、よく考えて行動し、節度のある生活をすること」はどうだろうか。節度ある生活をすべきであることを否定する人は少ないだろうが、教師を含む他人からそういうことを命じられることには違和感をもつ人がいるかもしれない。「D―（20）美しいものや気高いものに感動する心をもつこと」についてはどうか。おそらく、美しい風景や絵画を見、美しい音楽を聴いて感動しない人はいないだろうが、感動する心をもつことを強制されるのは奇妙なことではないだろうか。そして、よく議論になるのが、「C―（16）我が国の伝統と文化を

A　主として自分自身に関すること
　（1）正しいと判断したことは、自信をもって行うこと。
　（2）過ちは素直に改め、正直に明るい心で生活すること。
　（3）自分でできることは自分でやり、安全に気を付け、よく考えて行動し、節度のある
　　　　生活をすること。
　（4）自分の特徴に気付き、長所を伸ばすこと。
　（5）自分でやろうと決めた目標に向かって、強い意志をもち、粘り強くやり抜くこと。

B　主として人との関わりに関すること
　（6）相手のことを思いやり、進んで親切にすること。
　（7）家族など生活を支えてくれている人々や現在の生活を築いてくれた高齢者に、尊敬
　　　　と感謝の気持ちをもって接すること。
　（8）礼儀の大切さを知り、誰に対しても真心をもって接すること。
　（9）友達と互いに理解し、信頼し、助け合うこと。
　（10）自分の考えや意見を相手に伝えるとともに、相手のことを理解し、自分と異なる意
　　　　見も大切にすること。

C　主として集団や社会との関わりに関すること
　（11）約束や社会のきまりの意義を理解し、それらを守ること。
　（12）誰に対しても分け隔てをせず、公正、公平な態度で接すること。
　（13）働くことの大切さを知り、進んでみんなのために働くこと。
　（14）父母、祖父母を敬愛し、家族みんなで協力し合って楽しい家庭をつくること。
　（15）先生や学校の人々を敬愛し、みんなで協力し合って楽しい学級や学校をつくること。
　（16）我が国や郷土の伝統と文化を大切にし、国や郷土を愛する心をもつこと。
　（17）他国の人々や文化に親しみ、関心をもつこと。

D　主として生命や自然、崇高なものとの関わりに関すること
　（18）生命の尊さを知り、生命あるものを大切にすること。
　（19）自然のすばらしさや不思議さを感じ取り、自然や動植物を大切にすること。
　（20）美しいものや気高いものに感動する心をもつこと。

図 8-1　小学校第 3 学年および第 4 学年の「道徳の内容」

大切にし、国や郷土を愛する心をもつこと」という項目である。国を愛する心
をもつことはこの国に住む人間にとって自然であり、子どもが早い時期からそ
ういう心を育んでいけるようにするのは当然だと思えるかもしれない。その一
方で、国を愛する心をもつことを子どもに教え込むことは、洗脳と変わらない
のではないか、という意見もある。

　暫定的なものであれ正しいものとして教えるべきことと、人それぞれいろい

ろな立場や考え方があるので押し付けるべきではないことを区別するための指針として、先ほども言及したリベラリズムの考え方が役立つ。たとえば、先述したミルは、人間が生きていくうえで必要な「人生の技術（Art of Life）」の部門を、「**道徳**」「**分別**」「**美学**」の三つに分けている。道徳は、他の人に危害を加えないための、また他の人の利益を促進するための規則である。道徳はさらに正義と慈善とに分けられる。正義は全員に強制されなければならないのに対して、慈善は正しいことではあるが、それをいつどこで誰に行うかは本人に委ねられている。分別は、基本的にその人本人にとっての利益を促進するための手段となる知識や行動である。最後に、美学は、その人本人が人間として自分を高めていくための理想像である。

　ミルは、大人については、これらの三つの部門のうち、道徳のなかでも正義のみが他の人から強制されてよいという。分別のある行為をするかどうかは、本人の利益にかかわることだから、他の人から強制されてはならない。また、美学についても、本人がどのような理想像に向けて自己を高めていくかを他の人から強制されてはならない。しかし、いま述べたように、基本的にこれは大人に限った話である。学校教育は、子どもが自分自身の生活を管理していけるための分別を養う必要があるかもしれない。また、2節で述べたように、もともと学校教育は知育を中心に行われるべきだとされたが、しだいに学校教育の役割が大きくなってきている現状もある。もともとは親が家庭で教育すべきだとされていた領域も、だんだんと学校教育の役割として要求されるようになってきている。その意味では、分別や美学にかかわる価値が道徳教育で教えるべき内容に入っていることは、現代の状況からすると当然なのかもしれない。しかし、分別や美学は本来子ども本人にかかわることであり、価値の押し付けにならないように気をつけなければならないだろう。

　ここでは、小学校第3学年および第4学年の「道徳の内容」（図8-1）を、道徳、分別、美学の三つの部門に分けてみよう。なお、道徳についてはさらに正義と慈善に分けてみよう。そのうえで、それぞれの内容を押し付けてよいかどうかを考えてみよう（ワーク8-3）。

─ ワーク8-3 ─

学習指導要領の「道徳の内容」を、道徳、分別、美学の3部門に分類してみよう。

道徳（正義）	道徳（慈善）	分別	美学

この分類にすっきり当てはまりにくい内容もあるだろう。分類しにくい内容については、周りの人と話し合ってみよう。

4．物語を読ませることは価値の押し付けにならないだろうか？

　本章の最後に、読み物教材を通じた道徳的価値の指導が価値の押し付けにならないかどうかを考えてみよう。読み物教材は、子どもに特定の価値観を押し付けることを目的にしているのではなく、子ども一人ひとりが自分の生き方について考えを深めるために使用されるのであり、読み物教材を使用することは価値の押し付けにはならないという考え方もありうる。ほんとうにそうだろうか。

　読み物教材にはいろいろなタイプがあるので、この問題についてはいろいろなタイプごとに考えてみる必要がある。読み物教材のタイプは「共感型」「討議型」「問題発見型」に分けられる。討議型の教材には、考えが対立する立場が二つ以上含まれており、子どもたちは、それらのどの立場が正しいかについて討議する。とくに、この討議型の教材の代表格といえる「モラルジレンマ教材」は、読む人にいずれかの立場が正しいと感じさせないように、オープンエンドになっている。問題発見型は、登場人物の行動や考えについて問題となる点を発見させ、それを考えさせていく教材である。しかし、現在の道徳の教科書において、もっとも多く掲載されているのが共感型教材なので、ここではこ

の共感型教材の問題を考えていこう。共感型は、さらに「感動教材」と「葛藤教材」に分けられる。葛藤教材は、主人公の葛藤を含む点で討議型の教材と似ているが、討議型と異なり、葛藤ののちに主人公の行動が表現されている。

　共感型の読み物教材は、物語の登場人物、とりわけ主人公の気持ちを子どもに追体験させ、感情移入させる構造になっている。したがって、いくら「読み物教材を読ませたうえで、その後子どもたちがどう考えるかは自由だ」といってみたところで、物語そのものが一定の価値観の誘導を含んでいるのである。むしろ、物語が特定の価値観と結びついた感情を引き起こし、子どもの気持ちを揺さぶらないならば、そもそも物語としての力をもっていないとさえいえるだろう。

　それでは、共感型の教材として有名な『手品師』（「道徳の指導資料とその利用1」文部省）を取り上げ、読み物資料における価値の押し付けの問題について考えてみよう。

　あるところに、腕はいいのだが、あまり売れていない手品師がいた。彼の暮らしむきはもちろん楽ではなかった。ある日、手品師は、道にしゃがみこんでいる小さな男の子に出会った。男の子はすでにお父さんを失い、お母さんは働きに出てずっと帰ってこないらしい。男の子をかわいそうに思った手品師は、いろいろな手品をして男の子を喜ばせた。手品が終わったあと、男の子は「明日も来てくれる？」と目を輝かせて言った。手品師は「ああ、来るともさ」と約束して、男の子と別れた。ところが、その日の夜、手品師に電話がかかってきた。次の日のショーに出演する予定の手品師が急病で倒れたので、かわりに出てほしいということだった。手品師の脳裏では、大劇場の華やかなステージに立つ自分の姿と、さっき会った男の子の顔がかわるがわる浮かんでは消えた。手品師は、迷いに迷ったが、明日は約束があるので大劇場に行けないことを電話の相手に告げた。次の日、手品師は、たった1人のお客様の前で手品を披露していた。以上が、『手品師』のあらすじである。

　では、『手品師』を子どもに読ませることは、価値の押し付けにならないだろうか。このことについて話し合ってみよう（ワーク8−4）。

　この物語では、主人公である手品師は、大劇場に出演するか、子どもとの約束を守るか、という葛藤を経ながら、最終的には、大劇場に出演することで有

── ワーク8-4 ──

道徳授業で『手品師』を読ませることが価値の押し付けにならないかどうかを
話し合ってみよう。

....

....

....

....

名になれるかもしれないチャンスを捨てて1人の子どもとの約束を守った。先
述した読み物教材のタイプでいえば葛藤型である。しかし、モラルジレンマ教
材の場合と異なり、どちらの側の選択をしても正しいということではなく、子
どもとの約束をとる決断をした手品師の誠実さに共感させる構造になっている。
したがって、この読み物を教材として選択する時点で誠実さという一定の道徳
的価値にコミットしていると考えなければならない。

　これには反論があるかもしれない。皆さんのなかには、「この手品師の選択
は自分の人生を台無しにしてしまう愚かな選択である。私が手品師だったら、
迷わず大劇場に出演することを選ぶだろう」という人がいるかもしれない。実
際、筆者が大学の演習で『手品師』を扱った際には、「大劇場に出演するか？」
「子どもとの約束をとるか？」という質問に対して、学生の回答は約半数ずつ
に割れた。それでは、この『手品師』は誠実さという一定の価値を押し付ける
教材ではく、誠実さについて自由に考えることを促す教材だといえるだろうか。
そうではないだろう。筆者が行った演習に参加していた大学生は、すでに学校
内外における教育や経験を通じて自分の価値観を育んでおり、一つの物語を読
んだだけで容易に自分の価値観が揺るがされることはない。しかし、年齢が下
がれば下がるほど、外部からの方向づけを従順に受け入れる可能性が高い。

　じつはこの『手品師』を扱う際にはもう一つの問題がある。「大劇場に出演
するか？」、それとも「子どもとの約束をとるか？」という問い方ははたして
適切なのか、という問題である。考えてみてほしい。子どもを裏切らずに、同
時に大劇場に出演するという「第三の道」が存在するはずである。たとえば、
手品師は、ショーをしに大劇場に向かう前に、前日に男の子に手品をした場所

に行って、「今夜突然ステージの仕事が入ってしまい、今日は君に手品を見せることができなくなってしまった。でも、そのかわりに君を公演に招待するから、大劇場に来てほしい」という内容の張り紙をすることもできるだろう。しかし、この物語では、「大劇場に出演するか?」、それとも「子どもとの約束をとるか?」と二者択一で問うように誘導されるのである（こうした二者択一の危険性については、第19章での「問い方のマジック」に関する議論をみてほしい）。

　もっとも、読み物教材そのものがもっているこのような方向づけは、教師がその教材をどう扱うかによって、ある程度やわらげることができるだろう。『手品師』においては、子どもとの約束を守る誠実さという道徳的価値と、手品師が自分の夢を実現する自己実現という道徳的価値が対立している。物語のなかで異なった道徳的価値が対立している場合、あえて教師が「第三の道」を考えるように誘導することで、共感型の教材であっても、「討議型」や「問題発見型」の教材として扱うことができる。もっとも、その場合、誠実さという価値を伝えるという目的とは異なってくる。

　読み物教材を用いた道徳授業においては、とりわけ共感型の教材は物語そのものがもっている構造によって価値の押し付けに陥りやすい。しかし、教師がどう教材を扱うかによって、共感型の教材も子どもたちの判断力を養う教材となりうる。とくに教師の発問が重要になる。主人公がなぜそう思ったのかを問うだけならば主人公への共感で終わるが、主人公の判断がそれでよかったのか、ほかに選択肢はなかったのかと問えば、子どもの主体的な思考を促すこともできるのである。このようにすれば、価値の押し付けに陥らずに価値について考えさせることができるだろう。

　ただし、「第三の道」を考える以外にも、価値の押し付けにならない方法がある。たとえば、「手品師はなぜ子どもとの約束を取ったのだろう?」と聞けば、手品師の行為の根拠を考えさせることができる。また、「手品師は本当に誠実だろうか?」と問えば、物語が想定する誠実さを批判的に吟味することができよう。

【読書案内】

①ミル（塩尻公明・木村健康訳）『**自由論**』岩波文庫、岩波書店、1971 年。

　本章でも述べたように、ミルは本書で論じる自由の考察対象から子どもを除外している。しかし、大人と子どもの境界線が以前に比べてはっきりしていない現代では、ミルの自由論をどこまで子どもに適用できるかを考えてみる価値がある。

②西原博史『**良心の自由と子どもたち**』岩波新書、岩波書店、2006 年。

　価値の押し付けについて考えるには、子どもの良心の自由の問題を避けて通れない。国歌・国旗の強制などについてどう考えるべきかを憲法学の観点から論じている。

③河野哲也『**道徳を問い直す――リベラリズムと教育のゆくえ**』ちくま新書、筑摩書房、2011 年。

　著者は道徳教育を、いま日本で行われているような心情や徳性の教育ではなく、民主主義を担う市民を育成するための「主権者教育」につくりかえるべきだと主張している。

参考文献

ヘルバルト（三枝孝弘訳）『一般教育学』明治図書出版、1960 年。

カント（篠田英雄訳）『道徳形而上学原論』岩波文庫、岩波書店、1976 年。

松下良平『道徳教育はホントに道徳的か？――「生きづらさ」の背景を探る』日本図書センター、2011 年。

ミル（松浦孝作訳）「道徳科学の論理」務台理作ほか責任編集『世界の大思想全集　社会・宗教・科学 7』河出書房、1967 年。

ミル（塩尻公明・木村健康訳）『自由論』岩波文庫、岩波書店、1971 年。

文部科学省『小学校学習指導要領　第 4 版　平成 20 年 3 月告示』東京書籍、2009 年。

西原博史『良心の自由と子どもたち』岩波新書、岩波書店、2006 年。

（高宮正貴）

第9章
「伝える」とはどのようなことか？
教育における技術としての身体

1. 教育をとりまく状況の変化

　社会状況の変化により、これまで教育の現場で通用していた常識が通じなくなってきている。いわゆる教師的身ぶりや生徒的身ぶりが自明のものではなくなり、学校という場における暗黙の約束事が通用しなくなってきているのである。その顕著な例が学級崩壊であろう。先生の話は椅子にきちんと座って聞く、授業中は立ち歩かないなど、一昔前であれば当たり前であった、教育を成り立たせていた前提が崩れてきている。教育をとりまく社会状況の変化、親のしつけの問題、子どもの「学びからの逃走」、原因はさまざま論じられているが、教師の権威の低下や力量不足もその一つとされる。

　暗黙の約束事とは、いってみれば教師と生徒が互いに共通言語をもち、コミュニケーションが成立している状態である。しかし、その約束事が通用しなくなっている現代の教師は、生徒と約束を結び、共通言語を構築するところからはじめなければならない。それゆえ、以前よりも教師として求められる力量は高くなっているといえるだろう。コミュニケーションが成立した状態での「伝える」技術ではなく、コミュニケーションの回路を開くこと自体が教師の「伝える」技術の力量として要請されるようになってきているのである。コミュニケーションの回路を開く技術は、通常のコミュニケーション技術とは異なる。それは、内容を正確に、あるいは効率よく伝えるためのものではない。内容以前の、関係の結び方の技術である。そうしたときに浮かび上がってくるのが身体という視点である。教育における身体というテーマでは、さまざまなことが論じられているが[1]、ここではとくに「無意識の癖の集積としての身体」と「技術としての身体」という二つに絞ってみていこう。

2．身体が語ることへの気づき

　私たちの身体は、さまざまなメッセージを発している。眉間に寄ったしわは
「難しい顔をしている」と表現されるように、何かを考えていたり、あるいは
怒っていることを表している。早足はその人が急いでいることやせっかちであ
ることを表現しているし、うつむいた姿勢はその人が落ち込んでいることを表
現している。暗い顔をした人が自分のことを「元気だよ」と言っても、多くの
人はその人の言葉ではなく様子を見て、心配するだろう。身体が発するメッ
セージは、当人の自覚の有無にかかわらず、相手に伝わっているのである。こ
のような暗黙裡にはたらいている身体がコミュニケーションの回路を開くので
ある。とくに子どもたちは、言語的なメッセージよりも、身体が発するメッ
セージに敏感に反応する。大人になるにつれて、身体の次元のコミュニケー
ションは背景に退き、言語的なコミュニケーションが前面に出てくるようにな
る。しかし、子どもの間は身体の次元のコミュニケーションが言語的コミュニ
ケーションを補うはたらきをするため、身体の次元の比重は大きい。だからこ
そ、教師には言行一致が求められるのである。教師の言っていることと行って
いることが違っていた場合、子どもたちは行っていることのほうに反応する。
教師は往々にして話の内容にばかり意識が向いてしまい、自身の身体が発して
いるメッセージに対して無頓着になりやすい。それゆえ教師は、自身の身体の
メッセージには敏感でなければならないのである。

　身体には、私たちがこれまで生きてきた歴史が反映されている。習慣的な行
動や、思考や感情のパターンが蓄積され、いまの私たちの身体は成り立ってい
るのである。そのことに気づくために以下のワークを行ってみよう（ワーク
9−1）。

　左右でそれぞれ振り向いたときに、何か感じに違いはあっただろうか？　人
にはそれぞれ身体の使い方に癖がある。最初の指示で、すべての人が同じ側か
ら振り向くということは、おそらくありえないだろう。そして、何人かの人に
は、振り向きやすい方向があり、反対側から振り向くとねじりにくいという感
覚があったのではないだろうか。身体は、日々の生活のなかで、それとは気づ

┌─── ワーク9−1 ──────────────────────────┐
│ 【体のねじれを感じてみよう】
│　まっすぐ立つか、椅子にしっかりと前を向いて腰かけてください。その状態
│ で真後ろから呼びかけられたと思って振り向いてください。
│　右側から振り向いたでしょうか？　それとも左側からでしょうか？　周囲の
│ 人はどちら側から振り向いているでしょうか？　あなたと同じでしょうか？
│　次に反対から振り向いてみてください。最初に振り向いた側と何か感じは違
│ うでしょうか？　振り向きやすい側、振り向きにくい側があるでしょうか？
└──────────────────────────────────┘

かれないうちに勝手にゆがみ、ねじれてしまっているのである。

　それでは、身体のねじれは教師が授業を行ううえで、どのような問題を生じ
させるのだろうか。自分ではまっすぐに前を向いているつもりでも、身体はね
じれ癖があるため、勝手に振り向きやすい方向にねじれている。たとえば、映
画館であなたはどの位置に好んで座るだろうか。左に身体がねじれている人は、
スクリーンに向かって右側に座ることが多くないだろうか。身体が左にねじれ
ることで、視野は左のほうに広くなる。そのため無意識に全体を楽に見渡せる
右側を選んでいるのである。その身体のねじれは、教師自身は生徒と「正面か
ら向き合っている」つもりが、身体は「斜に構えている」という事態を生じさ
せる。そして子どもは教師の「斜に構えている」身体のメッセージのほうを敏
感に受け取る。そのことにより、教師の認識と生徒が感じとることが大きく食
い違うことになってしまうのである。また、教室での立ち位置も身体のねじれ
癖に関係する。教室の真ん中に立つと、たとえば左側のほうがねじりやすい人
の場合、身体は勝手に左へねじれているため、視界は左側が中心になり、教室
の右側が死角になりやすくなる。真ん中に立って教室全体を見ているつもりが、
無自覚な身体のねじれ癖があるために死角が生じてしまうのである。そして、
それは死角に座っている生徒の様子やメッセージを見落とすことにつながる。
自分自身の身体の癖のあり方を理解することで、生徒とのコミュニケーション
や教室での最適な立ち位置を判断することができるようになるのである。それ
では、次のワークを体験してみよう（ワーク9−2）。

　ねじれのワークで実感したように、人間の身体は外界からのストレスや日常

─── ワーク 9−2 ───

【対人関係の距離を探ってみよう】

　2人一組で、3〜5メートルくらい離れて立ちます。たがいに向き合い、一方がもう一方へとできるだけゆっくりと歩きながら近づいていきます。近づかれる人は、相手が近づいてくるのを見ながら、自分の気分や感覚、感情、身体の状態などの変化を意識しましょう。近づく側も相手の様子を観察しながら近づいていきます。近づかれる人は相手との距離がこれ以上だと近すぎると感じたところで、手を前に出して「ストップ」と言って相手を止めます。近づく人はそこでいったん止まり、少し間をとって、また少しずつ前進したり後退したりを繰り返して、近づかれる人の感覚を探るようにします。そして、近づかれる人が感じる「ここまで」というポイントで止まります。その距離で、たがいにどんな感じがするか話してみましょう。

　次に、近づく人は、その距離は変えずに相手の様子を見ながら、右か左に少しずつ移動してみます。相手にもう少し近づけそうな位置を見つけたら、前進してみます。相手が「ストップ」と言ったら、立ち止まってやり直しです。相手にさらに接近することができる角度が見つかったら、ゆっくり近づいていき、また「ストップ」と言われるところまで進んでいきます。その距離と角度でたがいにどんな感じがするか話してみましょう。

　役割を交代して、同じことを行います。

生活での身体の使い癖により、ゆがみが生じている。その身体のゆがみは、他者との距離感にも影響を与えている。それぞれの人がもつパーソナルスペースも同心円ではなく、いびつな形になっているのである。またパーソナルスペースは、相手との関係性によっても変化する。このワークでは、距離と角度によって現れる相手との関係性のスペースを探るのである。たとえば、身体が左にねじれている人に対しては、その人の正面やや右から接近すると比較的近くまで近づくことができるだろう。逆に左側から接近すると警戒心を抱かれる傾向にある。また言葉もその人に入りやすい角度がある。同じ言葉でも言われる角度が違えば異なって聞こえるのである。当然それは、内容によっても影響さ

れる。叱責の言葉と賞賛の言葉とでは入りやすい角度は異なるだろう。日常生活において、そういった経験をしたことがないか意識してみてほしい。身体のゆがみやねじれは、私たちの対人関係に大きく影響しているのである。

　教師の教室でのふるまいは、あらゆるものが生徒に対するメッセージとなる。それは、教師自身が意識しているものに限らない。教師の着ているもの、教室での動き方、速さ、目の配り方、声の出し方、姿勢といったふだん意識することの少ないものもメッセージとなって、生徒たちに伝わるのである。もちろん、それらすべてを意識化することは不可能である。しかし、そういったことに対して、少しでも気づいていることは、教師にとっては大きな力となる。

　次に、その気づきを促すワークに取り組んでみよう（ワーク9–3）。

── ワーク9–3 ──

【メタ・ディスカッション⁽²⁾】

　4〜5人で一組のチームをつくり、それを二つあわせて一つの大きなグループにします。一方のチームがあるテーマでディスカッションをし、もう一方のチームがそれを観察します。テーマは何でもかまいませんが、結論が明確になるもののほうがディスカッションに動きが出るでしょう。

　ディスカッションをするチームは円形になり椅子に座ります。観察するチームは、その周りを取り囲むように立ち、上からディスカッションの様子を観察します。あらかじめディスカッションの時間を決めておき、時間が来たら終了します。

　次に、観察チームのメンバーは、ディスカッションチームのメンバーの間に1人ずつ入り、グループ全員で椅子に座った状態をつくります。そして観察チームのメンバーは1人ずつ、観察していて気づいたことをシェアします。観察チームのシェアが終わったところで、全員で先ほどのディスカッションについてふりかえりながら話し合います。

　今度は、役割を交代し、観察チームがディスカッションする側になり、同じことを行います。

　このワークのポイントは、観察チームが上から見下ろす構造をとるところにある。「メタ」とは「上」とか「超」といった意味である。環境設定として、ディスカッションを見る側が物理的に上から見下ろす構造をつくることによって、メタ的視点を実際の身体感覚として学ぶことができるのである。たとえてみれば、サッカーのゲームを観戦するような形である。上から俯瞰的にゲームを見ると、誰がどこにいて、どう動いているのかや試合の流れが手にとるようにわかる。しかしフィールドでプレーしている選手にはそれが見えない。ディスカッションも同様である。ディスカッションの輪のなかに入ってしまうと、自分の発言や動きと他者のそれとがどうつながり、場の流れがどうなっているのかわからなくってしまう。それゆえ、熱くなり暴走気味になったり、場違いな発言をしたり、重要な発言を見逃してしまったりする。観察チームにいるとそれがよく見えるのである。

　ディスカッションを観察する側は、議論の内容ではなく、議論のプロセスやそれぞれの関係性に意識を向けるようにする。たとえば、誰がどの人をどれだけ意識していたのかという意識の配分量や、グループ内でのそれぞれの役割・関係性、発言の影響力、身体のあり方などに注目するのである。

　メタ的視点を獲得するとは、「意識が割れる」ということである。このワークを繰り返し体験すると、ディスカッションをする際に、意識を内容にだけ集中するのではなく、場全体、各人の役割意識や関係の力学、全体の文脈と個々人がもつ文脈といったものにも意識を向けられるようになっていく。つねにメタ的視点から場全体を把握することを意識するようになり、そのうえで自分がその場にどうかかわっていくのかを考えられるようになるのである[3]。

　このワークを行うことで、ディスカッションだけではなく、日常生活においても自分を俯瞰的に見る視点を獲得することができるようになる。そうすると、先ほどのような身体のねじれや行動や思考の癖など、自分自身のあり方に対して意識的になることができるのである。他者とかかわることを生業とする教師にとって、みずからを知ることは、教育者としての第一歩である。

3．技術としての身体 1（アイコンタクト）

　次に、技術としての身体をみていこう。コミュニケーションの回路を開き、「伝える」ための技術として、アイコンタクトは重要な役割を果たす。たとえば、コンビニで買い物をしたときでも、目を合わせて「ありがとうございます」と言われたら気分がよくならないだろうか。何気ないものでも、アイコンタクトは他者とのコミュニケーションの回路を開く重要な技術なのである。

　「目は口ほどにものを言う」という表現があるように、私たちは目によって何かを訴えることができる。また、目は能動的に何かを伝えるものであると同時に、情報を収集するためにも使われている。「見る」という動詞表現においては、むしろそちらの機能のほうが強いだろう。自分の言葉が届いているかどうか、真剣に聴いてくれているかどうかは、相手の目を見ることによって感じとることができる。教室にいる一人ひとりの生徒たちとアイコンタクトをしながら、教師は生徒たちの理解度、集中度、そして教室全体の空気といったものを感じとっているのである。このように目の使い方は非常に複雑で多岐にわたっている。日常何気なく行っている目の使い方を意識することによって、「伝える」技術は身に付いていくだろう（ワーク 9-4）。

　このワークは、目の使い方に意識を向けるためのものである。目を合わせて、聴き手とのコミュニケーションの回路を開いたうえで、内容を届ける練習である。そして、その際重要となるのが、話し手の熱量（エネルギー）である。目を通して、自分の熱量（エネルギー）を相手に伝えるのである。このことを、具体例をあげて説明しよう。外国人と話をするときのことを思い出してみてほしい。あまり英語が得意でない場合、言いたいことはあるのにうまく言葉が出てこないということがあるだろう。言いたいことが喉元まで来ているのに、それが言葉にならない。そのようなときの身体のなかの感じに意識を向けてみよう。喉の感じはどうだろうか。詰まっているように感じられないだろうか。言いたいことが言葉にならないとき、私たちは無意識に喉の筋肉を絞っている。胸はどうだろうか。何か固まりのようなものが胸のあたりに感じられないだろうか。そしてそれが喉のほうに上がってきているのが感じられないだろうか。

─ ワーク9−4 ─

【アイコンタクト・プレゼンテーション[4]】

　4〜5人で1グループになって、円になって座ります。順番を決め、1人1〜2分程度でプレゼンテーションを行います。プレゼンテーションのテーマは「いまいちばんハマっているもの（こと）」や「自分史上最高の○○」といった、話し手自身が熱く語れるものを選びます。

　聴き手は両手を上げて話し手の話を聴きます。話し手は、聴き手の目を見ながら話をし、聴き手は話し手と目が合ったと感じたら片手を下ろします。次に目が合ったら残りの手を下ろし、3回目はまた片手を上げ……、という形で、聴き手は話し手と目が合ったと感じるたびに手を上下させます。プレゼンテーションが終了したら、聴き手は話し手と何回目が合ったか、そのときの感じはどうだったかをフィードバックします。

　1人目が終わったら2人目に交代し、全員がプレゼンテーションを行い、それぞれのフィードバックが終了したら、あらためて、アイコンタクトという技術について気づいたことを話し合いましょう。

胸にある「言いたいこと」が上に流れていき、喉を通り口から出て行く。「話す」ということを、身体のなかにあるエネルギーの流れとしてみたときには、そのようにいうことができる。そしてそれが言葉にならないときには、喉がつまる。喉で詰まったエネルギーは出口をなくし、行き場を探す。その行き場の一つが腕である。外国人と話すとき、日本人同士よりもジェスチャーが多くならないだろうか？　言葉になりきらない思いを表現するため私たちはジェスチャーを使う。そして、行き場をなくしたエネルギーのもう一つの出口が目である。言葉でコミュニケーションがとれず、それでも何とか伝えようとするとき、私たちは目で訴えかけ、いわゆる「目力」が強くなる。喉で止まったエネルギーは目からも流れ出すのである。

　アイコンタクトは、ただ単にすればいいというものではなく、目を通して自分のもっている熱量（エネルギー）を伝えることが重要である。それゆえ、このワークでは、プレゼンテーションのテーマとして「いまいちばんハマってい

るもの（こと）」や「自分史上最高の○○」といった、話し手自身が熱く語れるものを選んでいる。プレゼンテーションにおいて重要なのは、内容とともに熱量（熱意）も伝えることである。プレゼンテーションは、たんに情報を伝える説明とは、まったく異なる行為なのである。それは、教育も同様である。生徒たちは教師の伝える内容以上にその熱量に大きく影響を受ける。どんなに説明がうまくても、生徒たちを巻き込み、やる気にさせることができなければ、優秀な教師とはいえないだろう。逆に説明は下手でも、生徒たちをやる気にさせることができれば、生徒たちはみずから勝手に学んでいく。教師に求められていることは、内容とともに熱量を伝えることなのである。そしてそれがコミュニケーションの回路を開くことなのである。

　ワークに話を戻そう。このワークのポイントは、聴き手がアイコンタクトをしたと感じたら、手を上下させるところにある。話し手はアイコンタクトをしたつもりでも、聴き手がそうと受け取らなければ、アイコンタクトは成立したことにはならない。話し手が自分自身の思い込みに気づくことにもなり、またアイコンタクトをしっかりと意識する機会にもなるのである。

　次に、アイコンタクトをしないプレゼンテーションを体験してみよう（ワーク9-5）。

── ワーク9-5 ──

【ノンアイコンタクト・プレゼンテーション】

　先ほどと同じ要領でプレゼンテーションを行います。今度は、話し手はプレゼンテーション中、聴き手と絶対にアイコンタクトをしないでください。聴き手は先ほどと同じように両手を上げたまま、話し手の顔を見ながら話を聞きます。プレゼンテーションが終了したら、どんな感じがしたかたがいに話し合います。1人目が終わったら2人目……と順番にプレゼンテーションと感想のシェアリングを行い、全員が終了したら、あらためてアイコンタクトをしないプレゼンテーションについて気づいたことを話し合います。

　どのような感じがしただろうか。アイコンタクトをしないほうが話しやすかったという人、その逆の人、どちらもいるだろう。またアイコンタクトをしないほうが聴き取りやすかったという人、その逆の人もいるだろう。

　人は2種類の目を使い分けている。仮に「外の目」と「内の目」としよう。

「外の目」は外界を見る目である。教科書を見たり、黒板を見たり、目の前の人の後頭部を見たりする目である。「内の目」はイメージを見る目である。目をつぶって、好きな人の顔を思い描いてみる。実際には目の前にいないにもかかわらず、その人のことをありありと思い描くことができるだろう。それが「内の目」である。「外の目」ばかりを使っているとイメージを思い描きにくくなる。一方で、パニックに陥った人を落ち着かせるために、その人と目を合わせるという技術がある。パニックは往々にしてイメージ（空想）の世界に行き過ぎてしまうことによって起こるので、目を合わせることにより、その人の「内の目」を「外の目」に切り替え、「いまここ」の目の前の現実に引き戻すようにするのである。そして、人が何かを「わかった」と思うのは、往々にして頭のなかで一つのイメージが見えることによってである。言葉という言語情報は聴覚刺激である。その耳からの情報が一つのイメージ（視覚情報）となることによって、何かを「わかった」という感覚をもつのである。「話が見えた」という表現があるが、まさにそれである。この場合、私たちは「内の目」を使っている。「内の目」を使いやすくするには、目を閉じたほうがよい。アイコンタクトがないほうが「内の目」は使いやすくなるのである。一方で、「内の目」ばかりを使っていると集中力は途切れてくる。空想の世界に入り込んでしまう。それを引き戻すためにアイコンタクトは有効となる。つまり、アイコンタクトを外すことで相手を「内の目」に導き、イメージを伝えやすくし、アイコンタクトをすることで「外の目」に引き戻し、熱量を伝えるのである。

　アイコンタクトは、すればいいというものではなく、適宜、視線を合わせたり、ずらしたり、あるいはその質を変えることによって、効果的に内容と熱量を伝えるための技術である。技術とは、一定のトレーニングを積むことによって身につくものである。日頃のコミュニケーションのさまざまな場面において、アイコンタクトを意識して練習してみてほしい。

４．技術としての身体 ２（声の使い方）

　次に、声に焦点を当ててみよう。声は響きである。また声は距離や方向をコントロールすることのできるものである。次のワークは、教育学に大きな影響

を与えた演出家・竹内敏晴の開発した「からだとことばのレッスン」をアレンジしたものである（ワーク9−6）。

--- ワーク9−6 ---

【声かけのレッスン[5]】

　5〜6人で一つのグループになります。声をかける役になる順番を決め、順番が決まったら、声をかけられる側の人たちは、声かけ役の人から3〜4メートル離れて、後ろ向きに50〜60センチメートル間隔で横1列に並んで立ちます。聞き役のポジションにA、B、C……と記号をつけ、声かけ役の人は誰に向けて声をかけるか決めて、その人のいるポジションの記号を紙に書き留めます。準備が整ったら、実際に選んだ人に向けて声をかけてみましょう。かける言葉は自由でかまいません。聞き役の人たちは、誰が呼びかけられているかを感じながらその言葉を聞きます。声かけ役は、自分がかけた言葉が選んだ人に届いたと思ったら、終了の合図をします。そこで聞き役の人たちは集まって、誰が呼びかけられたかを相談して決めましょう。書き留められたポジションの人を指名できたら正解です。正解したら声かけ役の人は2番目の人に交代して、聞き役にまわり、ポジションを入れ替えてあらためて並び直します。不正解だった場合は、そのまま、新しいポジションを紙に書き、再び声をかけます。正解が出たら、交代します。順番に全員が声かけ役を体験しましょう。

　まずはゲーム感覚でこのワークに取り組んでみよう。上手な人は1回でうまくいくだろうし、うまくいかない人にとっては何度やってみても当たらないだろう。しかしこのワークによって、声の方向や距離をコントロールするコツが何となくでもわかるはずである。横一列だけでなく、縦一列になってやってみたり、距離も方向もバラバラになってやってみたりすると、さらにコツがつかめるだろう。また、声かけ役を教師、聞き役を生徒という設定にして、やってみてもよい。生徒役がランダムに教室の椅子に座り、机に突っ伏して寝る姿勢をとる。教師役が誰を起こすかを決め、紙に書き留め、声をかける。生徒役の人たちは自分が起こされていると感じたら起きるのである。ねらった人だけが起きたら正解となる。さらに、教師と生徒の関係性も想定すると難易度はあがる。たとえば、教師に反発している生徒だったら、自分が起こされているとわかってもすぐには起きないだろう。それでもどうしても起きなければならないと感じたら起きるようにすると、物理的に声を届けるということとはまた違っ

た形で声というものを相手に届けなければならないということがわかるだろう。言葉とは角度、内容、響きといったものの総合によって伝わったり伝わらなかったりする。そしてその出発点は私たちの身体なのである。

5．教育における技術としての身体

ここまで、無意識の癖の集積としての身体と、アイコンタクトと声かけという二つの身体の技術についてみてきた。

子どもとのコミュニケーションの回路を開くためには、教師はまず内容を伝えるという意識以上に、コミュニケーションの回路が開いていないという事実に目を向けなければならない。そのうえで、自分がではなく、自分自身の身体が語っていることに意識を向ける必要がある。コミュニケーションの回路を開く鍵は身体にあるからである。癖は誰もがもっているものである。その癖をなくすのではなく、癖を自覚化し、技術とするのである。コミュニケーションの回路を開き、それを維持するコミュニケーションは、多くの場合、身体の次元で無自覚に行われている。アイコンタクトにしても、声の出し方にしても、通常のコミュニケーションでは意識されることは少ない。子どもとのコミュニケーションの回路が閉ざされている現代の教師は、当たり前すぎて気づかれることのない、身体の次元のコミュニケーションに目を向ける必要があるのである。

また教師を目指す者にとっては、その次元のコミュニケーションに意識を向けるだけで、教育現場に出なくても日常生活をトレーニングの場にすることができる。教壇においては、日常生活における人間関係の癖が表れてしまうものである。困難な状況になればなるほど、それが出てきてしまう。そうであるならば、まさしく日常生活の人間関係こそが、よき教育者になるための格好の訓練の場であるといえるだろう。

注
（1）　たとえば、田中智志・今井康雄編『キーワード　現代の教育学』東京大学出版会、2009 年の 6 章「身と心——主体はいかに構築されるか」。

（2）　原型は、齋藤孝『コミュニケーション力』岩波新書、岩波書店、2004 年、
　　　160-164 頁、齋藤孝『実戦！　齋藤メソッド──生きる力を鍛える』小学館、
　　　2006 年、115-127 頁を参照。
（3）　第 19 章「建設的な議論のやり方とは？」をはじめ、本書にはさまざまなワー
　　　クやディスカッションのテーマが収録されている。ディスカッションをする際に
　　　は、その内容だけでなく、ディスカッションそのものにも目を向けてみてほしい。
（4）　斎藤孝『子どもに伝えたい〈三つの力〉』日本放送出版協会、2001 年、188-
　　　191 頁、齋藤孝『コミュニケーション力』岩波書店、2004 年、78-82 頁、齋藤孝
　　　『実戦！　齋藤メソッド──生きる力を鍛える』小学館、2006 年、48-53 頁を参
　　　照。
（5）　オリジナルは、竹内敏晴『ことばが劈かれるとき』ちくま文庫、筑摩書房、
　　　1988 年、「話しかけのレッスン〈ことば──こえによるふれあい〉」を参照。

【読書案内】
①竹内敏晴『教師のためのからだとことば考』ちくま学芸文庫、筑摩書房、1999 年。
　人と人とがかかわるとはどのようなことかを、からだと言葉という視点から探求し
てきた演出家竹内敏晴の教師論。当たり前のように思える、何気ないからだのあり方
や言葉の使い方を問い直し、そこに込められた意味を解き明かしてくれる。竹内敏晴
の著書は教師を目指す人にとっては必読の書。
②平田オリザ『わかりあえないことから──コミュニケーション能力とは何か』講談
社現代新書、講談社、2012 年。
　「わかりあう」ことに重点をおくのではなく、「わかりあえない」ところから出発す
るコミュニケーション論。本章のコミュニケーションの回路を開く技術を、演劇や国
語という視点から論じている。コミュニケーションにおける無駄（ノイズ）や曖昧さ
への着目は、教育論としても重要である。
③齋藤孝『コミュニケーション力』岩波新書、岩波書店、2004 年。
　円滑さよりもクリエイティブさを重視したコミュニケーション論。新しい意味を生
み出す、生き生きとしたコミュニケーションの基盤には身体と、身体をめぐる技法が
ある。本書で紹介されているコミュニケーション技法は、グループワーク等の運営な
ど教育方法としても重要である。

（小室弘毅）

第10章
教育実践に「マニュアル」はどこまで有効か？
教育における「計画」や「指導案」の意味を考え直す

1．私たちの日常生活に溢れる「マニュアル」

マニュアルが不可欠な現代日本

　いま、筆者の手元には1冊の冊子がある。EPSONのプリンターの「操作ガイド」である[1]。じつはこの章の原稿を書いているときに、印刷された原稿を見てみようと思ってプリンターを使用したところ、用紙に鮮明に印字されないエラーが起きた。最近の「操作ガイド」はじつに優秀であり、「困ったときは」という項目を開くと対処法が幾通りか記されている。よほどひどいエラーでないかぎり、この「操作ガイド」というマニュアルに従って対処すれば問題を解決できるように配慮されている。私たちが生きる現代日本には、じつにさまざまな形をとった「マニュアル」が溢れている。いまあげたプリンターに限らず、およそすべての電化製品に分厚い「取り扱い説明書」やその簡便な解説にあたる「操作マニュアル」が付属している。さて、あなたの身の回りにはいったいどのような「マニュアル」があるだろうか（ワーク10-1）。

ワーク10-1

身の周りにある「マニュアル」をあげてみよう。

_____

_____

_____

　どのくらいあげられただろうか。人によっては、上にあげたものと同じような電化製品のマニュアルをあげたかもしれない。アルバイトやボランティアに励んでいる人は、そのバイト先やボランティア先の業務マニュアルをあげたか

もしれない。また、災害対策や避難マニュアルを思い浮かべた人もいるであろう。私たちの身の周りには、たくさんのマニュアルがあふれている。それだけ、私たちの生活において「マニュアル」は必要不可欠なものとなっている。

「マニュアル」と「仕組み」

　この章の初稿の原稿を書いているとき、世の中では一つの問題が起きていた。それは、私たちが日常的に活用しているインターネットを閲覧するシステムWindows Internet Explorer（以下、IE と略記）に、重大な欠陥（脆弱性）が見つかったというものであった（2014 年 4 月 26 日頃[2]）。詳細は省略するが、IE を作成したマイクロソフト社は 1 週間ほどで修正プログラムを準備し、利用者に対して配布した。この間、問題が知れ渡ってからの数日間を各利用者の側で自衛しなければならなくなった。筆者が当時勤めていた職場でも、情報機器関係の部署が早急に対応策を準備し、全教職員に対してその方法を通知した。筆者も早速その対応策に従い、送られてきたコマンドを入力し、結局何がどのように変わったのかはわからないまま、手順通りの操作を行った。

　対応策を実施して安心したのも束の間、筆者はある一つの怖さを感じるようになった。それは、私たちは何と「仕組み」のわからないものに囲まれて生活しているのだろうかという怖さである。当然ながら、PC についてまったくの素人である筆者は、この問題への対応策を指示されるがままに、つまり「マニュアルに従って」実行したにすぎない。冒頭で述べたプリンターの一件も同様である。別にプリンターの構造的な仕組みを理解して使用しているわけではないので、何かことが起こったときには「マニュアルに従って」対応するのみである。

　じつは、マニュアルに従って問題に対処する方法では、「このときはこうする」や「ああすればこうなる」といった、じつに単純な直線的な思考を行っていることになる。問題が起きたことそのものの「仕組み」には目を向けずに、目の前の問題に対して指示に従いながら対症療法的にかかわっているだけである。このことは、現代の日本人にとってはきわめてありがたいことである。現代の日本のように高度に情報化や産業化が進んだ国では、一つひとつの問題をできるだけ効率よく解決し、かぎられた時間のなかでより多くの生産物を得な

ければならない。そのときに、たとえば、プリンターの調子が悪くなったから
といってそのつど一からプリンターの仕組みを学び、そこから独自の方法で解
決策を導き出していたら話にならないであろう。そうであるからこそ、できる
だけ簡便にすませてしまうべきことは可能な形で「マニュアル」化し、誰に
とっても効率よく問題解決できるように備えておかなければならない。そして、
じつはそうした状況は、教育の世界においてもけっして例外ではない。

2．教育実践のマニュアル化

マニュアル本の祭典——「春の教育書フェア」

　春先に大型書店を訪ねてみると、たくさんの教育関係図書が平積みにされて
いて、大々的なフェアが開催されている。本屋が好きな人は目にしたことがあ
るかもしれない「春の教育書フェア」である。平積みの書籍を手にとってみる
と、その多くが学校教育にかかわる「マニュアル本」である。たとえば、授業
時の効果的な発問や板書の仕方、教材研究の手引きや、保護者対応の方法など、
学校教育のさまざまな場面で求められる業務の指南書である。

　たしかに、考えてみれば、こうした教育書は学校教師の強い味方かもしれな
い。近年の学校教師はじつに多くの役割を負わされ、学級経営から授業経営、
カリキュラム経営、そして保護者対応や部活指導、特別支援までと、じつに広
範な能力が求められている。その一つひとつを確実に行っていくには、その道
の専門家や経験者が書いた「マニュアル」をひも解くのがもっとも効率的で合
理的である。先にあげた板書の仕方にかかわる書籍であれば、とくにさまざま
な教科をおもに1人で担当しなければならない小学校教師にとっては、ありが
たいものであるはずである。

　1節でも述べたように、現代日本のような高度に情報化が進み、産業化が進
展した社会では、一つひとつの作業に効率性と生産性が求められる。一つひと
つの作業をできるだけ効率よく行い、そのなかでできるだけ多くの結果を生み
出さなければ、現代人は1日24時間という時間的制約のなかを生きることが
できない。それは、学校教育においても同様である。一対多という教師対児
童・生徒の関係を前提として成り立っている現代の学校教育においては、一人

ひとりの教師がみずからの「教える」という営みを考えるうえで、どうしても効率化や合理化を優先せざるをえない状況にある。少し考えればわかることだが、学校教師が子ども一人ひとりの学びのペースを尊重しようとして配慮するあまり学級全体の授業が成り立たなくなったとしたら、おそらくその教師は、学校教師として「不適格」の烙印を押されてしまうであろう。

子どもたちの学びのペースにできるかぎり配慮しつつも、効率的かつ合理的に45分から50分程度の1単位時間で授業をまとめあげることができなければ、その教師は現代の学校という職場では生き残っていけないはずである。そしてまた、こうした事情は、ベテランの教師から初任の教師まで等しく求められることも忘れてはならない。学校という場ほど、初任の人間に求められる業務内容とその裏返しとしての責任が大きい職場も珍しい。経験年数にかかわらず、学級担任そして教科担任となれば、少なくとも子どもや保護者の側からみてその責任は等しく同じであるからである。そうした、一般社会からみればきわめて「特殊的な技能」が求められる学校教師にとってマニュアルがあることは強い助けとなるはずである。学校教師はそれらを効果的に活用して、できるだけより良い状況のなかで仕事をしていくことが求められやすい状況におかれている。

教育実践のマニュアル化はどこまで可能なのか?

とはいえ、教育に関わる活動のマニュアル化ははたしてどこまで可能なのだろうか。そして、そのどこまでをマニュアル化すべきなのだろうか。1節の終わりで述べたように、「マニュアル化」の弊害は、その背後にある「仕組み」に目を向けることを忘れさせてしまうことである。いいかえるならば、「こうしたときはこうする」や「ああすればこうなる」という単純な思考で止めてしまい、「なぜそういえるのか」や「なぜそうなるのか」という「原理」を問う視点を看過してしまうということである。教育という人と人とがかかわる実践において、こうした「原理」を問う視点を欠落させてしまう思考ははたしてど

⑧　練習場面で拠り所にできるように黒板に残す

1年　くり上がりのあるたし算 (5/11時)

①問題提示・問題把握
次のように問題場面を提示する。
ア たまごの実物を見せ、児童と一緒に問題をつくる。
イ 練り返し問題を声に出し把握させる。
ウ たまごの実物の代わりに問題場面の写真を貼る。
エ 問題を児童が一緒に書けるようにゆっくり板書する。

②立式
・大事な言葉に線を引くことで立式の手がかりにさせる。
(青線3こ、9こ)
(赤線 あわせてなんこ)
既習の9＋4を板書し3＋9との違いに気付かせる。その後、9＋4は消す。

③答えの確認
・どちらの方法でやっても答えは12になることを確認し、答えを記入する。

④見通しを持つ
・10のまとまりをつくると計算しやすいという既習事項を想起させる。どんな方法があるかみんなで楽しい。解決の見通しを持たせ自力解決の手がかりになるように出てきた考え方を板書する。

⑤自力解決と教師の支援
・自分の考えをノートにかくように声かけする。
・ブロック操作をした児童には、言葉で説明が書けるように支援する。
・解決の仕方が書けない児童やり方がわからない児童には、ブロック操作を一緒に取り組み、どうすれば10のまとまりがつくれるか指導する。
・加数分解で取り組んでいる児童には、ブロック操作をさせて、被加数分解にも気づかせる。

11/1
p70

たまごの写真

問題
たまごが　3こ　あります。
あとから　9こ　もらいました。
たまごは　あわせてなんこ　ですか。

しき　3＋9＝12
　　　　(9＋4)
　　　　こたえ12こ

※10のまとまりをつくるとけいさんできる。

(かんがえかた)
・ブロック
・ず
・しき
・ことば

⑥まとめ
・子どもたちの話し合いの中で、次のことに気付かせ被加数分解の仕方のまとめにつなげる。
10のまとまりをつくるには、加数分解や被加数分解でもできる 小さい数を分けた方が10のまとまりをつくりやすい
・さくらんぼ算計算式 (9と) を読んで「10のまとまりを意識させる」を書いたあと、説明しながら ①〜②の言葉を板書する。
・板書のまとめを使って、計算の仕方を繰り返し言わせながら、ノートに書かせる。

課題
3＋9のけいさんのしかたをかんがえよう。

まとめ
(3＋9のけいさんのしかた)
①9はあと1で10
②9を1と2にわける
③2と1で10
④10と2で12

れんしゅうもんだい
(1) 2＋9 ＝11
(2) 2＋9 ＝11

練習問題
・(1) 2＋9 は一緒に取り組み、2を分けて10のまとまりをつくる計算の仕方を押さえる。

評価①
・(2) 3＋8 は机間巡視をして、3を分けて計算できているか丸をつけ、確認する。

ブロック

しき
3＋9＝12
3＋9＝12

まなんだこと

※学んだことの振り返り
・今日学んだ計算の仕方の良いところはどこか問い、学んだことをノートに書かせる。
・10のまとまりをつくって計算してあることや小さい数を分けた方が10のまとまりをつくりやすいことなどが書かれることを期待したい。

⑦発表
・ブロックや小黒板を使って操作しながら発表させ、加数分解や被加数分解に分けた場合、答えのだし方が2つに分けられることに気づかせる。

評価②
・ノートを集めて、期待される内容が書かれているかどうか確認することで個々の理解の深さを把握する。

図10-1　算数の板書のマニュアル

出所) 二宮裕之・鴨田均『小学校算数──板書とノートを変えると子どもが伸びる』東洋館出版社、2012年、66-67頁。

こまで妥当性をもつのだろうか。

　この問題を考えるうえで非常に示唆的なのは、教育業界において1980年代半ばから2000年度まで続けられた**教育技術の法則化運動**の事例である。この運動は、東京都の公立小学校教師である向山洋一を中心とする学校教師のグループが教育技術を収集し、検討し、追試し、修正し、そして広めるという一連の活動を行うことで、教育の技術を「法則的なものとして」確立しようと努めた一連の活動を指して呼ばれているものである。この活動を民間教育運動の一つとして概観した安彦忠彦によれば、その運動方針として四つの点があげられるという。すなわち、①教育技術はさまざまなので、できるだけ多くの方法を取り上げること（多様性の原則）、②完成された教育技術は存在しないのでつねに検討・修正の対象とすること（連続性の原則）、③主張は記録を根拠として行うこと（実証性の原則）、そして④多くの技術から自分の学級に適した方法を選択するのは教師自身であること（主体性の原則）、である[3]。こうし

た方針を立てて学校教育における教育の技術を目録化し、どの教師にとっても実践可能で、また選択可能なものとすることを目指したのである。

　もちろん、この運動に対しては賛否両論のさまざまな議論があることと思う。しかし、本章の目的はそうした議論を知ることにあるのではない。むしろ、運動そのものよりも、その運動方針に着目して考えてみたい。先に述べたように、この運動の目的は、日本各地に眠っている教育技術を掘り起こし、それらを収集していくことで「法則化」を目指すことにあった。この「法則化」という言葉は、文字通り理解すれば「マニュアル化」と理解できるであろう。すなわち、教育技術の「法則化」運動は、教育技術の「マニュアル化」運動である、と。もちろん、実際の運動のなかで、そうした傾向をもった教師たちもいたかもしれない。日頃悩まされている教育の技術を、「子どもたちのために簡便かつ有効に活用できる目録にできたら……」と考えるのは、人間の性であるともいえるからである。

　とはいえ、実際の運動がどのように展開されたのかと問うことをとりあえず留保するならば、この運動にはそのように簡単に整理できない面がある。それは、先にみた運動方針の②「完成された教育技術は存在しないので、つねに検討・修正の対象とすること（連続性の原則）」という項目が存在する点である。安彦の整理によれば、この運動では、教育の技術に対して「完成された」ものは存在しないといいきり、つねに「検討・修正」を加えなければならないとしているのである。この点を重視してみると、「法則化」はいつでもどこでも状況に応じて活用可能な教育技術の単純な「マニュアル化」とはいえなくなるのではないだろうか。

　そもそも、「教える」というはたらきは単純に法則化できない難しさを抱えている。アメリカの教育哲学界において、とくに1960年代から1980年代の間に盛んに行われた**「教えること（teaching）」という言葉の分析**は、この点を明快に指摘している。その代表的な論者であるイズラエル・シェフラーは、「教えること」という営みを説明するときに、**「完全規則（exhaustive rules）」**と**「不完全規則（inexhaustive rules）」**という概念を用いて議論している[4]。

　「完全規則」とは、それに従って行動すれば成功が保証されるという規則のことである。たとえば、"cat" という綴りを正しく書くための規則を考えてみ

たい。シェフラーによれば、この単語は、その意味を知っているかどうかにかかわらず、とりあえず "cat" と書くための以下の規則を用いれば確実に綴ることができるという。

---

①左側を一字分あけて「c」と書きなさい。
②「c」の右側同一線上に、一字分あかさずに「a」と書きなさい。
③「a」の右側同一線上に、一字分あかさずに、「t」と書きなさい（「t」の右側は一字分あける）。

当然この規則を読むために必要な言葉（左や右、同一線上など）を知っておく必要があるが、それがクリアできれば確実に "cat" と綴ることができる。

それに対して、「不完全規則」は、その規則に従っても確実な成功をもたらすとはいえない規則を指す。シェフラーはこの規則を説明する際に、「ライオン狩り」の事例をあげている。仮に、私が「ライオン狩り」に関する細々とした規則を立てて、それにもとづいて実際に狩りを行ったとする。たとえば、「まず、手にしている銃でライオンを狙いなさい。そして、方向や条件が整ったら引き金を引きなさい」のように、である。そして最後に、「そのライオンを撃って倒しなさい」という規則を立てる。しかし、これらの規則がどこまで細かく規定されても、最終的に「ライオンに逃げられてしまう」という結果を完全に避けることは当然ながらできない。このように、確実に成功を保証しないという意味で、この規則は「不完全規則」とされる。

シェフラーによれば、「教えること」は、このライオン狩りの規則のように「不完全規則」にもとづくものであるとされる。どんなに細かな「教えること」の規則をつくり、マニュアル化しても、相手が学ぶかどうかは確実性をもって保証できないからである。結果として「教えること」にかかわる規則は失敗を完全に締め出すことはできず、「教えること」をより有効にするためにそれらを改善することができるだけであるということになる。

このシェフラーの議論をふまえるならば、教育技術の法則化運動が、「連続性の原則」を立てなければならなかった理由がわかる。すなわち、そもそも「教える」という営みは、その成功を完全に保証する技術的な規則の束にはで

規則通りに銃を撃っても
ライオンを仕留められる
保証はない。

ベー.

きないからである。いいかえれば、「教える」という営みにかかわる規則は、「完全規則」としてのマニュアルにはできないということである。そして、そうであるからこそ、「教えること」を問うときには、「不完全規則」としての技術化を通して、たえずそれらがより有効にはたらくように、教育実践の「仕組み」を問わなければならない。たとえば、どのようにしたら相手がよりよく学ぶことができるのか、相手が学ぶとはどのような状態を意味するのかといった、教育実践の背後にある「原理」にまで目を向けて問わなければならないということである。そのことを通して、不完全規則としての「教える」という技術を高めていくことしか、教師にはできないのである。

3.「不完全規則」としての「教育計画」

「指導案」に縛られたくない？──幼児教育を学ぶ学生の思い

　「教える」という営みは、それがたとえ学校教師によって「授業」という形に制度化された行為であっても、シェフラーが述べるようにあくまで不完全規則にもとづく不安定なはたらきである。教える側がどのようにはたらきかけて「教えた」としても、それによって確実に相手に「学んだ」という状態が生起するわけではない以上、それは致し方ないことである。それにもかかわらず、いや、そうであるからこそというべきかもしれないが、学校教育は「教える」という行為の「計画性」をきわめて重要視してきた。一般に、日本の学校教育にみられる「学習指導要領」や各学校で作成される「年間指導計画」、そして教職課程を履修している学生にはおなじみの「学習指導案」ないし「保育指導案」はその典型的事例である。図10−2は「保育指導案」の一例である。

　この「指導案」は、小学校以上の学校教育であれば書くことが当たり前で、実習生にとってもさほど抵抗がないように思われる。しかし、学校教育以上に子ども一人ひとりの自主性や主体性を尊重する幼児教育の現場では、幼児教育

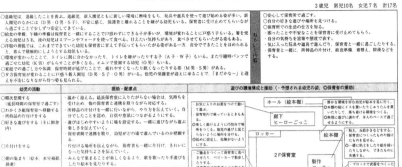

図 10-2　「保育指導案」の一例

出所）柴崎正行ほか『保育課程・教育課程総論』ミネルヴァ書房、2010 年、134 頁。

者、すなわち教える側の事前計画である「指導案」に対して抵抗感をもつ人もじつは少なくない。実際、私が出会った幼児教育者を目指す学生たちのなかには、「なぜ「指導案」を書かなければならないのか？」と問う者もいる。もちろんそれは、「書くのが難しい」や「書き方がわからなくて困る」といった、指導案の役割を認めつつもその難解さに対する抵抗感の表明であることも多い。しかし、なかにはより根本的に、より原理的に、「指導案の意味」を問うてくる学生もいる。

　先に少しだけふれたように、そもそも幼児教育の世界は、学校教育以上に子どもたちの自主性や主体性を尊重すべきであるという文化がある。その文化を尊重するとき、子どもたちの活動を導くための計画である「指導案」がこの幼児教育の原則に反するのではないかという問いが起こる。そもそも子どもたちの自主性や主体性に任せて活動を行うべきとされているのに、なぜ幼児教育者の側が事前に計画を立てるのか、と（ワーク 10-2）。

ワーク 10-2

なぜ幼児教育者は「指導案」を書くのだろうか。

....

....

....

....

　じつは、こうした計画が不要であるという考え方は幼児教育界で一定程度認められるもののようである。調べてみると「**計画不要論（ノーカリキュラム論）**」としてそうした考え方が紹介されている書籍もあるからである[5]。しかし、多くの幼児教育の現場では、教育計画である「指導案」を手放さずに必要に応じて作成している。一見すると強烈なインパクトのある「計画不要論」であるが、なぜこうした考え方があるにもかかわらず、幼児教育の世界は「教育・保育計画」を手放さないのか。

幼児教育の世界はなぜ「教育・保育計画」を手放さないのか？

　この問いに対して、幼児教育の専門家は、たとえば以下のような答えを用意している[6]。

---
①計画を立てることで行き当たりばったりに教育を行うことの無駄や偏りをなくし、活動に見通しをもって取り組むことができるから。
②成長著しい子どもを対象とする幼児教育では、年齢や発達の時期によって経験すべき課題が存在し、それらを体系化しておく必要があるから。

　ここで、本章の最後の問いを立てておきたい。いままでみてきた「指導案」をはじめとする「教育計画」は、教育実践においてはたしてどのような意味があるのだろうか。上の2点も参考にしながら、また、小学校以上の学校現場も念頭におきながら、理由も含めて考えてみてほしい（ワーク10-3）。

　ここまでこの章を読み進めてきた読者には、この問いを考える意味がわかったであろう。じつのところ、「指導案」を書くという作業は、「教えること」の

ワーク 10 − 3

「指導案」などの教育計画は教育実践においてどのような意味があると考えるか。

「不完全規則」をつくりだす営みなのである。教師の側の教えるという営みに込める意図を明確にして、それを子どもたちの学びの過程のなかでどのように具体化して、活動を展開していくか。こうした一連の「不完全規則」を紡ぎだしていく行為こそが、「指導案」を書くということにほかならない。

　しかし、この点が見過ごされるとき、「指導案」はその計画性が過度に強調されて、容易に教育や保育の無意味で硬直したマニュアルと化す。シェフラーの言葉を借りれば、本来絶対にできないはずの「完全規則」として「指導案」が扱われ、相手の学びの状態にかかわらず計画通り進んだか否かのみが問われてしまう。結果として、計画通りにできていればその授業や保育が「成功」とみなされ、そうでなければ「失敗」とみなされる。相手がどのような学びの状態にあるとしても、である。宮寺晃夫が事例としてあげているが、この点を考えるうえで、旧態依然とした講義を行う大学教師の「講義ノート」を思い浮かべてみればよい。こうした大学教師は、講義を受けた学生の反応や学びの状態にかかわらず、淡々と「講義ノート」という「完全規則」に従いながら授業を進める。そのため、そのとおりに実施すれば、90分間ほぼ間違うことなく授業を進めることができる[7]。

　「指導案」においてもっとも大切なのは、その指導案を起案した人間の教育的な「意図」が明確になっていることである。言い換えるならば、その「意図」を自覚的に捉えるためにこそ、「指導案」は書かれるのである。この点を明確に指摘しているのは、宇佐美寛である。宇佐美は、「学習指導案という文章は、授業者である教師の自覚の表現である[8]」と述べ、「授業の問題点に対応して教師の考えを述べる哲学的文書である[9]」と規定している。ここまでの本章の論述に従うならば、宇佐美の述べる「授業者である教師」は保育者を

含む広義の教育者を指し、「授業」は保育を含む広義の教育活動を指すものとして理解しておいてほしい。いずれにしても、学校教育の現場であれ保育の現場であれ、およそ教育・保育活動に関わる教師には、指導案を「書く」という過程のなかで、自分自身の教えるというはたらきかけの「意図」を明確化していくことが求められるのである。

　そしてまた、教師は、「指導案」を書く過程で、自らが計画した教育や保育の活動がどのような問題を抱える危険性があるのかを自覚し、その問題を解消するためにどのような指導や支援を行うのかを自覚する必要がある。宇佐美が述べるように、授業や保育の「問題点に対応して教師の考えを述べる」ことが必要である。

　これらの点がしっかりと自覚的に捉えられ、明確化されてさえいれば、授業や保育の計画的な記述は、あくまで「不完全規則」としてではあるものの、その意図が実際の場面でどのように具体化される必要があるのかを予見的に示す「実践の指針」となる。

　このように、「指導案」を書く意義とは、教師が「教える」という営みを「完全に」計画することができないことを認めつつ、教える側の意図をもとにどのような「不完全な」技術として実践を展開するかを自覚することにある。

4．教育において「マニュアル」は全能ではない

　この章のはじめの問いに戻りたい。それは、「教育実践に「マニュアル」はどこまで有効なのか」というものである。ここまでの分析で明らかになったのは、教育の「マニュアル」は現代社会において有用なものではあるが、それはけっして全能のものではない、ということである。むしろ、「子どもを教え育てる」という場面に限ってみるならば、それはシェフラーのいう「不完全規則」にもとづくしかなく、どこまで技術化を重ねても、どこまでマニュアル化を重ねても失敗を完全に排除することはできない。

　しかし、数ある教育の技術を参考にしつつ、そのつど、状況に応じてその技術の精度を高めていく努力はできる。最後に検討した「指導案」は、まさにそのための「不完全規則」を自分なりに整理し、再検討するための重要な手段で

ある。「指導案」の作成を通し、教師がみずからの意図を明確にして、それをどのような過程として授業のなかに具現化しようとするのかを考える必要がある。そしてまた、これらの点を、子どもたちの学びが成立する「仕組み」や教えるはたらきが意味をもつ「仕組み」にまで目を向けて、たえず問い続けることで、不断に「不完全規則」として刷新していく必要がある。現代の教師に求められるのは、こうした「教えること」への不断の問いかけである。

注

（1）　このときに使用していたのは、EPSON「カラリオ・プリンター EP-703A 操作ガイド」2010 年版である。

（2）　詳しくは、次のニュースなどを参照のこと。東洋経済オンライン（2014 年 5 月 3 日配信）「マイクロソフト「IE」、残された教訓と課題」(http://zasshi.news.yahoo.co.jp/article?a=20140503-00036923-toyo-bus_all)。

（3）　安彦忠彦「教育技術の法則化運動」日本教育方法学会編『現代教育方法事典』図書文化社、2004 年、551 頁。

（4）　イズラエル・シェフラー（村井実監訳／生田久美子・松丸修三訳）『教育のことば——その哲学的分析』東洋館出版社、1981 年、138–143 頁。

（5）　大滝世津子「カリキュラムと教育評価」広田照幸・塩崎美穂編『教育原理』樹村房、2010 年、127 頁。

（6）　大滝、前掲論文を参考に筆者が修正した。

（7）　宮寺晃夫『「教え（ティーチング）」の分析——教育理論史のコンテクストにおいて』筑波大学教育哲学研究室、2002 年、136 頁。

（8）　宇佐美寛『教育哲学問題集——教育問題の事例分析』東信堂、2013 年、223 頁。

（9）　同上、225 頁。

【読書案内】

①イズラエル・シェノラー（村井実監訳／生田久美子・松丸修三訳）『教育のことば——その哲学的分析』東洋館出版社、1981 年。

　本章で検討したシェフラーの「教えること」の分析が詳細に展開されている書籍である。シェフラーの分析に関心をもった読者はぜひこの本をひも解いてほしい。

②宮寺晃夫『「教え（ティーチング）」の分析——教育理論史のコンテクストにおいて』筑波大学教育哲学研究室、2002 年。

　日本語で「教える」という言葉を分析した数少ない書籍である。本章との関連でい

えば、「第 11 講」と「第 12 講」が「授業案」の意義を分析していて興味深い。

③宇佐美寛『**授業をどう構想するか**』（**宇佐美寛・問題意識集** 8）、明治図書、2003 年。

　　同書は、おそらく日本においてきわめて数少ない教育哲学の視点から学習指導案の意義の分析を行った書籍である。「いったいなぜ学習指導案を書くのか」や「現状の学習指導案にはどのような問題があるのか」という問題を原理的に考える視点をたくさん提供してくれる書籍である。

参考文献

イズラエル・シェフラー（内田種臣・高頭直樹訳）『ヒューマン・ポテンシャル』勁草書房、1994 年。

宮崎清孝『子どもの学び　教師の学び』一莖書房、2009 年。

（畠山　大）

第11章
人は「段階を追って学ぶ」というのはほんとうか？
「基礎から応用へ」という学びから「全体性」をともなう学びへ

1. 「基礎から応用へ」というスローガン

「基礎・基本」「基礎から応用へ」という言葉

　この本の読者のなかには、高校生や浪人生時代に受験勉強を経験した人もいるであろう。そうした人たちは、自分の受験する大学や学部の試験内容にあった対策を立てて、熱心に勉強したのではないだろうか。場合によっては、受験対策のために予備校や塾を利用したかもしれない。

　また、高校生時代に運動部に所属し、部活に真剣に取り組んだ人も多いのではないだろうか。取り組んだ競技はさまざまであろうが、多くの競技では「基礎練」と呼ばれる身体づくりや基本動作の練習からはじまり、段階的に複雑な練習を行い、試合が近づけば試合形式の応用的な練習へと進んだはずである。

　さて、ここで聞いてみたいのだが、勉強や部活をするにあたって、どこかで「基礎・基本を大切にしよう」や「基礎から応用へ」という言葉を聞いたことはないだろうか。どのような場面で目にしたり、聞いたりしたことがあるか簡単にあげてみよう（ワーク11-1）。

── ワーク11-1 ──

「基礎・基本を大切にしよう」「基礎から応用へ」という言葉を聞いたり、目にしたりした場面を思い出し、下にあげてみよう。

学校型学習と段階説

　この「基礎・基本を大切にしよう」や、そこから派生する「基礎から応用へ」という言葉は、じつは教育界に広く浸透しているスローガンである。それは日々の学習から受験対策の学習、果ては部活の指導に至るまで、広く目にすることのできるものである。実際、教師用の参考書にこの「基礎・基本」という言葉を用いた書籍もあるくらいである⁽¹⁾。このように、これらの言葉はじつに一般的なものであるので、それをいう側も、またいわれる側も、このスローガン自体にどのような効果があるのか、さらにはこのスローガンがどのような理由があって用いられているのかを、日頃そこまで深く考えることはまず稀であろう。ましてや、この言葉をいわれて否定する人はもっといないはずである。誰だって「基礎」の重要性は理解しているからである。

　しかし、本章では、この「基礎から応用へ」といった人の学びの捉え方がどこまで妥当なものなのだろうかと、あえて問うてみたい。これはいいかえるならば人は「段階を追って学ぶ」存在なのだろうかという問いとなる。この問題を問ううえで、本章では「基礎から応用へ」といった「段階を追って学ぶ」ことを自然とする学びのあり方を、「**学校型学習**」と呼んでおきたい。

2．人の学びを基礎づける段階説

発達段階という心理学的概念

　人が「段階を追って学ぶ」存在であると考えられる根拠を考えてみよう。まずあげられるのは、人間の「**発達段階説**」である。教職課程を履修中の人であれば、たとえば発達心理学や教育心理学系の授業でこうした発達段階説について詳しく学ぶはずである。人の発達段階については諸説ある。たとえば、ハヴィガーストやエリクソンの段階説、コールバーグの道徳意識の発達段階説、そしてもっとも有名な**ピアジェの段階説**などである。次ページにピアジェの段階説を掲載しておくので参考にしてほしい（図11 - 1）。

　これらの発達段階説は、それぞれ異なる国や時代を生きた別々の人物によって提唱されたものである。そのため、一つひとつの発達段階説を詳しくみれば細かい点で数多くの相違があるのであるが、全体を俯瞰的にみたときには、そ

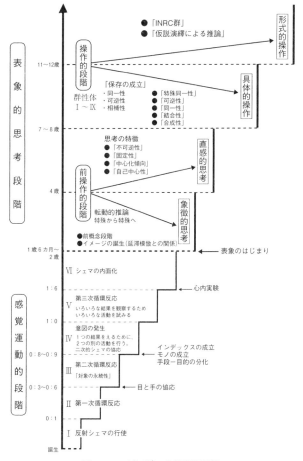

図 11-1　ピアジェの発達段階説

出所）百合草禎二「子どもの発達と教育」古橋和夫編『子どもの教育の原理
　　　——明日の保育をひらくために』萌文書林、2011年、82頁。

　のほとんどが「右肩上がり」の連続的な上昇過程の成長を想定しているという[2]。いいかえるならば、多くの発達段階説においては、人は年齢とともに成長し、成熟していくと考えられているということである。近年では、これらの発達段階説をもとにしながら、より細かな人の発達について研究が進められている。たとえば、「言語や認識の力はどのように発達するのか」や、「情緒の発達はどのような過程を経るのか」などである。こうした研究が進んでいるお

かげで、たとえば、幼児教育領域では、年齢別の発達の度合いをある程度一般化し、幼稚園や保育所での実践に活かせるように工夫されたテキストも出版されている[3]。

さて、いままで述べてきた発達段階説が教育においてきわめて重要な意味をもつことは想像しやすいであろう。たとえば、指先の感覚が十分に発達していない子どもにはさみを持たせることの危険性を思い浮かべれば、教育的なはたらきかけと発達段階の関係の深さを容易に想像できるはずである。また、別の例として、まだ抽象的な思考が十分にできない子どもに関数や方程式などの高度な記号操作を教えることの難しさを考えてみればよい。俗に「9歳（10歳）の壁」といわれるように、小学校3年生から4年生にかけての時期は徐々に具体的な思考から抽象的な思考が求められるようになり、その変化に適応できるかどうかがその後の学校型学習への順応に大きな影響をもつともいわれることもある[4]。

このように、学校型学習においては、心理学的な発達段階説をある程度考慮しながら、その教育内容や教育方法について考えていかなければならない。

学習事項の段階という系統性

さて、学校型学習と密接な関係にある考え方として、もう一つ別の観点からの段階説をみておきたい。それは、「**学習事項の段階説**」である。先にみた発達段階説が人間の側の段階説であるとすれば、この学習事項の段階は「**教科の系統性**」と呼ぶべき教育内容の系統的段階説である。

そもそも、学校型学習において、その知識や技術の伝達は「**教科**」という枠組みを前提に行われることになっている。ネット上でも閲覧することが可能であるので一度みてほしいのだが、日本では「学習指導要領」という公的な文書でその教科が扱うべき目標と取り扱うべき内容を整理している。

この教科は各学校段階に応じて記載され、それぞれの「学習指導要領」内にまとめられている。思い出してほしいのだが、あなたはこれまでにどのような教科の学習を経験してきたであろうか（ワーク11-2）。

ワークであげてもらったように、私たちが生きる現代の日本社会では、複雑かつ多様な文化をまず個別の教科という枠組みに分解して、その教科のなかで

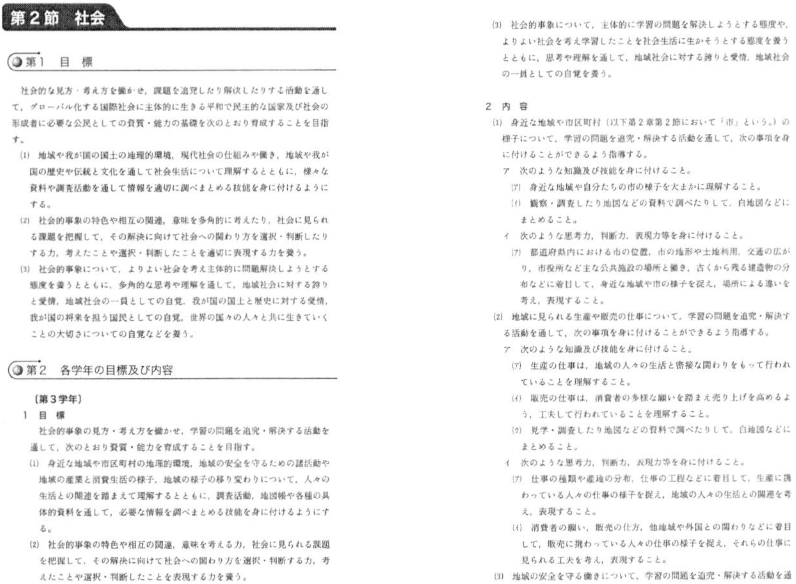

第2節　社会

● 第1　目標

社会的な見方・考え方を働かせ、課題を追究したり解決したりする活動を通して、グローバル化する国際社会に主体的に生きる平和で民主的な国家及び社会の形成者に必要な公民としての資質・能力の基礎を次のとおり育成することを目指す。

(1) 地域や我が国の国土の地理的環境、現代社会の仕組みや働き、地域や我が国の歴史や伝統と文化を通して社会生活について理解するとともに、様々な資料や調査活動を通して情報を適切に調べまとめる技能を身に付けるようにする。

(2) 社会的事象の特色や相互の関連、意味を多角的に考えたり、社会に見られる課題を把握して、その解決に向けて社会への関わり方を選択・判断したりする力、考えたことや選択・判断したことを適切に表現する力を養う。

(3) 社会的事象について、よりよい社会を考え主体的に問題解決しようとする態度を養うとともに、多角的な思考や理解を通して、地域社会に対する誇りと愛情、地域社会の一員としての自覚、我が国の国土と歴史に対する愛情、我が国の将来を担う国民としての自覚、世界の国々の人々と共に生きていくことの大切さについての自覚などを養う。

● 第2　各学年の目標及び内容

【第3学年】
1　目標

社会的事象の見方・考え方を働かせ、学習の問題を追究・解決する活動を通して、次のとおり資質・能力を育成することを目指す。

(1) 身近な地域や市区町村の地理的環境、地域の安全を守るための諸活動や地域の産業と消費生活の様子、地域の様子の移り変わりについて、人々の生活との関連を踏まえて理解するとともに、調査活動、地図帳や各種の具体的資料を通して、必要な情報を調べまとめる技能を身に付けるようにする。

(2) 社会的事象の特色や相互の関連、意味を考える力、社会に見られる課題を把握して、その解決に向けて社会への関わり方を選択・判断する力、考えたことや選択・判断したことを表現する力を養う。

(3) 社会的事象について、主体的に学習の問題を解決しようとする態度や、よりよい社会を考え学習したことを社会生活に生かそうとする態度を養うとともに、思考や理解を通して、地域社会に対する誇りと愛情、地域社会の一員としての自覚を養う。

2　内容
(1) 身近な地域や市区町村（以下第2章第2節において「市」という。）の様子について、学習の問題を追究・解決する活動を通して、次の事項を身に付けることができるよう指導する。
　ア　次のような知識及び技能を身に付けること。
　　(ア) 身近な地域や自分たちの市の様子を大まかに理解すること。
　　(イ) 観察・調査したり地図などの資料で調べたりして、白地図などにまとめること。
　イ　次のような思考力、判断力、表現力等を身に付けること。
　　(ア) 都道府県内における市の位置、市の地形や土地利用、交通の広がり、市役所など主な公共施設の場所と働き、古くから残る建造物の分布などに着目して、身近な地域や市の様子を捉え、場所による違いを考え、表現すること。
(2) 地域に見られる生産や販売の仕事について、学習の問題を追究・解決する活動を通して、次の事項を身に付けることができるよう指導する。
　ア　次のような知識及び技能を身に付けること。
　　(ア) 生産の仕事は、地域の人々の生活と密接な関わりをもって行われていることを理解すること。
　　(イ) 販売の仕事は、消費者の多様な願いを踏まえ売り上げを高めるよう、工夫して行われていることを理解すること。
　　(ウ) 見学・調査したり地図などの資料で調べたりして、白地図などにまとめること。
　イ　次のような思考力、判断力、表現力等を身に付けること。
　　(ア) 仕事の種類や産地の分布、仕事の工程などに着目して、生産に携わっている人々の仕事の様子を捉え、地域の人々の生活との関連を考え、表現すること。
　　(イ) 消費者の願い、販売の仕方、他地域や外国との関わりなどに着目して、販売に携わっている人々の仕事の様子を捉え、それらの仕事に見られる工夫を考え、表現すること。
(3) 地域の安全を守る働きについて、学習の問題を追究・解決する活動を通

図 11-2　『小学校学習指導要領』

出所）文部科学省『小学校学習指導要領』2017 年、46-47 頁（www.mext.go.jp/component/a_menu/education/micro_detail/_icsFiles/afieldfile/2019/03/18/1413522_001.pdf）。

── ワーク11-2 ──

これまでに経験した「教科」をあげてみよう。

学習しやすいように段階的な内容構成をとっている。

　この背後には、それらの教科の正当性を裏づける学問的な支えがあることはいうまでもない。わかりやすい例としては、「理科」があげられるであろう。この教科の背後には、物理学や生物学、化学といった自然科学系列の学問分野が控えている。もちろん、それらの最新の知見をそのままの形で子どもたちに正確に伝達することはきわめて難しいことである。大学や企業の実験室で行われている最先端とされる自然科学の研究成果をそのまま小学校や中学校に持ち

込むわけにはいかない。そのため、小学校 3 年生ならその段階に見合う内容として、中学校 2 年生であればそれ相応の内容として、その前後の学習に連続する形で系統性をもたせて、その時点で学んでおくべき事項を教科の枠組みを用いて整理している。そして、その整理された結果にもとづいて実際に学ぶ内容を記載したものが、私たちが日常的に目にしている「**教科用図書**」（以下、教科書）である。前ページに一部分だけ掲載したように、「学習指導要領」の「教科」の欄には、あくまでもその教科の目標と取り扱うべき内容が列記されているのみである。しかし、教科書はそれらにもとづいて具体的な学習内容を 1 冊のまとまりとして配し、日々の授業がスムーズに進むように作成されている。

　これら教科書の内容を具体的に考えておくならば、たとえば、小学校の算数では、一桁の足し算に習熟したのちに徐々に桁数を増やし、高度な計算技術を身につけていく。社会科であれば、身近な地域社会からはじまり、地方自治体、日本、そして世界へと視野を広げていく。まさに「基礎から応用へ」、さらには「具体から抽象へ」と呼ぶべき段階的学習論を採用しているのである。

　このように、私たちの生活になじみ深い学校型学習は、前項でみたような発達段階説と本項でみた学習内容の系統的段階説の両方にある程度の制約を受けながら成り立っていることがわかる。「基礎から応用へ」という言葉は内実の薄いたんなるスローガンではなく、むしろ学校型学習の背後にある段階説の特徴を的確にいいえているものである。

3.「基礎から応用へ」を支える基盤

人の「学び」はほんとうに段階説だけで説明できるのか？

　このようにみてくると、歴史的につくりあげられてきた段階説がきわめて強固であるので、私たち人の「学び」はどのようなときにも段階を追って成り立つものであるように思われがちである。何か新しいことを学ぶときは、段階を追って、いわば「基礎から応用へ」という流れで行うのが当然であると思ってしまう。しかし、はたしてほんとうにそうなのであろうか。

　たしかに、人の「学び」のあり方を「学校型学習」としてのみ考えてしまうとき、「学び」は段階説にもとづいたものへと限定される。しかし、人の「学

び」という営みは、何も学校型学習の形だけをとって現れるわけではない。た
とえば、生活習慣や生活言語にかかわる事柄は家庭やそれにかわる場において
経験的に学ばれるものが大半である。親しい家族や周りの人とのコミュニケー
ションの仕方を、幼少期に学校型学習として学んだ人はほとんどいないはずで
ある。むしろ、実際の場で言い間違いをしたり、真似をしてみたりして試行錯
誤をしながら実感的に学んでいくほうがより自然な形である。これは筆者の経
験であるが、小さい子どもたちが「おままごと」をしている様子を見ていたと
きに、5歳くらいの女の子が自分の母親の口真似をしてお父さん役の男の子に
「お説教」をしていた。その口調のあまりの大人振りに驚いたのであるが、こ
れはその女の子にとって新たな言語を学びうる貴重な経験だったはずである。
さらにいえば、友だちをつくり、さまざまな困難と向き合いながら友好的な関
係を築いていく仕方や、恋をして生涯をともにするパートナーを見つけて関係
を育んでいく仕方も、別に学校型学習として学ぶわけではない。また、仕事を

図11-3　教科用図書の一例

出所）清水静海・船越俊介ほか『わくわく算数4上』啓林館、2019年（2014年検定済）、94-95頁。

はじめた新人がそこで求められる知識や技術を学んだり、その仕事の意味や価値を実感的に学んだりするのは、まさにその仕事の只中であろう。

ワーク 11-3

「学校型学習」に縛られない学びには、ほかにどのようなものがあるだろうか？
思いつくものをあげてみよう。

_____

_____

_____

_____

_____

　そして、この問題を考えるうえで重要な視点を提供してくれるのは、「拡張的学習」論である。この学び論は、ユーリア・エンゲストロームによって提唱された理論である。この学び論では、「学ぶ」という行為が、何らかの具体的な状況から切り離されて理解されるのではなく、そこに集う人々が協働的に活動を生み出すなかで引き起こされる認識的な変容を「学び」として理解している[5]。きわめて単純化していえば、たとえば、教科書に書かれている知識を覚えることは、それだけでは「拡張的学習」論では「学び」とはみなされない。子どもも大人も含め、人々が、物づくりに取り組んだり、社会的な調査活動に取り組んだり、実験的な活動に取り組んだりするなかで、そうした活動をより発展的に展開するために必要な知識を創り出していくことが、「拡張的学習」論では「学び」として位置づけられる。

　当然のことながら、そこでの「学び」には多種多様な要素が関わってくる。例えば、自分以外の主体性（agency）をもった多様な人々。まさにその活動において生み出そうとしている価値や成果。そうした価値や成果の創出に必要なさまざまなアイディアや知識、技能。その活動を支えるさまざまな規範やルール。その活動を生み出す母体となる共同体。そして、その活動を協働的に進めていくための分業や役割分担のシステム。こうしたさまざまな要素がかかわるなかで、私たちは「いまだここにないもの（What is not yet there）[6]」としてのさまざまな創造的な活動を創り出し、それにともなう形で「学び」を経験し

ていく。

　具体的に考えてみよう。比較的若手の保育者の事例を想定したい。この保育者は、自園で行われてきた保育の行事に疑問を感じ、子どもたちにとってより経験する意義のある活動を実践したいと考えた。しかし、保育の現場は協働的な仕事の場である。この保育者以外にも多様な関心をもつ保育者たちがいる。そしてその保育者たちは、クラス担任や補助担当、主任等の分業に従って活動している。また、保育の世界には、これまで伝統的に大切にされてきた習慣や文化がある。それらが目に見えない形でルールとしてはたらき、現場での実践を支えている。新しい行事を創り出すという行為は、こうした状況に不可避的に対峙しなければ成り立たない。仮に、この保育者が考えた新しい行事の案は、この園の慣習や文化とは相いれず、想定していた形では実現することができなかったとしよう。しかし、その過程でこの保育者は、「保育とは何か」や「保育者のあり方とは何か」、「行事の教育的な意味は何か」といった点について、実感的な学びの経験をすることになるはずである。もちろん、この保育者は、大学生時代に、保育の理論的な学びとしてさまざまな科目で「保育とは何か」などについて学んできたであろう。しかし、この新たな行事を創り出すという活動において経験しうる学びは、大学時代に経験した学びとはまったく異なる仕方で、いわば「行事を創り出す」という経験にともなう形でもたらされることになる。

　この「拡張的学習論」のように考えると、じつは「学び」は学校型学習よりもより広く、より深く人間の生活や関係性を基盤として日常的に成立していることになる。いいかえれば、私たちの生活世界における直接的な経験に根ざすものとして、「学び」は存在するということである。そして、その「学び」の機会を得るときに、私たちは「基礎から応用へ」や「基礎・基本を大切に」といった言葉を口にすることはないであろうし、そもそも思い出しもしないであろう。むしろ、そこでの学びは、「教科」や「基礎・基本」、「応用」といった形には分けることのできない、いわば経験の総合体として現れる「全体的な性質」をもったものである。

　ここまで検討してきたことをふまえるならば、段階説にもとづく学校型学習はもちろん人の「学び」を構成する重要な要素であるが、それ自体をもって人の「学び」のすべてを説明することはできないことがわかる。ましてや、学校

型学習が人の「学び」において特段に高い地位をもつものであり、その方法こそが唯一正当なものであるなどとも簡単にいうことはできないのである。

〈再考〉人の「学び」という営みの全体性

　ところで、教科にもとづく段階的な知識や技術の伝達という方法をとる学校型学習は、じつは人の「学び」においてきわめて重大な欠陥をもつ。それは具体的には二つに大別される。一つは、教科という枠組みに回収できないことは学習指導要領や学校の教育計画に組み込めないという点である。そしていま一つは、一つひとつの教科の独立性が強いために、各教科間相互の関連性が築きにくいという点である。

　近年では、こうした問題を乗り越えるためにさまざまな方法が検討されてきた。たとえば、教科という従来の学校型学習の枠組みに回収できないことを学校に取り入れるために、小学校3年生から高等学校修了まで「**総合的な学習の時間**」（高校では「総合的な探究の時間」）が設定されている。国際理解教育や環境教育、職業理解教育、防災教育といった、個別の教科には分けられないもののきわめて重要な学習を、各学校ではこの時間に実施している。そしてまた、各教科間の関連性を築くことを目的として、「**合科的な指導**」のあり方も検討されてきた。合科的な指導とは、たとえば、国語と社会科の学習内容の関連性を見出し、それを活かして一つの時間に両方の学習を総合的に経験させるという指導のあり方である。

── ワーク11-4 ──

あなたは「総合的な学習の時間」にどのような学びを経験しただろうか？　思い出して書き出してみよう。

....

....

....

....

　いまになってこうした取り組みが行われている背景には、おそらく人の「学び」にともなう「全体的な性質」に視点が向けられているからであろう。水原

克敏によれば、そもそも従来の教科型の学習は、それを学んだ人の側で主体的に知識が総合化されることを予定調和的に想定して成立したものであるという[7]。いってしまえば、いままで学校教育の世界では、各教科に分けて学ばれた知識や技術を子どもの側で総合化し、実際に使える知識や技術へと自力で再構成できるであろうと楽観主義的に考えられていた、ということである。

　しかし、よく考えてみるならば、この想定は非常に甘いものであるといわざるをえない。ほんとうは各教科で学んだ事柄がそれぞれ関連性をもったものだとしても、やはり私たちは、「社会科」で学んだことであれば「社会科」の、「家庭科」で学んだことであれば「家庭科」の知識として止めてしまうのがふつうであろう。これは学ぶ側に限らず、教える側の教師においても同様である。学校段階が上がれば上がるほど教科の専門性が強くなるので、他教科との関係を意識しながら授業をする教師は少なくなる。

　このように考えると、教科学習に支えられた学校型学習の学びには限界があることがわかる。そして、そうであるからこそ、近年の日本では、従来の学校型学習の限界を乗り越える形で、「全体性」に根ざす学びの経験を取り込むことが検討されているのである。

　しかし、である。前項で考えたように、全体性に支えられた人の「学び」は、ある種の偶然に左右される営みでもある。たとえば、友だちや恋人との出会いも、家庭での日常生活での経験も、そして職業人として生きていくなかで遭遇するさまざまな挑戦も、すべては状況に依存した偶然の出来事にゆだねられているものである。つまり、学校型学習のように、事前に計画を立てて学ぶべき事柄を整理し、一通り学んだあとに評価をしたり振り返りをしたりするわけではない。むしろ、状況に左右され、事前に仕組むことのできない性格をもつからこそ、その一つひとつの固有の経験が、経験する人にとって「全体的な性質」を帯びた学びになるのである。学校教育のなかに学びの全体性という視点

を取り込むからといって、人の学びが有しているこの点を看過してはならない。学校教育は人の「学び」においてけっして全能ではなく、どれほど工夫をしても、人の「学び」のすべてを取り込むことは現実的にはできない。そして、そうであるからこそ、かつてのような楽観主義的な発想をするのではなく、また、従来型の学校型学習をただたんに堅く守るという姿勢に陥るのでもなく、人の「学び」において学校教育が果たせる役割とは何かを、時代にあわせて問い続けなければならないのである。

4．「全体性」をともなう「学び」の探究へ向けて

　本章では、人の「学び」のあり方について、段階説にもとづく学校型学習を再考することで検討し直してきた。「教科」という枠組みにもとづく学校型学習では、人の発達段階説と教科内容の系統的段階説の二つに制約を受けながら、「基礎から応用へ」ないし「具体から抽象へ」というステップをふむことが当然視されている。この点は、今後も現在のような意味で教科という発想を堅持する道を選択するならば、おそらく避けては通れないであろう。

　しかし、だからといって、人の「学び」のすべてをその発想で論じ尽くすことはできない。現代が**生涯学習社会**といわれて久しいが、人が生まれてから亡くなるまで学び続ける存在だとするのであれば、むしろ「学校型学習」のあり方を超えて、より深く人の「学び」の特質を問う必要があるはずである。そしてまた、その「学び」のあり方に対して、学校型学習がどのように貢献しうるのかを、時代にあわせて問い続けなければならないはずである。

　近年の試みとして、「総合的な学習の時間」のような、従来の教科学習には回収できない新しい試みがなされているが、その「総合的な学習の時間」の「全体性」をはたしてどれだけの人が意義あるものとして受け止め、今後の検討課題と捉えているかを考えると、残念ながらとても心許ないように思われる。たんに、教科に分散できない知識や技術を「一まとめにして」伝達するために「総合的な学習の時間」が用いられるならば、結局は何を学習しているのかがわかりづらい成果に乏しい活動とされてしまうであろう。じつのところ、「総合的な学習の時間」の意義は、人の「学び」にともなう「全体性」の内実を問

うことによってはじめて検討可能になると思われる。人の「学び」は、状況に左右される偶然によってもたらされるものも多く、そうであるからこそ、「全体性」という性格を帯びるのである。これをあえて学校教育に取り入れようとするのであれば、何をどこまで取り入れることができて、何を取り入れることができないのかをしっかりと検討する必要があると思われる。「学び」の研究は、いままさに新たなステージを迎えているのである。

注

（1）　たとえば、①日本数学教育学会編『基礎・基本をおさえた算数科授業づくりのポイント　小学校6年改訂』東洋館出版社、2011年、②市川伸一監修／鏑木良夫編『教えて考えさせる理科小学校——基礎基本の定着・深化をはかる習得型授業の展開』図書文化社、2010年、などがあげられる。

（2）　田中智志『教育学がわかる事典』日本実業出版社、2003年、154-155頁。

（3）　たとえば、田中真介監修『発達がわかれば子どもが見える——0歳から就学までの目からウロコの保育実践』ぎょうせい、2009年。

（4）　より詳しくは、渡辺弥生『子どもの「10歳の壁」とは何か？』光文社、2011年を参照のこと。

（5）　エンゲストロームの「拡張的学習」論については、最新の成果としては次の文献がもっとも参考になる。エンゲストローム（山住勝広監訳）『拡張的学習の挑戦と可能性——いまだここにないものを学ぶ』新曜社、2018年。

（6）　同上、10頁。

（7）　水原克敏『学習指導要領は国民形成の設計書——その能力観と人間像の歴史的変遷』東北大学出版会、2010年、208頁。

【読書案内】

①**水原克敏・高田文子・遠藤宏美・八木美保子『新訂学習指導要領は国民形成の設計書——その能力観と人間像の歴史的変遷』**東北大学出版会、2018年。

　学校創設期の教育内容から現行の学習指導要領までの歴史を概観できる書籍である。より専門的に学びたい人には水原克敏『現代日本の教育課程改革』（風間書房、1992年）をお薦めする。

②**佐伯胖『「学ぶ」ということの意味』**岩波書店、1995年。

　日本において「学び」の問い直しがはじまった時期に刊行された重要な書籍である。認知科学の立場から、「学び」の捉え直しを平易な文章で記している。

③山住勝広『拡張する学校——協働学習の活動理論』東京大学出版会、2017 年。

　本章でも検討したエンゲストロームの「拡張的学習」論に触発され、学校における学びの活動に応用することを試みた意欲的な研究である。教師と子どもたち、そして子どもたち同士によって教育実践が創出されていく過程で生起する「学び」は、新たな「学校」像のあり方を予感させてくれる。

参考文献

藤村宣之編『発達心理学——周りの世界とかかわりながら人はいかに育つか（第 2 版）』ミネルヴァ書房、2018 年。

水原克敏『現代日本の教育課程改革』風間書房、1992 年。

佐伯胖『幼児教育へのいざない——円熟した保育者になるために　増補改訂版』東京大学出版会、2014 年。

佐伯胖ほか『子どもを「人間としてみる」ということ——子どもとともにある保育の原点』ミネルヴァ書房、2013 年。

（畠山　大）

第12章
師匠と先生はどう違う？
背中で語る「わざ」の世界

1．師匠と先生

　あなたには、人生のお手本となるような人がいるであろうか？　職業的な面でのお手本でも、人格面であってもよい。自分の考えやふるまいに大きな影響を与えた人ということでもかまわない。

　このように問われると、ある人は、自分の親や親戚だと答えるかもしれない。アルバイトや部活動の先輩であったり、これまでに出会った学校の先生を思い浮かべることもあるだろう。あるいは、誰一人思い浮かばないかもしれないし、たくさん該当して絞り込めない場合もあるかもしれない。いずれにせよ、もしそのような人がいるとすれば、あなたにとって特別な存在として思い出されるに違いない。

　では、その人のことを「師匠」として仰ぐことはありえるだろうか？　漫才や落語の世界でしばしば耳にする、芸の達人であり先達としての、あの「師匠」である。ここでは、その世界で生き抜くための手本になってくれる人、とさしあたって定義しておこう。

　「師匠」といわれても、いまいちピンとこないかもしれない。たしかに今日、師匠という存在は、漫才師や落語家であればまだしも、特定の芸になじみがない大多数の人にとって縁遠いに違いない。ときには尊敬する誰かを指して「あの人は私の心の師だ」と述べることがあるかもしれないが、それも比喩を超えるものではない[1]。とはいえ、今日の教育について理解を深めるとき、師匠という存在は興味深いテーマになりうる。

　ところで、「先生」もまた、自分の知らない知識や技術を教えてくれて、自分を導く存在である。先生といっても、医者、弁護士、あるいは作家など、そ

の指示対象は多岐にわたるが、本章では、教育機関の教師ということに限定する。学校の先生ということであれば、これまで出会ったたくさんの先生のなかから印象的な人を思い出すことは難しくはないだろう。

では、「師匠」と「先生」はどう違うのだろうか。誰かのことを「先生」ではなくあえて「師匠」と呼びたくなるとき、そこにはどのような含意があるのであろうか。

考えてみよう。もし念願かなって教職に就いたとき、生徒や学校関係者は、あなたを「先生」と呼ぶだろう。着任初日の、まだ教壇に立ったばかりの新人であっても「先生」と呼ぶので、慣れないうちは違和感があるかもしれない。ではそのなかに、あなたのことを「師匠」と呼ぶ人はいるであろうか。新任の頃はともかく、あなたがベテラン教師として年功を積んだ頃であれば、生徒や後輩のなかにはあなたを「師匠」として慕ってくる人がいるかもしれない。この場合、先生としてのあなたと、師匠としてのあなたは、どのような違いがあるだろうか？

師匠に関連する学びのあり方は、すぐれて教育的な事象であるが、現代の学校における教育とは少し違った性格をもっている。「師匠－弟子」関係について考えることは、学びのフィールドを学校の外へと広げ、上の世代から生きる知恵を学び、また下の世代へと伝える営みについて捉え直すことである。そのことは、学ぶ－教えるという営みについて、また、今日の学校における教育活動についてあらためて見つめ直すための、広い視野をもたらすことになるだろう。本章が目指すのはこうした思考のトレーニングである。それでは、そもそも師匠とは何者なのか、もう少し具体的に検討してみよう。

2．師弟関係とは何か

着任初日から教師を「先生」と呼ぶのと同じように、出会ったときから指導者のことを「師匠」と呼ぶのがならわしになっている社会もある。たとえば芸の世界である。京都の舞妓さんは、自分を一人前に育ててくれる先達のことを「お母はん」と呼ぶ。また、伝統的な工法を受け継ぐ宮大工の人たちは、リーダーのことを「棟梁」と呼び、一緒に寝泊まりしながら仕事を覚える。また、

伝統的な技芸にかかわる人たちだけではない。最新技術を誇る JR の運輸業務においても、新人はベテラン運転士にくっついて見習い学習をするが、そのとき「親方」という呼称を使うという。

　なぜこの人たちは、教え手のことを「先生」ではない呼び方で呼ぶのであろうか？　「親方」ないし「師匠」と呼ぶことによって、いかなるかかわりが築かれるのであろうか？

　事例を通して検討してみよう。まずは準備段階として、いろいろな職業名が書かれたカードを作成しよう（ワーク 12-1）。できるだけバラエティに富む選択肢が出てくるように工夫し、可能であればグループで作業を進めよう。

ワーク 12-1

職業の名前カードをつくってください。できるだけ具体的な専門職が望ましい。

例）

| ピザ職人 | 弁護士 | 宮大工 | 電車運転士 | 小学校国語教諭 | 会社員人事担当 |

　カードが 10 枚ほど出揃ったところで、ロールプレイング的なワークに進もう。このなかから 1 枚（できれば無作為に）引き抜き、書かれている職業をみてみよう。ここであなたは、教員になるという夢をいったん脇において、「その世界の見習い」になることをめでたく許された、と想定する。つまり、その世界で研鑽を積み、専門技術を身につけ、仲間とともに仕事に励む将来を夢見る新人である。その際、何を誰からどのように学ぶことが理想的であろうか？（ワーク 12-2）

ワーク 12-2

あなたの師匠はどのような人ですか？　師匠の得意わざ、教え方、人柄などについて、また、どのような経緯で「弟子入り」を認めてもらえたのかについて、想像力豊かに記述してください。

さらに続けよう。あなたは年功を積み、熟達した技能を身につけ、一人前になった。独立して自分の会社をもち、あるいは組織のなかで実力を発揮しているとする。そのようなあなたに弟子が現れた。ともにその仕事を進める後輩であり、仲間である。弟子をもったあなたを想像してみよう（ワーク12-3）。

── ワーク12-3 ──

あなたに弟子ができました。その弟子の人柄、将来性、素質などについて、また、どのような経緯で弟子として認めたのかなどについて、想像力豊かに記述してください。

　作業が終われば、ほかのグループの記述と比べてみることをおすすめする。ここで興味深いのは、職業による違いと共通点ではないだろうか。たとえば、入門の経緯という点においては、職業によってかなり違いがある。ピザ職人の場合、老舗レストランで見習いをスタートすることが師弟関係のはじまりかもしれないし、独学で店をオープンし、そのときどきで先輩たちに教えを請うことでゆるやかに師弟関係を取り結ぶこともできる。それに対して、宮大工の場合、師匠（棟梁）に認めてもらうということが入門上の絶対条件である。さらに慣習として、弟子入り以前に長い見習い期間があることになっている。また、弁護士などは、会社への就職が師弟関係のはじまりになるかもしれないが、師弟関係そのものにあまりなじまないかもしれない。資格取得のために教育機関へ入学することのほうがキャリア上重要である。

　ではここで、もっとも典型的な形で取り結ばれている師弟関係についてみていこう。落語や三味線などの芸能に専門的に携わる人たちは、**内弟子制度**において学びを進める。それは、師匠の家に住み込み、24時間生活をともにするなかでの学びである。師匠の生活に溶け込み、舞台にはもちろん同伴し、その準備から後片付けまでのすべてを手伝うことで、身をもって師匠の芸を学ぶ。こうした関係において興味深いのは、「稽古の不在」である。

　師匠と生活をともにするのであれば、さぞ濃密な稽古をつけてもらえると期

待するだろう。しかしながら、実際のところ、正式な稽古の時間はほとんどとってもらえない。ある能楽師の話では、通い弟子（月謝を支払って芸を学ぶ弟子）の稽古をこっそり盗み聞きして、普段教えてくれない点を学ぶこともあるという。だが、この「教えてもらえない」点が、内弟子制度の優れた点でもある。生田久美子（1947-　）によれば、芸能における学びの特筆すべき点は、個別の技能の習得そのものにあるのではない。そこでは、稽古ではない時間が、芸の上達のためにきわめて重要な下地を形成している。つまり、洗濯、掃除、炊事をするなかで、また稽古を立ち聞きするなかで、その芸の世界全体を流れる「空気」を自らの肌で感じ、固有の「間」になじんでいく。このプロセス全体が学びである。もちろん、「掃除や洗濯」がわざの向上という観点からみて有効に機能しているかについては、疑問が投げかけられるところである。だが、師匠の身の回りの世話をすることを通して、師匠が体得している「間」や「呼吸」といった目に見えないものについて、学び手の身体全体を通して理解できそうだという点については疑いえない。

　ところで、先ほどのロールプレイングにおいて、バラエティに富んだ師弟関係のなかで、ゆるやかに共通する点はなかっただろうか。もしあるとすれば、その一つが、師匠と弟子が一緒になって仕事をするという点ではないだろうか。ピザ職人であれ、小学校国語教諭であれ、その仕事のポイントとなる「わざ」を学ぶときには、必ず教え手と学び手とが同席し、同じ時間を共有するはずである。今日であれば、「師匠は Youtuber である」という人もいるかもしれないが、それにしても、映像を通じて同じ時間を共有している点に違いはない。ではなぜ、師弟関係においては、同じ時間を共有するというプロセスが重要なのであろうか。その鍵は、「わざの知」という特性にある。

3．わざの知とは何か？

技能知と命題知

　先ほどの職業カードを用いて、再びワークからはじめよう。実際のところ、その世界で身を立てているあなたは、いかなる「わざ」を発揮しているのであろうか？　また、弟子はその「わざ」の何に惹きつけられるのであろうか？

ここでいう「わざ」とは、仕事をこなすうえでの優れた腕前、ないし技能であると理解しよう。

― ワーク 12 – 4 ―

あなたは「その道の達人」です。あなたの世界に必要な「わざ」と、とくにあなたが得意とする「わざ」について、想像力豊かに記述してください。

ピザ職人であれば、焼いた生地が抜群に美味しいかもしれない。電車運転士であれば、乗客が気づかないほどスムーズに電車を停止させられるかもしれない。いずれにせよ、達人として一目おかれる人であれば、他の人には真似できないようなわざを発揮できることだろう。

ここで注目したいのは、自分が身につけた技能がものをいう、いわば職人的な性格である。例えば宮大工であれば、寺の柱となる木材を、カンナを使って丁寧に仕上げる。柄と刃から成るシンプルな道具だが、奈良時代に発明された、使いこなすだけでも数年の訓練を要するようなものだという。それを使って仕上げられた柱は、まるで人肌のように滑らかで、現代の機械でも真似できないほど繊細にできている。

こうしたわざの特徴は、それが「身体化されている」点である。「身体化されている」とは、その人が身をもって覚えたということであり、他の人が肩代わりすることや、機械で代用することが困難であることを指す。職人の場合であれば、シンプルな道具であっても、それを使う人の腕次第で、最終的な仕上がりが大きく異なるだろう。また弁護士のような仕事であっても、その人しか組み立てられないような弁論スタイルがあるのであれば、そのわざはまさに身体化されている。

哲学者のライル（Ryle, G. 1900–1976）は、こうした知識のあり方を指して、方法を知ること（**技能知**：knowing how）と呼んだ。これは、内容を知ること（**命題知**：knowing that）とは別カテゴリーで捉える知識観である[2]。私たちは、知識の習得といえば、歴史的事件の年号や、化学反応の法則など、教科書のな

かに載っているさまざまな事象を知ることであると捉えることが多い。ところが、連立方程式の立て方や、英会話の進め方などについては、それを命題として知っている（仕組みや理屈に精通している）ことではなく、実際に「できる」ことが必要になる。「あの人は自転車の乗り方を知っている」というとき、自転車におけるペダルの構造や、バランスを保つための物理法則について知っているというだけでは不十分であって、自転車に乗って意のままに移動することができるということを意味する。

　職人たちが身につけているのは、まさにこの技能知である。ピザ職人は、絶妙の焦げ具合に焼きあげるための窯の扱い方を、電車運転士はその日の線路のコンディションにあわせたブレーキレバーの引き方を、うまくやってのけることができるという点において知っている。弟子が、こうした技能知を学ぼうとするならば、机に座って理屈を覚えるのではなく、自らの身を投じて動作を繰り返さなければならない。新しい動作を習慣として獲得するためには、慣れ親しんだ身体の使い方を改善する必要があるからである。

　ところで、技能知と命題知との安易な二分法については注意しなければならない。しばしば誤解される点であるが、世の中には命題知と技能知の2種類の知識があるというわけではない。この誤解に従えば、たとえば古文の単語の意味を覚えるのは命題知であり、跳び箱を跳ぶことに成功するのは技能知である、ということになる。だが、これらは二律背反的ではない。命題知のなかには技能知を前提にしたものもあるし、その逆もまた然りである。たとえば、ある古語の用法を辞書的に理解することは命題知であるが、それを理解するためには古語を実際に使ってみる（技能知として発揮する）必要があるかもしれない。反対に、跳び箱を跳ぶことができるのは技能知であるが、なぜ跳び箱を跳ぶことに意義があるのかを語ることができるためには、跳び箱についての命題知が必要である。

「背中で語る」ということ

　さて、師匠と弟子が一緒になって、時間をかけて仕事をするというのは、この技能知にかかわっている。最良の手本を横目に見ながら仕事を覚えることは、自分の動作を組み替えていくための効果的な学びの機会なのである。

この学びのプロセスにおいて、言葉はしばしば忌避される。というのも、言葉によって動作を説明できたからといって、すぐに動作が改善されるわけではないし、もっといえば、言葉が動作を妨げる場合もあるからである。アドバイスが的確でなければ、いらぬ注意を向けてしまったり、よかった動作まで失ってしまうかもしれない。それゆえに、技能知を身につけた達人は、弟子にわざを伝えるさい、しばしば言葉や理屈を遠ざけて、手本を見せることに徹するか、あるいは教えないという態度に出る。師匠が「背中で語る」といわれるゆえんもここにある。

　しかしながら、言葉とはいっても、分析的ではない表現をうまく用いれば、わざの習得が促されることも知られている。「わざ言語」がそれである。日本舞踊において、ある一つの動作を指導する際、「腕の角度を云々」といった分析的アドバイスではうまくいかなくても、「指先を目玉にする」といった比喩的な表現をとれば、弟子の動作が改善することがある。これは、弟子に具体的なイメージを与えることで、身体動作をうまく組み替える効果がある。

　ところで、師弟関係を考えるうえで、師匠が弟子に伝えるのは個別の技能であろうか？　弟子が師匠の優れた腕前に憧れて入門することはありうるが、その憧れの先にあるのははたしてその腕前だけであろうか？

　もちろん答えは否である。弟子がある人を師匠と呼ぶさい、個別の技能だけが決め手になるわけではない。すでに検討したとおり、内弟子制度において、技能を教わらないにもかかわらず、濃密な師弟関係が維持されることについて思い出そう。重要なのは、わざが、職務上必要な個別の技能にかぎられるのではなく、師匠その人の生き方にまで拡大しているからにほかならない。

　わざは身体化していると先に述べた。つまり、その知は、それを発揮する人の一部と化している。優れた職人は、きわめて謙虚であることが多い。自分のほかにそのわざを身につけている人がいなかったり、自分のわざが伝統の喪失をギリギリ食い止めていたりすることを自覚しているからこそ、驕ることなくその上達に励むのである。また、個別の技能を洗練させていくプロセスのなかで、その技能や仕事に関する視野や知識が拡大していくことも知られている。たとえば、宮大工は、寺の修復のための木材を購入する際、「木を買うのではなく山を買う」という。優秀な棟梁は、出来合いの木材からはじめるのではな

く、その木を育てた土壌や日照環境をチェックして、まっすぐ伸びた大木であれば柱に選び、斜面に踏ん張っている固く縮こまった木であれば頑丈な梁にする。すなわち、意匠や仕上げといった部分を担うのではなく、原材料の仕入れから工程の管理まで、仕事のプロセス全体に対して責任を負う。宮大工のわざは、包括的な視野に裏打ちされているのである。

　こうした姿勢は、大局的に物事を捉えたり、焦らずじっくり構えたりなど、必然的にその人の生き方にも影響する。師匠のわざは、個別の技能というよりも、その人の存在を丸ごと投じた知であって、全人格的な性格を帯びる。師匠の「背中」は、個別の技能の魅力はもちろん、それを包括する知のありかを象徴しているのである。

4. 共同体における学びとその限界

　技能知の学びについて理解するうえで、ユニークな学習論を取り上げよう。**正統的周辺参加論**である。レイヴ（Lave, J. 1939-）とウェンガー（Wenger, E. 1952-）は著作『状況に埋め込まれた学習』において、「徒弟制の民族史的研究」を糸口として、ユカタン半島の産婆や、西アフリカの仕立屋などの実践共同体における徒弟制に着目し、学ぶことに関する見方を転換させた。それによると、学びとは、ある共同体のなかで一人前になることに含まれるというのである。

　具体的にみてみよう。ユカタンの事例において、産婆たちの徒弟制は、日常生活の一部としてあって、教える努力といえるものがほとんどみられないという。すなわち、産婆の家系に生まれた少女は、母親や祖母と生活をするなかで、産婆の生活がどういうものか（たとえば、産婆は、いざ出産となれば昼夜を問わず出かけること）、産婆に相談にくる人たちがどのような話をするか、どのような種類の薬草や治療薬を集めてくるのかなどについて覚える。少女が成長するにつれて、伝言を運んだり、使い走りをしながら経験を積み、やがて、自分の出産も経るなかで、次第に女性の分娩を助ける側になる。このようにして、ユカタンの文化に根ざした出産術を担うに至るという。

　この理論の主眼は、「産婆」や「仕立屋」、あるいは「肉屋」として一人前に

なっていくことを学びとみなし、それが共同体の生産活動と不可分であるとした点にある。すなわち、学びが、現場から切り離された記号のやりとりではなく、その人たちが生きる世界に埋め込まれるものとして捉えられるのである。その観点からすると、新しい作業や機能を遂行できるようになるというのは、学びのほんの一部、ないし偶然的なものにすぎない。その場合、知識や技能を、学び手個人の認知過程に還元する必要がなくなる。すなわち、学びを個人の能力に結びつける従来型の発想をやめて、それを共同体の維持や変容という社会的な関係性の問題として捉えることができる。

　さて、こうした見方は技能知の習得プロセスをきわめてうまく説明していると同時に、技能知の限界をも示しているといえよう。たしかに、共同体のなかで一生を過ごす人を想定すれば、正統的周辺参加論は理想的な「学び＝暮らし」のあり方を教えてくれる。しかしながら、共同体を出ていくケースについてはどうであろうか。この点について、再びワークから考察していこう。

── ワーク 12-5 ──

あなたは共同体のなかで一人前になり、「その道の達人」として知られるようになった。だがある日、思い立って転職することにした。なぜ転職しようと思い立ったのか、次にどのような職を目指すのか、いままで培ってきたわざをどのように活かすことができるのか、想像力豊かに記述してください。

　ここで注目したいのは、ある職業で身につけた知が、共同体が変わったときにも活かせるかどうかという点、すなわち技能知の汎用性の問題である。「一芸は万芸に通じる」という言葉がある。わざを身につけた人、すなわち師匠と呼ばれるまでに至る人は、分野や専門の垣根を超え、領域横断的に仕事ができるという発想である。だが、その反対に、一つの専門に特化したために、ほかの分野では応用がきかないというケースもありうる。たとえば、大工の見習い修行に励んでいた若者が怪我をして仕事を担えなくなったとき、そのまま修行を続けることが難しくなるばかりか、怪我の程度によっては共同体にいられな

くなるだろう。

　こうした点において、技
能知には限界がある。長い
時間をかけて身につけた技
術であっても、それがある
専門的な動作に特化したも
のであればあるほど、別分
野の動作に応用がきかなく
なるのである。伝統技術が

図 12-1　個性的に描かれる師匠
出所）鳥山明『DRAGON BALL』3 巻、集英社、1986 年、44 頁。

機械化以降の産業システムに対応できなくて衰退の憂き目にあうのも、一つの
分野に特化したアスリートが引退後のキャリアを描けないといったケースも、
技能知におけるこうした限界に起因する。

　私たちは、今日の学習場面において、ある共同体（たとえば学校）において
身につけたものが、他の共同体（たとえば会社）においても役に立つだろうと
いう同一性・連続性を漠然と前提にしている。だが、技能知という観点は、そ
れが身体化されているという特質のために、その汎用性に疑問を投げかけるの
である。

　じつのところ、急速に発展する社会のなかで、師匠という人物はしばしば風
変わりなキャラクターとして描かれる。鳥山明『DRAGON BALL』では、「亀
仙人」なる人物が登場するが、武術の師匠として申し分ない十分な実力を誇る
ものの、他方では、丸いサングラスに亀の甲羅を身につけた、個性的なキャラ
クターとして登場する（図 12-1）。風変わりな性格として描かれる背景には、
「師匠」という言葉について回る、一芸を追求するという頑固さや、時代遅れ
といったイメージも作用しているに違いない。その特徴は、師匠という存在を
魅力的にするが、悩ましい問題でもある。その人の生き方にまで根ざしたわざ
を獲得しつつ、なおかつ共同体間を移動するだけの柔軟性を担保することが可
能なのかどうか、今日の教育が考えなければいけない問題である。

5．師匠としての先生

　ここまで読んだあなたは、わざの世界は学校教育とは縁のない話だと思うかもしれない。ほんとうにそうだろうか？

　たしかに学校というシステムは、師匠との全人格的な出会いを促すような場所になっていない。年齢によって自動的に決められる学年、数年ごとのクラス替え（担任の交代）、教員たちの異動、入学と卒業などなど、あげればキリがない。では、学校のなかで師匠のような存在はありえないのだろうか？

　答えは否である。これまでの考察のなかで、私たちは、師弟関係を、技能知を介した学び手−教え手の交流であると理解した。技能知は、じつは学校現場のいたるところに顔を出す。たしかに先生の仕事内容は法律や規約によって決められており、肝心の授業の内容も、学習指導要領などが大枠を定める。だが、日頃の授業においても、授業外の時間においても、子どもたちや同僚とのかかわりは、生身の人間と人間との交流である。先生が数学の公式を説明するプロセス一つとっても、また生徒の話に耳を傾ける態度一つとっても、先生その人の癖や人となりが如実に現れる、いわばわざの世界である。そのわざは、その先生が先代の先生から学んだものかもしれないし、生徒との交流のなかで磨いてきたものかもしれない。いずれにせよ、その人が身体化している、それゆえその人となりの根拠となるような知である。それゆえに、そうした知に触れた生徒のなかには、自分もそうありたいと惹きつけられる人も出てくるに違いない。とすれば、学校のなかにも師匠はいるのである。

　そこで出会う「師匠」とのかかわりは、徹頭徹尾個人的なものとなる。技能知がその人固有のものであるのと同じく、師弟関係もその人たちだけの代替不可能な関係である。考え方や態度が変わるほどの影響を受けた先生がいるならば、その人の話し方、考え方、文字の書き方といった技能知を、知らず知らずあなたも身体化しているのかもしれない。その変容の物語は、それぞれの師弟の数だけ存在する。あなたの場合、過去を思い返してみて、あるいはこれからの将来、どのような師弟の物語を語るだろうか。

注
（1）　「師匠」にかかわる用語には、「師」、「恩師」、「師範」など多岐にわたるが、本
　　　章では、「師匠」と統一して用いることにする。
（2）　「knowing how」の訳語としては、「方法を知ること」と直訳されたり、「技能
　　　的知識」「行為遂行的知識」などの用語があてられる。ここではシンプルに「技
　　　能知」とする。なお、「knowing that」は「命題的知識」と訳されることが多い。
　　　詳しくは、生田久美子『「わざ」から知る』（新装版）東京大学出版会、2007年
　　　を参照。

【読書案内】
①生田久美子『「わざ」から知る』（新装版）東京大学出版会、2007年。
　「わざ」という着眼点から教育や知識について考える先駆的著作。師匠の動き（形）
をひたすら模倣するなかで、自分の認知や動作が組み替わり、わざの世界の「型」と
して身体化していくプロセスを描き出す。
②西平直『稽古の思想』春秋社、2019年。
　身体を動かすことをめぐる思想を読み解く珠玉の考察。たとえば、緊張する場面で
は、「力を抜け」といわれる。だが、力を抜くためには、あらかじめ力を入れないと
いけない。いったい、「力を抜く」とは何をすることなのか（何をしないことなのか）、
考えはじめてみると一筋縄ではいかない。

参考文献
生田久美子『「わざ」から知る』（新装版）東京大学出版会、2007年。
西岡常一『木のいのち木のこころ（天）』草思社、1993年。
ライル（坂本百大他訳）『心の概念』みすず書房、1987年。
レイブ＆ウェンガー（佐伯胖訳）『状況に埋め込まれた学習——正統的周辺参加』産
　業図書、1995年。

（奥井遼）

第13章
筆記用具が学習のやり方を変える？
毛筆からタブレット型PCに至る学習方法の歴史

1．机の上の筆記用具

　あなたは教室の風景といわれると、教室の前に黒板、整然と並んだ机を思い浮かべるだろう（同様のテーマについては第3章、第7章を参照）。では、あなたの机の上には、いったいどんな筆記用具が置いてあっただろうか。下の空欄に、図を描いてほしい（ワーク13-1）。

```
─── ワーク13-1 ───────────────────
机の上にあった筆記用具を描いてみよう。




```

　ノート、鉛筆が筆記用具として机の上に置かれていただろう。また鉛筆ではなく、シャープペンシルを使っていた人も多いだろう。では、いったいいつから机の上にはこのような筆記用具が置かれるようになったのか。そして、筆記用具が児童の表現方法、学習の仕方にどう影響を与えたのか。本章では物的条件によって表現や伝達のあり方が規定されるという立場をとり、筆記用具のイノベーション（技術革新）を通して、生徒の学習の仕方がどう変わっていったのかをたどっていく。以下では紙と毛筆→石盤と石筆→ノートと鉛筆→タブレットPC・パソコンと変遷する筆記用具に注目する。

２．ノートと鉛筆の前は、どんな筆記用具だったの？

近世の学び――毛筆

　明治以前の近世では、**寺子屋**や**藩校**、**郷学**といった教育施設があった。寺子屋の起源は中世の寺院が俗家の子どもを預かり寺子（のちに「筆子」と呼ぶことが一般化する）と呼んで教育したことにあった。そのため「寺の小屋」ではなく、「寺子の屋」と書くのである。なお最近は「手習塾」という用語が一般的になっているが、本章ではこれまでなじみ深かった寺子屋を用いる。19世紀に入ると文書による契約が社会の基本となり、読み書き算用を習得しなければ大変な不利益をこうむる時代になる。そのため教育熱が高まり、寺子屋が全国に誕生する。寺子屋は私設で幕府の許認可は不要であったし、また幕府も直接関知しなかった。寺子屋は読み書きに自信があれば身分に関係なく誰でも開業できた。そのため男性師匠だけでなく、女性師匠もいたのである。寺子屋の教科書は全国共通の「御家流」という書体がベースにあったため教材はほぼ同

図13-1　寺子屋の授業風景

出所）石川謙『日本庶民教育史』玉川大学出版部、1972年。

一の様式をとるようになった。地域の特性を反映した教材もつくられたが、寺子屋情報ネットワークが日本列島を網羅していた。

　寺子屋ではどのような学習活動が展開されていたのだろうか。学習内容は一貫して「書くこと」を土台に進められる。「いろは」をマスターすると、人名や地名を学ぶ「源平」「村尽（村名）」といった初級テキストからはじまり、「年中行事」や基本的な「お触れ」を集めた「五人組条目」といった中級テキストに進み、専門的知識が詰まった「商売往来」「世話千字文」といった上級テキストへと進む。授業の様子は図13−1をみてほしい。第3章や第7章でみた一斉教授とは異なり、畳の上に各自の机があり、それぞれ手習いをしていた。師匠が一人ひとりに字の書き方を教えていくのである。現在の習字教室のイメージに近いだろう。ほかに図13−1をみて学習スタイルで気づいたことはないだろうか。「ワーク13−2」に記入しよう。

── ワーク 13−2 ──

寺子屋での学習スタイルで気づいたことを書こう。

　和紙しかない当時において紙は大変貴重で、師匠からチェックを受けた紙で不要になった物に何回も練習し、真っ黒になった紙を乾燥させてその上にさらに練習した。なおこの図では遊んでいたり暴れていたりして師匠の言うことを聞かず、もはや「学級崩壊」の状態にある。むしろ現在の意味での学級が存在しない当時においては、「学級未成立」といえるだろう。そのため一般に優しい師匠よりも厳しい「雷師匠」のほうが父母からの人気が高く、竹製の鞭を持っていることがあった。鞭の実物は本章末で紹介している唐澤博物館が収蔵している。おそらくこうした言うことを聞かない筆子は、竹の鞭でこっぴどく「お仕置き」されたに違いない。そのため寺子屋は礼儀をしつける教育機関でもあった。なお、藩士の子弟教育にあたった藩校などにおいても個別指導や輪読形式が多かった。

　明治以降でも和紙の筆記帳と毛筆は小学校の中学年以上で使用されていたが、

毛筆の使用が困難な低学年には不適合であった。またコストがかかるため、頻繁に用いることはできなかった。こうした状況で登場したのが、次にみる**石盤**であった。

携帯黒板としての「石盤」の登場

　明治期に入ると、教室空間の雰囲気は大きく変わる。藩校や寺子屋、寺院などにおける教室内の畳は取り払われて板床に改められ、机や腰掛などの内部の道具立てはすべて洋風に変えられていった。いわゆる「文明開化」によって学校制度が日本全国に広がっていくと、それとあわせて筆記用具の整備も必要となった。こうした状況のもとで図13-2のような「**石盤**」が登場する。石盤は毛筆での筆記が困難な低学年向けの筆記用具として普及する。

　石盤とは粘板岩などの成層岩の平板な石薄片（スレート）を現在のB5判またはA4判サイズ程度に切ったもので、ロウなどを細く切った石筆を用いて文字や絵図を書きつける教具である。いわば、小型の携帯黒板である。なお、教具としての石盤は、一般に「板」ではなく「盤」の文字を用いる。スレートだけでは不便であったため、のちに図13-2のように周囲に木枠を付けるようになった。

　さらには、図13-3のように紙でできた石盤もあった。紙なのに「石」盤というのは何とも奇妙ではあるが、石の石盤は高価かつ重かったこともあり、石盤の機能をもった紙製のものが考案された。ほかに木製の石盤もあった。当初は輸入のスレートを用いたため価格が高かったが、国内のスレートを用いた石

図13-2　石盤と石筆
出所）玉川大学教育博物館蔵。筆者撮影。

図13-3　紙製の石盤
出所）玉川大学教育博物館所蔵。筆者撮影。

盤も登場し、価格の低廉化が進んで 1880 年代以降は学校備え付けの文具として全国的に普及した。

　石盤の使い方は基本的に現在のノートと同様である。黒板に教師が手本を書き、整然と並んだ机に座る生徒はそれを朗読して書き取り、手本と比べてあっているかどうか確認するというスタイルであった。「書く」作業がともなう科目、たとえば算術や習字で使われた。ただし現在と異なるのは、すべての動作を教師の号令のもとで行ったことである（第 3 章も参照のこと）。このように、一斉教授が取り入れられた明治期に、児童が授業内容を書き写す文具として石盤が使われた。紙が貴重だったこの時代には、掛図や教科書を用いた講義のほかにやりようがなかった。そのためこうした注入的教授法による一斉授業のスタイルをとらざるをえなかったのである。こうして、明治初期の小学校低学年の教室では、教科書、習字の用具、石盤が学校における「三種の神器」、すなわち必需品として位置づけられた。

　ただし問題点もあった。第一に面積に限りがあるため、書き付けられる内容はごく短い文章や数式に限定されてしまうことである。第二に黒板消しのような布などでつくられた「石盤拭い」で消す必要があり、そのときに発生する白い粉が舞うため健康によくなかった。また消してしまうために記録として残すことができない。そのため石盤を用いた時代には、低学年向けに簡単な構造の知識を反復練習するにとどまり、算数ドリルのような宿題は出されようがなかった。

3．ノートの誕生は、すなわち宿題の誕生

「読む紙」としての洋紙の登場

　一般に日本での「読む紙」は近世では和紙、明治以降は洋紙と思われがちだが、じつはそうではない。和紙は明治以降の紙の需要増大に応じて在来の伝統製法にマニュファクチュア方式を導入して生産を拡大した。一方で洋紙の国内生産は明治維新直後の 1874 年頃から開始されたにすぎず、1887 年の洋紙生産額は和紙生産額の 1 割未満であった。洋紙はおもに新聞雑誌などで補充的役割を担うにすぎなかった。また和紙は地場産業として全国各地で生産されたが、

洋紙は東京・大阪などの少数の拠点で集中的に機械制工場生産を行った。そのため小学校の教科書も、そのほとんどすべてが地場生産の和紙によってつくられた。小学校教科書がすべて洋紙を用いた洋装書に転換したのは、1904年からの国定教科書によってであった。

　こうして20世紀に入ると国内での洋紙生産は発展期を迎え、1912年には和紙生産に追いつき、翌年には追い抜く。第一次大戦がはじまった1914年には洋紙輸出額が輸入額を上回り、日本は洋紙輸出国の仲間入りを果たした。

「書く紙」としてのノートの登場

　綴じられた無地の紙の束、すなわち「書く紙」としてのノートはいつ頃できたのだろうか。日本ではそのもっとも早い例を「**大福帳**」にみることができる。「大福帳」とは17世紀後半から大正期にかけて商人が用いた売買帳・得意先帳である。日本の文具メーカーとして最大手の一つのコクヨは、1905年に和式帳簿の表紙を製造する「黒田表紙店」として大阪で開業した。

　学校での筆記が墨と筆で行われていた時代にはノートは普及していなかった。では小学生用の学習帳がいつ成立したのか。和紙の学習帳は学校制度が普及しはじめる1880年代末から90年頃に市販されていたという。洋紙の学習帳は中村鐘美堂（大阪）が1905年頃に洋紙を綴じ合わせた児童用筆記帳を「雑記帳」という商品名で販売したのが最初だという。低質な洋紙でつくられた児童用ノートは国産鉛筆の普及と並行して第一次大戦前後から普及しはじめる。たとえば日本ノート製造株式会社（のちの日章株式会社、現アピカ株式会社）は1916年、古川号佐野ノート（現キョクトウ・アソシエイ）が1922年と、有力な児童ノートメーカーは第一次大戦を境に創業している。さらに第二次大戦の物資統制によって「学童用ノート」が必需品と指定されると、材料の洋紙が入手しやすいと経営判断した企業が増え、1939年には44工場だったが、47年には300工場にもなったといい、第二次大戦を経てノートでの学習が一般化していく。なお近世から紙の集散地としての伝統をもつ大阪に本拠をもつメーカーがいまも主導性をもっているといわれている。

　また鉛筆についてみると、第一次大戦にともないドイツからの輸入鉛筆が減少し、かわって国産鉛筆が普及する。児童用に鉛筆が普及した理由として、先

にみた安い洋紙の普及と同時に、第一次大戦後の戦後不況の煽りを受けて売れなくなった輸出用国産鉛筆の在庫処分という側面があった。輸出が滞ったのは鉛筆大国のドイツやアメリカの生産が復活したことが原因の一つではあるが、そもそも国産鉛筆の質が低かったため、諸外国からの信用がなくなったせいであった。結果、国内の鉛筆メーカーは低品質・低価格の鉛筆を児童用鉛筆として学校に売り込んでいくのである。第一次大戦は児童の学びに大きなインパクトをもつことになった。

　ノートと鉛筆が児童用として普及した理由は、第一に毛筆よりも扱いやすかったこと、第二に試行錯誤の繰り返しがやりやすかったことがあげられる。しかし同時に文具の変化が学習の変化を導いたことを見逃すことはできない。洋紙ノートの普及により学習の成果やプロセスまでも記録できるようになる。そのため子どもの学習内容を簡単に点検できるようになり、「宿題」の増加や「つめこみ」学習をまねき、学習の過重化という問題を抱え込むようになる。つまり、**洋紙ノートと鉛筆の普及**が宿題を増やしたのである。

　他方でノートと鉛筆によって子どもの観察や実験の成果も簡単に記録できるようになり、子どもの自学自習を深めることも可能となった。東北地方を中心に農村部での「生活のあるがまま」を自由に表現させることで固定観念の束縛から解放することを狙いとした「生活綴方」運動や、児童の自発的学習を促すドルトン・プランを導入した成城学園での教育実践は、ノートと鉛筆なしにはなしえなかった。では、鉛筆とノートがもたらしたメリットとデメリットはどんなものがあるだろうか。考えてみよう（ワーク 13－3）。

── ワーク 13－3 ──

鉛筆とノートがもたらしたメリット・デメリットを考えよう。

　こうして、20 世紀前半には机の上にノート、鉛筆、教科書という「三種の神器」が置かれることとなり、あなたにとっておなじみの教室風景となっていくのである。ノートと鉛筆が普及する 1930 年代に入ると石盤や和紙が主役の

座を降り、現在の学習スタイルの基本が形成される。イノベーションの進展にともなって学び方が変わるのである。

4．これからの筆記用具

デジタル文具の登場

　1960年代には視聴覚メディアが教室に入りはじめ、1985年パソコンが本格的に学校に導入されるようになる。近年は通信教育でも学習アプリケーションをタブレット型コンピューター向けに提供するなど、「紙とノート」以外の学習方法が普及しつつある。

　こうして筆記用具は紙と鉛筆というアナログの世界から、デジタルメディアであるワープロ（ワードプロセッサ）へと移行する。さらに1990年代から、パソコン（パーソナルコンピュータ）の低価格化にともないパソコンでワープロソフトを用いての執筆が普及する。ワープロソフトによって文章の書き方が劇的に変化する。文章をデジタル化することで、文章の推敲が容易となった。あなたはすでにお気づきだろうが、この原稿もまた、パソコンで執筆している。ただしキーボード入力には技術の習熟が必要であり、鉛筆の扱いほど簡単ではないため、小学校低学年には不向きであろう。しかし近年はタブレット型コンピュータ（以下、タブレット型PC）というデジタルメディアの登場により、こうした状況に変化が起こっている。

　デジタルメディアとは、情報を数値に変換して記録・伝達する電子機器のことである。当初文字を中心としたデジタル情報がネットワーク化したが、1990年代にインターネットが大衆化し、画像を含んだホームページをハイパーテキスト[1]として閲覧できるようになり、さらに2005年頃からWeb2.0と称される新しい形が出現する。この形はマスメディア的――Web1.0的な情報の生産者と消費者との区分を無効化し、ネット上の人々を能動的な表現者として効果的な協働を促進する可能性をもっている。一方向の情報伝達から、双方向でデジタル情報を送受信するようになった。とくに21世紀に入りWindows Mobile、iPhone、Androidなどのスマートフォン（スマホ）が登場すると、ブログやSNS、動画投稿サイト（YouTube、ニコニコ動画など）といったソーシャルメ

ディアが急速に普及する。このように web2.0 時代では情報発信者と情報の受け手という両方の役割を同時に担うことになる。

　あなたは、生まれたときからパソコンやインターネットに囲まれて育ってきており、デジタルメディアを特別に意識せずとも手足の一部のように使いこなせるだろう。こうした世代のことをアメリカのジャーナリストであるマーク・プレンスキー（Marc Prensky）は「**デジタルネイティブ**」と呼んだ。「デジタルネイティブ」にとって、Web2.0 の世界は知識の分散、協働、共有がキーワードとなる。一度ネット上にアップされれば個人の作品や知識は個人が占有するのではなく、不特定多数の人と共有し、協働でつくりかえ、分散していく。あなたは「ケータイ」「スマホ」といったデジタルメディアをふだんから用いているだろうが、こうしたデジタルメディアがネットワークを構成し、知のあり方が一方向ではなく双方向となることで、そこに新たな学び、新たな表現が生まれてくるのである。たとえば 2014 年 4 月から佐賀県武雄市ではタブレット型 PC を全小学生に配布し、10 月から小学 1 年生向けにプログラミング教育を導入した。また、2020 年度から小学校でプログラミング教育が全面実施される。こうした取り組みが今後どのような展開となるのかはわからないが、学習と表現に広がりを与えることは間違いないだろう。では、いったいどんな教育法がデジタルメディアを使って行われるだろうか。予想してみよう（ワーク 13 - 4）。

── ワーク 13 - 4 ──

デジタルメディアを使った教育法を予想しよう。

筆記用具 2.0 への移行

　石盤の写真をみて、あなたはどう感じただろうか。筆者は「まるで iPad みたいだ」と思った。iPad とは Apple 社が 2010 年に販売を開始したタブレット型 PC である。第 7 世代に当たる iPad 7 が 2019 年現在で最新のモデルである。

音楽や映像、ゲームを楽しみ、
ネットができる「石盤」。そ
んなイメージである。はたし
て、Apple 社が石盤のデザイ
ンを参考に iPad を設計した
のか、それとも偶然の一致な
のか、筆者が調べたかぎりで
は不明である。関心のある方
は調べてみてほしい。

図 13-4　iPad は石盤の子孫？
注）iPadmini Retina ディスプレイモデル。筆者撮影。

　また近年、デジタル文具と
して電子メモパッドが登場し
た。電子メモパッドと石盤を
比較すると、機能面だけでなく、デザイン面でもほとんど同じである。玉川大
学教育博物館には旧式の石盤も収蔵しており、重さは 600 グラム、大きさは
309 × 214 ミリメートルである。重さは iPad2（601 グラム）とほぼ同じ、サイ
ズは iPad2（241 × 185 ミリメートル）よりも一回り大きい。小学生が石盤を毎
日学校に持って行くとなると、なかなか難しいことが想像できよう。そのため
明治期では、一般に石盤は学校備え付けの文具となっていた。

　一方で電子メモパッドや iPad は石盤で悩みのタネであった消すさいの粉も
まったく発生しない。おそらく明治期の児童が電子メモパッドを使っても違和
感なく使いこなせるのではないかと思われる。もしかしたらタブレット型 PC
も使いこなせるようになるかも知れない。そう考えると、電子メモパッドやタ
ブレット型 PC はデザイン的にも機能的にも石盤の子孫にあたるといえないだ
ろうか。毛筆と和紙は小学校低学年では扱いにくかったために石盤が普及し、
さらに紙と鉛筆へと取って代わった。パソコンというデジタルメディアは原稿
執筆を変えたが、低学年には不向きであった。しかし今後タブレット型 PC が
普及して紙と鉛筆に取って代わることで、低学年での学習はデジタル教材が主
流となるかもしれない。

　以上のように、物的条件によって表現や伝達のあり方が規定されるという本
章の立場からすれば、筆記用具の技術的進歩は学習活動に変化を及ぼし、新た

な学び方や表現方法を切り開いていくことにもつながる。一方で石盤と電子メモパッドのように、たしかに技術面では進歩したが、使い方が変わらない筆記用具もある。知のあり方の変化と機能の継承という、両側面が文具の歴史からみえてくるのである。

筆記用具から学びは変わる

　20世紀前半に、小学生の学習世界は毛筆・和紙から石盤・石筆へ、さらにノート・鉛筆へと急激に移行した。ノート・鉛筆は子どもの学習過程や成果を簡単に記録できるので、ドリルや宿題が容易に課せられるようになり、「つめこみ」学習を可能にさせた。しかし一方で子どもがたやすく自己表現する道具を手にした結果、その表現を児童の作文として「教材」とし、新たな学習を切り開いた。たとえば「生活綴方」は、国産鉛筆と国産洋紙（ノート）の普及があってはじめて実現したのである。また近年はタブレット型PCといったデジタルメディアが双方向のネットワークを構成することで、新たな知の有り様が生まれようとしている。このように、筆記用具におけるイノベーションの普及によって、新たな学習が生み出されていくのである。さらにはパソコンの普及により、原稿の執筆スタイルすらも変わっていく。新しい筆記用具によって引き起こされる新たな学習の萌芽があるのではなかろうか。

　一方で児童が「ケータイ」「スマホ」を手にすることを嫌う保護者や教員は多い。たしかに視力低下といった健康問題や犯罪に巻き込まれる危険性などマイナス面がある。では最後に、学校でデジタルメディアを導入する際の問題点として、どのようなものがあげられるか考えてみよう（ワーク13-5）。

── ワーク13-5 ──

学校でデジタルメディアを導入する際の問題点をあげてみよう。

....

....

....

注
（１）　文章や画像、音声などといった複数のオブジェクトをリンクさせた文書の表現
　　形式のこと。ハイパーテキストを作成するための代表的な言語として HTML
　　（Hyper Text Markup Language）があり、この言語で書かれた Web ページをブラ
　　ウザで構成するのである。

【読書案内】
①**佐藤秀夫「学習史における文具」**『教育の文化史 2　学校の文化』（阿吽社、2005
年）所収。
　文具の変化が学習に与えた影響について、紙と筆記用具に焦点を当てて分析してい
る。なお、同論文は佐藤秀夫『ノートや鉛筆が学校を変えた』（平凡社、1988 年）の
エッセンスを抜き出し、新たにペンと謄写版（通称「ガリ版」、印刷術の一つ）を加
えたものである。同書は豊富な資料と実証分析により、近代日本における文具の歴史
を論じている。

【文房具の歴史にふれることができる博物館】
①**玉川大学教育博物館**
　藩校・寺子屋といった近世の資料、明治期の文具などが展示してある。
　〔交通アクセス〕小田急線玉川学園前駅下車駅南口より徒歩 15 分。
②**唐澤博物館**
　教育史研究家の唐澤富太郎が収集した研究資料のなかから、とくに選りすぐった
　7000 点あまりを展示する個人博物館である。見学は要予約。
　〔交通アクセス〕西武池袋線・桜台駅より徒歩 12 分。

参考文献
佐藤秀夫『ノートや鉛筆が学校を変えた』平凡社、1988 年。
―――「学習史における文具」『教育の文化史 2　学校の文化』阿吽社、2005 年。
高橋敏『江戸の教育力』筑摩書房、2007 年。
藤原幸男「デジタルメディア時代における子ども像の進化」『デジタルメディア時代
　の教育方法』図書文化社、2011 年。

（山本一生）

第14章
学ぶことと身体とはどんな関係があるの？
「腑に落ちる」教育

1．学ぶことと身体

　「頭ではわかるが、腑に落ちない」「理解はできるが、飲み込めない」という表現があるように、何かが深いところで学ばれる体験には、身体感覚がともなう。たとえば、英語では、「わかる」ことを「I see.」と表現する。これは、何かが見えるという視覚をもとにした表現である。日本語でもアイディアが浮かんできたときに「見えた！」という言い方をする。このように、何かを理解したり、思考したり、発想したりする基盤には身体がある。身体のあり方と心のあり方とは相互に関係しあっているのである。たとえば、日本語の、物事や事態に対する備えを意味する「構え」という言葉は、「心構え」「身構え」、どちらの意味でも使われる。「姿勢」を意味する英語の「posture」も身体と心の両方の意味をもっている。姿勢が感情に影響を与えることは、多くの研究で実証されている[1]。感情が変われば姿勢も変わり、姿勢が変われば感情も変わるのである。また身体は、心だけではなく、外部の環境とも関係しあっている。「構え」は心と身体と環境とをつなぐ言葉なのである。本章では、学ぶことに身体がどのように関連しているのかについて考えていく。

2．環境と相互作用する身体

　まずは学ぶことにおいて見落とされがちな、身体と環境とのかかわりからみていこう。私たちの身体は、環境と相互作用している。暑くなれば発汗し、寒くなれば震えて発熱するといった具合に。学びと身体の関係においては、身体と相互作用している環境をどのように設定するのかが課題になってくる。環境

により身体は影響を受け、さらにはそれが心や学びに影響を与えるからである。まずは以下のことを考えてみてほしい（ワーク 14−1）。

--- ワーク 14−1 ---

【教室のどこに座っているだろうか？】

　いま、あなたは教室のどこに座っているでしょうか？　あるいは、ふだん授業を受けるときに教室のどこに座るでしょうか？　教室の前でしょうか、後ろでしょうか、真ん中でしょうか？　また右側、左側、真ん中のどこでしょうか？

　他の授業のときはどうでしょうか？　教室や先生によって座る位置を変えていないでしょうか？　ふだんの自分をふりかえって考えてみましょう。

....

....

....

　教室空間のつくられ方や授業内容、教師の授業のやり方、一緒に授業を受ける友人との関係などさまざまな外的要因と自分自身の身体の偏りや心理的傾向など内的要因の影響を受け、その時々の「何となくの感じ」から私たちは教室での座る場所を決めている。やる気がある場合は教室の前のほうに、嫌いな授業ややる気がしないときは後ろのほうに座ったりする[2]。どこに座るかに学習意欲が現れ、また逆にどこに座るかによって学習意欲は変化するのである。

　次に以下のことを考えてみてほしい（ワーク 14−2）。

--- ワーク 14−2 ---

【どこで勉強していますか？】

　ふだんあなたは、どこで勉強しているでしょうか？　図書館でしょうか？自分の部屋でしょうか？　どこだと勉強がはかどるか、自覚しているでしょうか？　また、勉強の内容や種類によって場所を変えたりしているでしょうか？

....

....

....

....

....

バスケットボール漫画の金字塔『SLAM DUNK』を描いた漫画家の井上雄彦は、「ネーム」と呼ばれる漫画の構想を考える段階においては、自身の仕事場ではなく、喫茶店を利用するという。それも10軒以上のストックがあり、日によって、気分によって、どの店で作業するのか判断するという。井上は、2、3時間で店を変え、また作業が進まないとすぐに店を変えたりと、転々と移動しながら作業をする。いいアイディアが必ず出る、とっておきの喫茶店もあるのだという(3)。『SLAM DUNK』をみればわかるが、井上は身体感覚に優れた作家である。自身の思考の状態をコントロールするために、環境設定に配慮しているのである。私たちもまた無意識に、居心地のいい場所や集中できる場所を感じ、「いまはこんな気分だからここに行こう」とか、「落ち込んだ感じだからあそこに行こう」といったことをしているのではないだろうか。心理や思考のあり方は身体の状態に影響を受けている。そして身体は、それがおかれている環境と相互作用している。教室のどこに座るのか、どういった場所で勉強するのかは、学びにおいて非常に重要な要素なのである。

　そして身体と環境とのかかわりでいうならば、道具こそまさに私たちの身体の延長ともなるべき環境である。以下のことを考えてみてほしい（ワーク14-3）。

─── **ワーク14-3** ───

【どんな道具で勉強していますか？】

　いまあなたはどんな筆記用具を使っているでしょうか？　シャープペンシルでしょうか？　ボールペンでしょうか？　色ペンは使用しているでしょうか？　また、その筆記用具の書き味に満足しているでしょうか？

　道具も学びにおいては環境の一部であり、そのことによって身体、ひいては学びの状態に影響を与えている。「弘法筆を選ばず」といいつつも、道具により私たちは大きな影響を受けているのである。

　実際に、ペンを何種類か用意して、ノートや紙に書いてみてほしい。紙の質感とペンの書き味の組み合わせによって、感覚がずいぶんと違うことがわかるだろう。石版に文字を刻むという行為も「書く」と表現されるし、和紙に筆を滑らせることも「書く」と表現される。また、提出用のレポートを清書することも「書く」であり、メモを走り書きすることもやはり「書く」である。しかし、このように同じ「書く」という動詞で表現される行為でも、その行為から身体が受け取るフィードバックは大きく異なる。硬いペンで筆圧高く書く行為は、「書く」というよりは「刻む」という感覚に近いだろう。一方で、ゲルインキや2Bの鉛筆など柔らかいペンで書く場合、その「書く」という行為は「筆を走らせる」という感覚になるだろう[4]。

　先述の井上雄彦は、宮本武蔵を主人公にした『バガボンド』を執筆するにあたり、連載の途中からペンを筆に持ち替えた。井上は、漫画を描くにあたり、自身の身体感覚を重視している。井上が長年親しんできたバスケットボールであれば、プレーしたときの身体感覚はおのずとわかるが、『バガボンド』では剣、それも人を殺すための剣の身体感覚である。そう簡単にはわかりようもない。そこで井上は、武術家の甲野善紀とも対談をするなど、剣運用の身体感覚、剣の術理を知ろうと工夫を試みた。そのなかでたどりついた方法が「筆で描く」だった。剣は重みのある道具である。その重みのある剣を振るときに、軌道のすべてをコントロールしてしまうと、剣はスピードをもって動くことができない。剣の使い手は、振り下ろした瞬間から止めるまでの間、剣をコントロールすることをやめ、剣自体の動きに身をゆだねなければならないというのである。井上はその身体運用を筆に重ねる。筆はペンと違い、思うような線を描いてはくれない。逆に筆の線をコントロールしようとすると、筆の勢いは殺がれ、墨が溜まってしまう。剣と同様、筆も、どこかで描き手の意思とコントロールを手放し、その勢いにまかせなければならないのである。さらには筆の、少しでもミスすれば、すべて描き直しという緊張感は当然その絵にも反映される。井上は『バガボンド』を描くにあたり、そのことを重視し、ペンを筆に持ち替えたのである。実際に、次の2枚の絵を比べてみてほしい。井上の技術の進化という以上の画力の違いを感じるはずである（図14−1）。

　これは井上が漫画家という、描くことの感覚が鋭敏なアーティストだからで

図 14 - 1　ペンから筆へ

出所）左＝井上雄彦『バガボンド』1巻、講談社より。右＝井上雄彦『バガボンド』35巻、講談社より。
©I. T. Planning, Inc.

はない。井上にかぎらず身体は、私たちが意識するしないにかかわらず、瞬間瞬間、環境からさまざまな影響を受けている。その環境を整えることで、より効率的な思考や学びができるようになるのである。筆記用具一つとっても、持ち味も書き味も変わってくる。思いつきをメモしたいときに、滑りの悪いペンだとストレスを感じるだろう。流れるように溢れ出てくるアイディアを書き留めるためには滑らかな書き味のペンと紙が向いている。「筆が滑る」という表現は、物理的にペンが滑るという意味だけではなく、「つい調子に乗って書かなくてもいい余計なことまで書いてしまう」という慣用表現としても使われる。このように、身体と思考とは密接につながっているのである。環境と相互作用する身体の状況を調えることで、思考や学びのあり方は変わってくる。自分にとって、また子どもたちにとって、どのような環境が学びという視点からみたときに最適なのか、あらためて探ってみてほしい。そのことにより培われる感覚は、教師になり教壇に立ったときに、子どもたちの学習環境である教室や教具を調える際にも必ず役に立つはずである。

3．「構え」としての姿勢

　次に、姿勢についてみていこう。姿勢は身体がそれ自体で行っている環境設定である。まずは、自分自身の姿勢を感じることからはじめてみよう（ワーク14‐4）。

　姿勢は、私たちの内側の心理状況を表すと同時に外側の環境との関係性も表している。気分が落ち込んでいるときは、自然とうつむき、猫背になっているだろう。うきうきした気分のときはそれとは逆の姿勢をとっているはずである。「斜に構える」「腰が低い」「前向きの姿勢」「腰が引けている」など、からだ言葉をみてみると身体の「構え」がそのまま心のもち方や事態にあたる態度を表現していることがわかる。身体の「構え」はそのまま心の「構え」や学びの「構え」に直結しているのである。立ったときには足裏の体重配分によってもそのことがわかる。試してみよう（ワーク14‐5）。

　私たちは立っている状態のとき、事態に対して積極的だと自然とつま先のほうに体重がかかっている。それに対して消極的だとかかとのほうに体重がかかる。かかとに体重をかけて立ってみると腰に力が入らないことがわかるだろう。いわゆる「逃げ腰」と表現される状態である。集中した状態では、足の内側に力が集まってくる。逆にリラックスした状態では、足の外側に体重が移行する。つまり、積極的で集中した状態のときには、つま先のほうの内側、親指の付け根に力が集まるのである[5]。自分の意識状態がどのようなときに、足裏や姿

--- ワーク14‐4 ---

【いまの姿勢を感じてみよう】

　いまあなたはどんな姿勢をしているでしょうか？　椅子に座り、お尻のどこにいちばん体重がかかっているでしょうか？　背もたれには寄りかかっているでしょうか？　手の位置はどうでしょう？　その姿勢をしているときのあなたは、どんな気分、どんな状態でしょうか？　また何を考えているでしょうか？

【足裏を感じてみよう】

　立った状態で、足裏の感覚に意識を向けてみましょう。どんな感じがするで
しょうか？　体重は足裏のどこにかかっているでしょうか？

　左右の足に均等に体重をかけ、足のちょうど真ん中あたりに重心をもってき
てみましょう。いわゆるまっすぐに立った状態です。そこから、少しずつつま
先のほうに体重をかけていってみましょう。どんな感じがするでしょうか。か
らだの感覚は？　気分はどうでしょうか？

　次に、つま先にある体重を少しずつ後ろに戻し、今度はかかとのほうに体重
をかけていってみましょう。どうでしょうか？　そのときの気持ちはどのよう
な感じでしょうか？　今度は、それぞれの足の外側に体重をかけていってみま
しょう。どうでしょうか？　最後に、足の内側に体重をかけていってみましょう。
どんな感じがするでしょうか？　身体の感覚だけでなく、気持ちや思考にも意
識を向けて感じてみましょう。

勢がどうなっているのか意識してみてほしい。非常に敏感に、そして繊細に身
体が意識状態に反応していることが感じられるだろう。

　このような姿勢の問題、とくに腰の「構え」に教育の要を置いたのが森信三
である。森は「立腰教育」を提唱し、腰骨を立てることこそが人間の主体性を
確立し、集中力や意志の力を育てるのだと述べている[6]。実際に体験してみ
よう（ワーク 14−6）。

【腰を立ててみよう】

　イスに座り、お尻をできるだけ後ろに引きます。次に腰を反らせるように腰
骨を前へ突き出します。軽くあごを引き、下腹に少し力を入れましょう。

　どんな感じがするだろうか。森は、人間は身心相即的存在であり、腰骨はそ
の大黒柱だという。腰骨を立てることによって、心が立ち、それによってやる
気や集中力、持続力がつき、勉強が楽しくなるのだとしている。しかし、この

立腰による「構え」づくりを単なる姿勢の矯正と理解するとその本質を捉えそこなうことになる。姿勢とは、外から形だけをみて判断されるものではなく、個人の内的な感覚をともない、一人ひとり異なり、また瞬間瞬間に変化するものである。姿勢としての「構え」は非常に微妙で繊細なものなのである。

　そのことについて演出家であり、教育に大きな影響を与えた竹内敏晴は次のように述べている。「ひとり1人にその時その時の「いい」姿勢がある。内に生きる力が充ち、他者を怖れることなくまっすぐ他人の眼を見、ゆるやかに呼吸できるとき、世界は不意に新しくなる。かたちも色もにおいも、生まれたばかりのみずみずしさをもって私の前に立ち現われるのだ(7)」。このような姿勢こそ、まさに「学び」の姿勢といえるだろう。

4．「腑に落ちる」ことと息

　次に、息についてみていこう。「息」は「自らの心」と書く。心が息に現れるのである。だから古来、人は呼吸法により息をコントロールしようとしてきた。息は心と身体と環境の接点なのである。

　齋藤孝は、「腑に落ちる」という現象には、息が重要なはたらきをしていると指摘している(8)。何かに「ハッと気づく」ときには、息が吸われ、それが腑に落ちる瞬間に「あー」という声で漏れる。この、息が吐かれることによって緩む身体こそが、腑に落ちたその内容を受容するためにふさわしいものだというのである。何かが腑に落ちず、「う〜ん」と唸る状態とは、頭をうつむかせ首をかしげる姿勢により、喉を詰め、息を制御した状態である。それにより胸にたまった息は、腑に落ちない何かという身体感覚を形成する。具体的な内容が、身体の精妙な息づかいにより身体感覚に重ね合わされるのである。具体的な問題の「行き詰まり」を身体の「息詰まり」として現出することによって、問題をみずからと深くかかわる事柄にする。そして、ある瞬間に何らかの気づきが訪れ、たまっていた息が吐き出され、身体が緩む。緩むことによって身体は重力に身をまかせ、下へと下がっていく。そのときに感じられる下へと落ちていく感覚が、腑に落ちるという身体感覚なのである。このように、私たちは身体が環境や状況と相互作用しながら行っている精妙な息づかいによって、外

部にある事柄を自分自身の内側の身体感覚と重ね合わせ、それをほかならぬ自分自身の問題としているのである。学びにおいても同様に、息づかいが、学んでいることを単なる知識にとどめることなく、その人自身の「身になる」ための鍵となっているのである。

　それではまず、環境や状況と相互作用している身体が、いまここでどんな息づかいをしているのかを感じてみよう（ワーク14-7）。

── ワーク14-7 ──────────

【呼吸を感じてみよう】
　いまあなたはどんな呼吸をしているでしょうか？　ゆっくりと丁寧に観察してみましょう。
　呼吸に意識を向けてみてください。それは、どこで感じられるでしょうか？鼻でしょうか、胸でしょうか、それともお腹や背中でしょうか？　いま呼吸がいちばん感じられるところに意識を向けてみましょう。息が入ってくるときはどんな感じがするでしょうか？　出ていくときはどうでしょうか？　何か気づいたことはあるでしょうか？

　どのようなことを感じただろうか。呼吸は、意識して行うこともできれば、意識せず自然に行われているときもある。そして、意識を向けた瞬間に呼吸は影響を受け、自然なものではなくなってしまう。呼吸は、そのくらい繊細なのである。それゆえ、呼吸を感じることは簡単なようで難しい。しかし上述の「腑に落ちる」現象における息づかいのように、環境や状況と身体との関係は、呼吸に反映されている。そこに対して気づきをもつことは、学びの前提として大きな意味をもつのである。

　次に、呼吸を意識的に行うことによる、学ぶための「構え」づくりを体験してみよう。「息の長い仕事」という表現があるように、呼吸の長さは集中力の持続と関係している。人は何かに集中していて、それが途切れるときに大きく息をつく。呼吸が途切れたところで集中力は途切れるのである。先述の立腰教

育のように腰を立てて身体の「構え」がつくられ、呼吸を長く保つことで集中
力が持続し、学びのための「構え」はつくられる。以下のワークをやってみて
ほしい（ワーク 14-8）。

ワーク 14-8

【1分間腹式呼吸】

　椅子に浅めに腰掛け、腰を立ててください。一度、お臍を凹ませるようにお
腹から息をできるかぎり吐いてみましょう。口から吐くと、よりたくさん息を
吐くことができます。吐ききると自然と新しい空気が身体のなかに入ってくる
のが感じられると思います。できる人は、吸うときは鼻から吸いましょう。

　また同じようにお臍を凹ませて息を吐いていき、吐ききったら自然に空気が
入ってくるのを感じましょう。これを1分間、同じように、ただ呼吸だけに意
識を向けて、吸ったり吐いたりしましょう。息苦しくなったり、何か嫌な感じ
がしたりしたらすぐに中止してください（＊授業で行う場合は教師が時間を計り、
1人の場合はタイマーをセットしましょう）。

　1分たちました。どんな感じがしましたか？　からだの感じはどうでしょう
か？　1分は長く感じましたか？　それとも短く感じられたでしょうか？

　どうだっただろうか。1分間でも心の状態が調うのが感じられた人もいるだ
ろうし、まったく集中できなかった人もいるだろう。このワークはぜひ毎日続
けてみてほしい。少しずつ身体や呼吸が調うのが感じられるようになるだろう。
うまくできた人は、先の竹内の言葉のように、心にゆとりが生まれ、世界の見
え方が少し変わったのが感じられたかもしれない。禅やヨーガにおいて呼吸が
重視されるのは、呼吸が「構え＝世界の見え方」とかかわっているからである。
ゆったりと呼吸をすることで、心にゆとりが生まれる。学びにおいてそれは、
「腑に落ちる」ための時間となるのである。

　現代の教育の大きな問題は、腑に落ちることが求められるのではなく、情報
処理能力が求められている点にある。頭で理解したことが腑に落ちるまでには
時間がかかる。そこまで待っていられないのである。ゆとり教育において必要

とされたのは、ほんとうは腑に落ちるための時間と身体の技法であったように思う。しかしゆとり教育においても腑に落ちるまで待つことができず、またそのための身体の技法についても無頓着であった。身体という観点からみると、ゆとり教育の問題点はそこにあったように考えられる。

理解したことが腑に落ちると、身体が変わる。身体が変わると世界とのかかわり方が変わり、世界とのかかわり方が変わると生き方が変わる。「わかる」と「かわる」のである。しかし現代の教育において求められているのは頭での知的な理解である。かわるという意味での「わかる」ことは求められていない。わかるは漢字では「分かる」と表記される。「分かる」は「分ける」である。分類することによって、何かを理解した気になる。それが「分かる」である。しかし分けただけではわからない。「わかる」ためには腑に落とす必要がある。腑に落とすことで、からだがかわり、「わかる」のである。

「分ける」場合、理解される対象と理解する主体とは切り離されている。しかし、何かを「わかる」とはそういったことではない。教育の現場において、異文化理解、他者理解といった言葉がよく聞かれる。そのときの理解は「分かる」ことなのだろうか。自分と他者とを切り離して、他者を分類して理解する。他者理解という言葉に込められた意味はそういったものではないだろう。そこには不可避的に他者との関係に巻き込まれてしまう自分自身のあり方も含めて理解することが意味されているだろう。私たちは、対象との関係に巻き込まれた状況のなかで、対象と自分自身とを「わかる」のである。そしてそのときに必要とされるのが「腑に落ちる」に象徴されるような身体なのである。

5．コミュニケーションする身体

最後に、他者とコミュニケーションする身体についてみていこう。ここではとくにリズムを取り上げることにする。

外山滋比古は『思考の整理学』において、「三上」という言葉を紹介している(9)。「三上」とは、すぐれた考えがよく浮かぶ三つの場所、「馬上、枕上、厠上」のことである。馬上は馬の上であるが、乗り物に乗っているときと解釈できる。枕上は、布団に入っているときで、夜眠りにつく前や、朝起き上がる

までの間のこと。厠上はトイレのなかである。そして外山はこれに加えて「無我夢中、散歩中、入浴中」の「三中」という状態も思考の形成に役立つとしている。これらのうち「馬上」と「散歩中」はリズム運動である。身体を一定のリズムのなかにおくことで、思考に影響を与えるのである。たとえば、宮崎駿の監督映画『風立ちぬ』において、航空技術者である主人公の堀越二郎とその友人の本庄は、ドイツに渡り、その航空技術の水準に圧倒される。その夜ホテルで、議論をしていて行き詰まった2人は散歩に出る。そして歩きながら議論を続けるのである。当時の日本人が「考える」ということを「歩く」という動作と連関して捉えていたということがよくわかるシーンである。京都の「哲学の道」もやはり哲学者の西田幾多郎がこの道を歩きながら思索にふけったことからその名がついたといわれている。リズムと思考とは連動しているのである。またリズムは、私たち自身の内側で刻まれるものだけではなく、他者とも共有されるものである。だからこそ、二郎と本庄は2人で歩くのである。歩くリズムが共有されることで思考のリズムが共有されていく。リズムにはそういったはたらきがあるのである。以下のワークを試してみよう（ワーク14-9）。

　ジャンプの高さや格好とリズムを、他の人とあわせながら飛ぶのは、けっして簡単なことではない。リズムを見極めて準備をし、なおかつそれを2人や3人で意識と動きを統一してジャンプする。しかも、誰と一緒に飛ぶのかは、人数や周により変わってくる。頭と身体の両方を使い、かつ身体意識も自分の皮膚の内側だけではなく、同時に飛ぶ人、グループ全体へと広げなければならないのである。このワークでは、リズムを他者と共有することの難しさを、またうまくできたときは心地よさを感じることができるだろう。他者とリズムをあわせることは呼吸をあわせることでもある。「息があう」ということは、動作やリズムをあわせるポイントである。そしてそれは、動作だけでなく、思考や学びにおいても同様である。ディスカッションやグループワークにおいて、息やリズムがあっているチームは、いいアイディアや思わぬアイディアが出たり、話し合いが進展したりする。知的な作業にみえる話し合いにおいても、その基盤となるのは各人のもつ身体であり、息やリズムなのである。それが共有できていなければ、どれだけ議論を重ねたとしても、クリエイティブで建設的な話し合いはできないだろう。知的なコミュニケーションであっても、やはり基盤

【リズムジャンプ】

① 10〜15人程度で円になって立ち、スタートの人から1人ずつジャンプをします。全員がジャンプをしたらゴールです。

② 次に、ジャンプの高さや格好と、リズムを同じにしてやってみます。ジャンプの仕方はスタートの人に、リズムは2人目にあわせることになります。

③ 3回目は、②と同じことを2人ずつで同時にやります。今度は最後とその一つ前の人が同時にジャンプしたらゴールです。グループの人数が偶数の場合は1周、奇数の場合は2周することになります。ジャンプの高さや格好とリズムが少しでもずれたら失敗です。最初からやり直しましょう。

④ うまくできたら3人で同時にジャンプすることにチャレンジしてみましょう。最後とその2人前の人までの3人が同時にジャンプするとゴールです。

は身体であり、身体の共有なのである。

　さて、ここまで環境、道具、姿勢、息、リズムと、学びと身体についてみてきた。学びや考えるという一見知的に思える行為において、いかに身体が影響を与えているかが理解できたかと思う。からだ言葉の例をいくつかあげて説明をしたが、まさに言葉の成り立ちそのものが身体から派生しているのである[10]。学びの基盤には身体があり、それゆえ学びというものを考えるにあたって、身体という観点は外すことのできないものである。またここでみてきた身体とは、客観的に外からみられたものではなく、ほかならぬあなた自身の身体である。学びにおいて身体という視点が意味をもつのは、まさに身体が私たち自身であるということによる。一人称の「私」という視点から、あらためて学びというものを考えてみてほしい。

注

（1）　春木豊編『身体心理学』川島書店、2002 年を参照。

（2）　本書第 9 章を参照。教室の座席位置と学習意欲や学業成績、私語の頻度との関係を調査した研究もある。たとえば下鶴幸宏・中野正博「座席による学生の勉学意欲の違いの調査研究」『バイオメディカル・ファジィ・システム学会誌』10 巻 2 号、2008 年、149–158 頁。

（3）　DVD『プロフェッショナル仕事の流儀　漫画家井上雄彦の仕事』NHK エンタープライズ、2010 年。

（4）　書道家の石川九陽は、それを「筆蝕」と呼んでいる。石川九陽『筆蝕の構造——書くことの現象学』ちくま学芸文庫、筑摩書房、2003 年。

（5）　これを文化として発達させたものが、日本の鼻緒である。草履や下駄についた鼻緒によって、力は自然と親指の付け根に集まってくる。身体の環境をそのように設定することによって、自然と積極的で集中した状態がつくりだされていくのである。詳しくは河野智聖『日本人力』BAB ジャパン、2004 年。

（6）　寺田一清編『森信三先生提唱　新版立腰教育入門』不尽叢書刊行会、1995 年。

（7）　竹内敏晴『子どものからだとことば』晶文社、1983 年、101 頁。

（8）　齋藤孝『教師＝身体という技術』世織書房、1997 年、83–88 頁。

（9）　外山滋比古『思考の整理学』ちくま文庫、筑摩書房、1986 年。

（10）　たとえば、Marc Johnson, *The Meaning of the Body: Aesthetics of Human Understanding*, University of Chicago Press, 2008。

【読書案内】

①齋藤孝『**身体感覚を取り戻す——腰・ハラ文化の再生**』日本放送出版協会、2000 年。

　日本における失われた身体文化とそれにより育まれていた身体感覚を再生させる教育学的試み。とくに、からだ言葉の再評価と技術としての「息づかい」に関する記述は秀逸。著書 700 冊を超える齋藤孝の主著の一つ。現代の教育問題を身体の側面から理解するためには必須の書。

②市川浩『**〈身〉の構造——身体論を超えて**』講談社学術文庫、講談社、1993 年。

　日本の身体論の基盤となる書の一つ。身体だけでなく、心やいのちという意味ももつ日本語の〈身〉という概念に着目することで、具体的に生きている身体のダイナミクスを捉えている。身体が皮膚を超え、環境や他者に開かれ、関係的に存在していることを教えてくれる。

（小室弘毅）

第15章
なぜ勉強しなくちゃいけないの？
子どもの疑問に向き合うために

1．教育の本質にかかわる疑問

　なぜ勉強しなくちゃいけないの？——テスト勉強や受験勉強のために机に向かいながら、ふとこんな疑問を抱いたことがあるという人も、多いのではないだろうか。数学の二次方程式、現代文の読解、古文・漢文の文法、英語のイディオム、歴史上の人名・地名など、なぜこんなことを勉強しなくてはならないのかという声はよく聞かれる。あなた自身が小・中・高校生だった頃のことを思い出してみてほしい。子どもの頃のあなたは、なぜ勉強しなくてはならないのかと、疑問に思ったことがあっただろうか。もしあるとすれば、はじめて疑問を抱いたのはいつ頃のことだろうか（ワーク15−1）。

```
── ワーク 15−1 ──
あなた自身の体験をふりかえってみよう！
◎なぜ勉強しなくてはならないのか疑問に思ったことが　ある　・　ない
→「ある」場合　はじめて疑問を抱いたのはいつ頃？　小学生・中学生・高校生
```

　筆者の大学の教職課程の受講生に同じことを尋ねると、ほとんどの受講生が「ある」のほうに手を挙げる[1]。はじめて疑問を抱いた時期はまちまちで、小学校の低学年という受講生もいれば、大学受験のときという受講生もいるが、中学校1年生〜2年生のあたりという答えがもっとも多いようだ。なぜ興味もなければ理解もできない内容を、無理に学ばなければならないのか。友だちと話し

たり遊んだり、本を読んだり映画を観たり、スポーツをしているほうが、よっぽど楽しいのに。だいたい学校の勉強なんて、受験以外に何の役に立つのか、さっぱりわからないものも多いじゃないか。教育という営みの根幹にかかわるこのような疑問を抱いたことのある人が、教職を志している大学生のなかにさえ相当数いるということになる。

　「なぜ勉強しなくちゃいけないの？」というこの疑問は、これまでに本書を通して学んできた教育の本質にも深くかかわる、非常に重要な疑問である。とはいえ、原理・原則にもとづく説明だけでは、子どもが納得するような答えを返すことはできないのが、この疑問の難しいところでもある。教育の目的は「人格の完成」にあるといわれても、ピンとこない児童・生徒のほうが多いだろう。学ぶことの意味を根本から問い質そうとするこの疑問に、あなたならどのように向き合い答えを返すだろうか。子どもの疑問に答えるときには、まずは疑問に共感を示すことが大事なのだともいわれるが、どうすれば子どもの疑問に共感をもって向き合うことができるのか。子どもから投げかけられた疑問に向き合い、一人ひとりが納得のいく答えを導くために、教師としてとるべき指針を探求することが本章の課題である。

2．子どもの疑問に答えてみる

　さて早速だが、「なぜ勉強しなくちゃいけないの？」という子どもの素朴な疑問に、あなたならどのように答えを返すだろうか。ひょっとすると、過去に両親や、祖父母、学校の先生などから、納得のいく答えを教わったことがあるという人もいるかもしれない。あなたが将来出会うだろう児童・生徒の姿を思い浮かべながら、彼／彼女らの年齢層にあわせて、口調や言葉遣いを工夫してみよう。なぜ子どもは勉強をしなければならないのか、学ぶことにはどのような意味があるのか[2]。将来出会うだろう児童・生徒に向けて、現在のあなたなりの回答を自由に書き記してみよう（ワーク15−2）。

　過去の教職課程の受講生からの回答には次ページの一覧のようなものが多くみられた。あなたの回答に似たものもあるかもしれない。回答例は、想定された子どもの年齢層ごとに、AとBの2種類に分類されている。

「なぜ勉強しなくちゃいけないの？」という疑問にどのように答えるか？

‥‥

‥‥

‥‥

☆「なぜ勉強しなくちゃいけないの？」という疑問への回答例 A ☆

①社会人として自立するためには、社会の役に立つ知識が求められるんだよ。

②いろいろな知識を学んでおけば、将来の仕事や人生の幅も広がるんじゃないかな。

③難しい問題を考え抜くことではじめて、問題解決のための力が身につくんだよ。

④いろいろなことを学べば学ぶほど、豊かで幸福な人生を送れるんじゃないかな。

☆「なぜ勉強しなくちゃいけないの？」という疑問への回答例 B ☆

⑤お父さん・お母さんは働くのが仕事、○○さんは勉強するのが仕事なんだよ。

⑥◇◇くんは将来何になりたい？　そのためには何が必要になると思う？

⑦いろんなことに、たくさん頭を使ったぶんだけ、たくさん賢くなれるんだよ。

⑧知らないことを知るのは楽しくない？　「わかった！」っていうときとか。

　あくまで仮の分類ではあるが、回答例 A がおよそ中高生向けの回答、回答例 B は小学生向けの回答であるとみることができるだろう。とはいえ、回答例①②③④と回答例⑤⑥⑦⑧のあいだにはそれぞれ共通点もある。たとえば、回答例①は「社会人になること」と勉強することの関係を示唆しており、回答例⑤も父母と子どもを対比することでこの関係を暗に示している。回答例②と⑥はいずれも現在の学習を将来の進路や職業に結びつけている。回答例③と⑦に共通しているのは、各教科の内容より「考え抜くこと」や「頭を使うこと」に価値をおいている点である。最後に回答例④と⑧はいずれも、身につけた知識が役に立つか否かではなく、学ぶこと自体の幸福や、知ること自体の喜びを強調している点に特徴があるといえる。

　また、勉強とは「絶対にしなくてはならないものではない」ことを最初に伝えるという回答もあった。これは、日頃親や教師から「勉強しなさい！」と言

われ続けて、勉強は絶対に拒むことのできない義務なのだという観念に縛られて苦しんでいる子どもにとっては、貴重な救いを与えてくれる答えとなりうるだろう。他方、勉強とは「絶対にしなくてはならないものではない」ということは、勉強をするかしないかは最終的に各人の判断に任せられているという現実を示唆してもいる。勉強とは「絶対にしなくてはならないものではない」と告げることは、勉強をするかしないかの判断を子ども自身の主体性にゆだねる、一種の厳しさを備えたメッセージでもあるといえる。

　ほかにも受験のため、学歴のため、就職のため、教養を身につけるため、社会を良くするため、いろいろな人と交流するため、学ぶことの意味を見つけるため、といった答えや、生きることは勉強することだから、学ぶことは人間の本質だから、勉強するのは当然だからといった答えもみられた。「なぜ勉強しなければならないのか？」という疑問を扱った最近の書籍にも、これらと似たものも含めてさまざまな回答が掲載されている（本章末の読書案内①を参照）。

　以下の各節においては、これらの回答例をそのつど参照しながら、子どもの疑問に共感をもって向き合い、子どもにとって納得のいく答えを返すための指針として、とくに次の三つの課題を提案したいと思う。

☆子どもの疑問に向き合うための課題☆
①個々の子どもに向き合う
②疑問の背景に目を向ける
③原理をめぐる洞察を深める

3．個々の子どもに向き合う

　読者のなかには、前節に示された回答例のなかで、どれがいちばん「正しい」「優れた」回答であるのかを、早く知りたいという人もいるかもしれない。しかし、「なぜ勉強しなくちゃいけないの？」という疑問に関して、あらゆる児童・生徒を納得させることのできる、唯一絶対の模範回答は存在しない。なぜなら、個々の子どもの価値観や人生観には違いがあり、彼／彼女らが抱えている事情やおかれている状況も個別に異なるからである。上記の八つの回答例

はいずれも一定の真理を含んだ「正しい」回答であるが、どのような説明であれば「なるほどわかった！」と思えるかは、個々の子どもの価値観やおかれている状況によって異なるだろう。上記八つの回答例はいずれも、ある子どもの心を強く動かすかもしれないが、別の子どもの心には響かないかもしれない。子どもの疑問に共感をもって向き合うためには、あらゆる子どもを納得させることができるような、唯一絶対の模範回答は存在しないという事実を、心にとめておくことが重要である。

むしろ、個別の状況のなかで個々の子どもに向き合おうとするときには、「これだけが正しい」という模範回答は邪魔になる恐れさえある。唯一絶対の模範回答を知っていると信じていると、あなたは目の前にいる子どもには注意を向けなくなる。質問してきた子どもが誰であろうとも、どのような状況におかれていても、あらかじめ暗記しておいた模範回答を言い渡すだけですむからだ。あなたが「正しい」と信じて疑わない答えは、なるほど、子どもの反論を許さないような「正論」であるかもしれない。しかし、反論できないということと納得がいくということは、まったく別の事柄である。個々の子どもの事情に目を向けることなく発せられる正論は、質問をしてきた子どもを黙らせて追い返すのには役立つかもしれないが、子ども一人ひとりに励ましを与え学習意欲を取り戻すことは難しいだろう。

　逆にいうなら、①から⑧までの回答例や他の回答のなかに、たった一つでも「なるほどわかった！」といえるような「答え」があればいいのだ。学習に取り組むためのモチベーション、納得のいく理由・意味は、人によって異なるのが当然である。たとえば回答例①や②には納得のいかなかった生徒が、回答例③や④から学ぶことの意味を見つけるかもしれない。回答例⑦や⑧を聞いても意欲の湧かなかった児童が、回答例⑤や⑥を聞いて学習の意欲を取り戻すこともあるだろう。「なぜ勉強？」という子どもの疑問に向き合うさいに重要なのは、子どもたちが反論できないような模範回答「らしきもの」を暗記しておいて、これを児童・生徒にまで復唱させることではない。個々の子どもが抱えて

いる事情やおかれている状況を汲み取りながら、一人ひとりが納得のいく「答え」を発見できるよう支援することに、子どもから疑問を投げかけられた教師の役割がある。

　児童・生徒の疑問に向き合うさいに重要なのは、疑問を抱いている個々の子どもがどのような応答を求めているのか、まさにいま眼前にいる「この」子どもの心に響くのはどのような言葉なのかを、個別に粘り強く探ってゆくことである。どのような

「答え」が納得のいくものであるのかは、疑問を投げかけてきた子ども自身にも教師にもわからない。だが、便利な模範回答をカッコに入れて、この「わからなさ」を「わからなさ」として共有することによって、はじめて教師は子どもの疑問に共感することができるようになる。子どもと一緒に「わからなさ」の地平に立つことで、ようやく教師は眼前にいる「この」子どもに向き合い、ほかならぬ「この」子どもにとって納得のいく答えとは何なのか、子どもとともに「答え」を模索していくことができるようになるのだ。子どもの疑問に共感をもって向き合うとは、このように確たる模範回答のない「わからなさ」の地平を共有しながら、疑問を通して個々の子ども自身に向き合うことでなければならない（本章末の読書案内②を参照）。

4．疑問の背景に目を向ける

疑問を抱いた背景（きっかけ）

　もちろん、模範回答（らしきもの）に頼ることなく、個々の子どもが納得のいく答えを見つける手助けをすることは、言葉でいうほど簡単ではない。とはいえヒントは意外と身近にあるものだ。個々の子どもが求めている答えに行き着くためには、何より子どもが投げかけてきた疑問の「背景」に目を向けることが重要である。再び、あなたが将来出会うであろう児童・生徒を思い浮かべてみよう。なぜ彼／彼女は「なぜ勉強しなくちゃいけないの？」という疑問を、教師であるあなたに投げかけてきたのだろうか。彼／彼女が学ぶことの意味に

疑問を抱いた背景にはどのような事情があったのか。彼／彼女は学ぶことの意味に関してどのような想いを抱いているのか。子どもが疑問を投げかけてきた背景に目を向けることで、彼／彼女の求めている答えに行き着くための貴重な道標が見つかるだろう。

　実際の教室であれば、「なぜ？」と疑問を投げかけてきた児童・生徒と言葉を交わすなかで、疑問の背景を推察していくことになる。ここではあらためて、あなた自身が小・中・高校生の頃に「なぜ勉強しなくちゃいけないの？」と疑問に思ったときのことを思い起こしてみよう。あなたが学ぶことの意味に疑問をもつようになった背景（きっかけ）は何だっただろうか。過去に一度も「なぜ勉強？」と疑問に思ったことがないという人も、このように疑問を抱いたことのある身近な人の話に、ぜひ耳を傾けてみてほしい（ワーク 15 − 3 ）。

> ── ワーク 15 − 3 ─────
> あなたが「なぜ勉強？」という疑問を抱いたのは何が「きっかけ」だっただろうか？
> ....
> ....
> ....

　過去の教職課程の受講生から多く聞かれたのは、次のような回答だった。

> ☆「なぜ勉強しなくちゃいけないの？」という疑問の背景の回答例 A ☆
> ⑨教科書や板書の内容が理解できず、授業についていけなかったとき。
> ⑩一生懸命勉強したにもかかわらず、テストの点数が良くなかったとき。
> ⑪授業内容が日常生活や将来の進路に役立つと思えなかったから。
> ⑫テストや受験のためにだけ勉強しているのが無意味に思われたから。

　これらをみるだけでも、「なぜ勉強しなくちゃいけないの？」という素朴な問いかけの背後で、子どもたち一人ひとりがさまざまに異なった事情や想いを抱えていることがわかる。もちろん実際には、これら四つや他の事情が重なりあって、複雑な背景を形成していることもありうるだろう。子どもから疑問を投げかけられたら、すぐに答えを返そうとするのではなく、こうした背景に目を向けてみることが重要である。教師と児童・生徒の関係によっては、「勉強

大変だよね」や「どうしたの？」と水を向けてみるのもよいだろう。疑問の背景に目を向けることで、個々の子どもにとって納得のいく「答え」を見つけるために、進むべき方向が明確になる。

背景に即した「答え」

　何より注意したいのは、「なぜ勉強？」と疑問を投げかけてくる子どもたちは、じつのところ、かならずしも全員が、「ワーク 15−2」の回答例のように学ぶことの意味に関する直接の説明を求めているわけではない、ということである。たとえば、回答例⑨や⑩のような事情を抱えている子どもの場合には、学習に取り組むべき理由をどれほど詳しく説明されたとしても、なかなか学習意欲は湧いてこないだろう。親や教師に投げかけた疑問は「なぜ勉強？」だったとしても、彼／彼女が抱えているのはむしろ難しすぎる授業内容への不満であり、成績の上がらない自己への腹立ちだからである。

　こうした事情を抱えている子どもたちのために教師が行うべきことは、「ワーク 15−2」の回答例のような直接の説明よりもむしろ、授業の内容・方法を彼／彼女にも取り組みやすいものに改善することや、予習・復習の方法についてのアドバイスを与えること、苦手分野を克服するための補習を実施することなどだろう。これらの取り組みは、「なぜ勉強？」という疑問に直接の回答を与えるものではないが、回答例⑨や⑩のような事情を抱えている子どもにとっては、学習へのモチベーションを取り戻すための貴重な「答え」となるに違いない。こうした対応ができるのも、模範回答をカッコに入れて個々の子どもに向き合い、疑問の背景に目を向けるからこそである。

　回答例⑪や⑫のような想いを抱えた児童・生徒であれば、「ワーク 15−2」の回答例のような「答え」に心から納得することもあるかもしれない。とはいえ、こうした想いを抱えた児童・生徒にとっても、やはり直接の回答とは異なる「答え」が有効なことも多くあるに違いない。たとえば、彼／彼女らがふだん受けている授業に、現在学んでいる内容が将来何の役に立つのか、実社会で

はどのように活用されているのか、実感することのできる機会を設けること。あるいは、たんなるテスト対策や受験対策にはとどまらない、学ぶことの意味や知ることの喜びを直に体験できるよう、授業の内容や方法を改善すること。このような実感や体験を豊かに含んだ授業を、児童・生徒のために工夫していくこともまた、「なぜ勉強？」という疑問への、言葉ではなく教師ならではの行動を通した、「答え」であるといえるだろう（本章末の読書案内③を参照）。

特殊な背景

　さらに、次の回答例Bのように特殊な事情を抱えている児童・生徒の場合も、やはり直接の回答とは異なる個別の対策が求められる。これらもまた、実際の受講生からの回答を要約したものである。

　　☆「なぜ勉強しなくちゃいけないの？」という疑問の背景の回答例B☆
⑬クラスメイトからイジメを受けていて教室に来るのがつらかったから。
⑭家に帰っても幼い妹の世話のため勉強どころではなかったから。
⑮深刻な悩みではないが、教師にかまってほしくて何となく質問をした。
⑯勉強することの意味を尋ねたら教師が困るだろうと思い質問をした。

　回答例⑨⑩⑪⑫はまだ学習に関する問題だったが、回答例⑬や⑭のような事情を抱えている子どもは、学習に関する悩みとは異なるところで、固有の問題に直面している。また、回答例⑮や⑯のように、たんに教師と交流をもちたいがため、いつも偉そうな教師を困らせたいがために、「なぜ勉強？」と尋ねてくる児童・生徒も少なくない。こうした事情を抱えている子どもたちにとっても、やはり、「ワーク15-2」の回答例のような直接の答えは、当初の欲求を満足させる「答え」とはならないだろう。こうした背景をみていると、何をおいてもまずは個々の子どもの話にじっくりと耳を傾け、個別の疑問の背景に目を向けることの重要性が痛感される。このためには、児童・生徒に疑問を投げかけられたときだけでなくふだんから、個々の子どもたちのようすに目と心を配っておくことが求められるだろう。

　とはいえもちろん、実際に学習に取り組むべき理由を真剣に知りたくて、「なぜ勉強しなくちゃいけないの？」と疑問を投げかけてくる児童・生徒もい

るに違いない。また、回答例⑨⑩⑪⑫のような事情を抱えている子どもにとっても、学ぶことの意味を明らかに示してくれる納得のいく「答え」が、学習へのモチベーションに火を点けるための助けとなることもあるだろう。この納得のいく「答え」が何なのか事前に知ることはかなわないが、個々の子どもと疑問に向き合うための準備に取り組んでおくことはできる。この課題については節を改めて探求していくことにしよう。

5．原理をめぐる洞察を深める

　なぜ勉強しなくちゃいけないの？――こうあなたに問いかけてくる児童・生徒は、たんに一般論としてこの疑問への回答を求めているだけでなく、ほかならぬ「あなた」自身の回答を聞きたいと願っている。それゆえ、疑問を投げかけてきた子どもと一緒に、彼／彼女が納得のいく答えを探すためには、①個々の子どもが納得のいく「答え」を見つけられるよう、特定の価値観に縛られることのない多様な視点を確保しておくことに加えて、②学ぶことの意味に関するあなた自身の理解を、さまざまな角度から問い改めておくことが求められる。このとき重要になるのは、これまで本書を通して学んできた教育の原理・原則に関する洞察にまで立ち返って、この原理・原則をめぐる洞察をあなたなりに問い深めておくことである。唯一絶対の模範回答が存在しえない問題であるからこそ、あなた自身が日頃から多様な視点をもって、教育の原理・原則をめぐる洞察を深めておくことが重要なのだ。

　再度「ワーク15−2」の回答例を一覧してみよう。ここにもすでに、教育の原理・原則をめぐる探求の出発点が多く準備されている。たとえば、豊かさとは何か、幸福とは何か、自立とは何かといった問題を、古今東西の思想にヒントを得ながら問い直してみること。子どもたちが現在学んでいる各教科の内容が、日常生活のなかでどのように活用されているのか、また彼／彼女らの将来の進路とどのように関係しているのか、さまざまな領域の話題にアンテナ

を広げて探索してみること。各教科で習得したことがどのように結びつくことで、さまざまな問題の解決に役立つような能力が形成されるのか、各教科の本質や異なる教科どうしの関連を追求すること。あるいは、現代社会の進むべき方向性や、人類が取り組むべき課題について、巷にあふれる情報や人々の意見を整理しながら、あなたなりの見識を養うこと。このようにさまざまな角度から教育の原理・原則をめぐる洞察を問い深めることではじめて、ありふれた一般論にとどまることのない、個々の子どもにとって納得のいく「答え」を導くための、広く深い見識が養われることになる。

　これらの問題を問い続けこれに答え続けることは、教職を志している学生や現職の教師にとって、避けて通ることのできない課題である。なぜなら、教育という営みの根幹にかかわるこれらの問題は、たんなる一般論としての真理にのみかかわる問題ではなく、教師として子どもに向き合うあなた自身の姿勢にもかかわる問題だからである。なぜあなたは、教えることや学びを支援することを仕事とする、教師という仕事に就きたいと願っているのか。教育への失望と過大な要求の両方が高まっている現代の日本社会で、学校や教師が担うべき役割とは何なのか（ワーク15−4）。また、なぜあなたは国語、算数、理科、社会といった各教科の内容を、子どもたちに学んでほしいと願っているのか。これらの教科の内容や関連のある知識を習得することは、児童・生徒がこれからの社会を生き抜いていくうえで、どのような意味をもっているのだろうか（ワーク15−5）。このように教育という営みの根幹にかかわる問題を問い続けることは、「なぜ勉強？」という子どもの疑問に納得のいく答えを見つけるためにも、学ぶことの意味を心から実感できるような授業をつくっていくためにも、欠くことのできない基礎となるだろう（本章末の読書案内④を参照）。

── ワーク15−4 ──

現代社会において学校や教師の担うべき役割とは何だろうか？

── ワーク 15−5 ──

あなたが将来教える教科の内容を児童・生徒が学ぶ意味とは何だろうか？

....

....

....

　もちろんいますぐ明確な答えを出せなくてもよい。これらの問題にあなたなりの回答を示せるようになることに、大学の教職課程で学ぶ意味の一つがあるといえる。本書の各章の内容や読書案内もまた、あなたの視野を広げ理解を深めるための助けとなるに違いない。

　教師という職業に就いていると、子どもから疑問を投げかけられたさい、「早く正しい答えを返さなくては！」と慌ててしまうことがよくある。これは教師や親のような立場にある人々をはじめ、多くの大人が陥りやすいワナである。大人なのだから子どもの疑問には「スグに」「正しく」答えなくてはならないと思い込んでしまい、結局子どもが反論できないような「正論」を押し付けてオシマイ。こういうとき子どもたちは、問題の本質を理解していない大人のゴマカシを、いとも簡単に察知するものだ。

　このようなワナに陥らないために大切なのが、①個々の子どもに向き合うこと、②疑問の背景に目を向けること、③原理をめぐる洞察を深めること、という、本章が示してきた指針である。なぜ勉強しなくちゃいけないの？、よく生きるってどういうこと？、なぜ人を殺しちゃいけないの？、牛や豚を殺して食べるのはいいの？、人は死んだらどこへ行くの？──たんなる知識や情報を求める質問ではなく、子どもたちの人生観や世界観にかかわる疑問に向き合うとき、上記の指針はとくに重要な導きを与えてくれる。まにあわせの模範回答で子どもたちを煙に巻くのではなく、子どもたち一人ひとりと誠実に向き合いともに「答え」を探求してゆくことにこそ、教師という仕事の困難さと真の喜びがあるのだといえるだろう。

注

（1）　1クラス約100名のうち90名以上は「ある」と答える。逆に「ない」と答え

る受講生も数名はいる。もちろん、これは筆者の勤務校でのことであり、大学を変えてアンケートをとれば、答えの割合も変わるに違いない。以下のエピソードも同様である。

（２）　もちろん、生涯学習やキャリア形成の観点から考えるなら、子どもだけでなく「大人も」学び続けるべきだ、という見解もありうるだろう。しかし、子どもの疑問をテーマとする本章においては、あえて子どもが学習に取り組むべき理由に的を絞って考えていくことにしたい。

【読書案内】

①おおたとしまさ編『子どもはなぜ勉強しなくちゃいけないの？』日経 BP 社、2013年。

　茂木健一郎氏、養老孟司氏、藤原和博氏など、教育問題にも造詣の深い識者たちが、各々「なぜ勉強しなくちゃいけないの？」という子どもの疑問に正面から答えた本。著者１人につき、小中学生にも理解しやすいように書かれた「子ども編」と、おなじ内容を大人向けに詳しく書いた「大人編」の、２種類の文章が収録されている。

②河合隼雄『臨床教育学入門』岩波書店、1995年。

　臨床教育学は「個」を重視する学問である。個としての子ども、個としての教師が、臨床教育学の探求の出発点となり目的地となる。日本の臨床心理学の第一人者である著者が、実在の子どもたちの豊富なエピソードをもとに、臨床教育学の基本理念を明らかにした１冊。

③苫野一徳『勉強するのは何のため？――僕らの「答え」のつくり方』日本評論社、2013年。

　「勉強するのは何のため？」という子どもの疑問に、本書は「自由に生きるため」だと答える。しかし、この目的に照らしてみたとき、現在の学校教育には改善の余地があると著者はいう。子どもの疑問を出発点として、知識偏重の学校教育を変革していくための方針を説いた好著。

④西平直『教育人間学のために』東京大学出版会、2005年。

　教育とは誰のための営みなのか？　「人間になる」とはどういうことか？　受験勉強は子どもを幸せにするか？――この本が教えてくれるのは、「答え」よりはむしろ「問い」の重要さである。私たちがふだん「わかったつもり」になっている、教育という営みの不思議、子どもという存在の謎に、もう一度出会い直すための１冊。

（井谷信彦）

第16章

「遊んでばかり」は悪いこと？

理想状態としての「遊び」

1. 「労働」と「遊び」の違いは？

「労働」と「遊び」の特質

　漫画『ドラえもん』で、のび太が母親に「勉強しなさい」と叱られる一コマ。それは『ドラえもん』におけるお決まりの一場面といってよい。「なんの役にもたたないあやとり〔＝遊び〕なんかやるひまがあったら、お勉強なさい！」というのび太のママの言い回しのうちには、「勉強」には価値があり、「遊び」には価値がないという暗黙の前提がある。それはのび太の母親に限らず、しばしば大人が子どもに対して口にする言葉である。

　では、「遊び」は役にたたないがゆえに価値が低く、たんなる余暇活動・息抜きにすぎないのだろうか。

　結論を先どりすることになるが、「遊び」は人間の営みのなかでも独自の価値を有するものであり、古今東西の思想家たちは「遊び」の価値を高く評価してきた。本章では、「遊び」の価値や意義について検討してゆくが、この問題を考えるために、まずは予備作業として「遊び」と「労働」を対比させて考察してゆくことにしたい。というのも、あるものの特質を明

図16-1 『ドラえもん』の一場面

出所) 藤子・F・不二雄『ドラえもん』15巻、小学館、173頁。

らかにするさいには、対立する他のものと比較する方法が有効だからである。たとえば「男性とは何か」と問われた場合、その特質は女性と対比されることではじめて鮮明に描き出される。そこで、私たちが一般的に対立するものと捉えがちな「働くこと（＝労働）」と「遊ぶこと（＝遊び）」を対比させるなかで、「遊び」の特質を明らかにしてゆくことにしたい。のび太の場合がそうであるように、学生にとっては、勉強も「労働」の一種とみなされるかもしれない。

　では、「遊び」と「労働」の違いは何なのか。まずはそれぞれの特徴について、思いつくままに以下の空欄に記してほしい（ワーク16-1）。

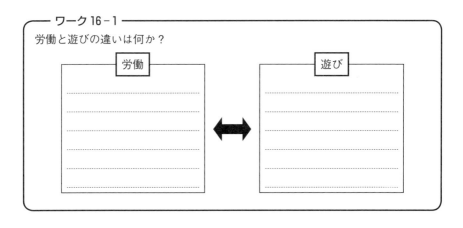

　それぞれの特質がいくつ思いついただろうか。「労働」と「遊び」を比較した場合、私たちの人生において「労働」がメインで、「遊び」は副次的なものとみなされる傾向がある。休みの日に遊ぶことで気持ちがリフレッシュされ、また日々の仕事や学校の勉強に取り組むことができる、というように。逆に「遊び」がメインで「労働」を副次的なものと捉える人もいるだろう。余暇を楽しく過ごす（「遊ぶ」）ために「労働」し、賃金を得る。そうした価値観もありうる。

　このような捉え方の背景には、「労働」＝真面目（真剣）、「遊び」＝不真面目（リラックス・息抜き・気晴らし）という構図が潜在しているかもしれない。人生においてどちらを大事にするかによって「労働」と「遊び」の主従関係が決まる。

プロセスへの没頭

　また、「遊び」の特質として、**プロセス（過程）への没頭**があげられる。私たちが遊ぶ際には何かの目的を果たすために遊ぶのではなく、**遊ぶことそのものが目的**となっている。たとえば、私たちが遊園地に遊びに行くさい、「感性を磨くため」だとか「想像力を鍛えるため」といった目的をもっている人はいるだろうか。動体視力を鍛えるためにジェットコースターに乗り、動じない心を養うためにお化け屋敷に足を運ぶ、という人はおそらくいないだろう。遊んでいるときはほかの何かの目的のために遊ぶのではなく、遊ぶことそのもの（プロセス）に没頭するのである。「遊び」で重要視されるのは「いまここ」の瞬間である。対して「労働」の場合は、つねに、ある行為は何らかの目的のための手段となる。賃金を得るためにつらい仕事に耐えて働く。志望校に合格するために我慢して受験勉強をする。資格取得のために興味のない科目も履修するなど。「労働」においては、いまこの瞬間を充実させることよりも目的の達成が優先され、いまこの瞬間は何らかの目的を果たすための犠牲となる。そこにおいて人の行為は何かの目的を果たすのに「役立つかどうか」の次元＝**有用性の論理**で価値判断が下される。冒頭の場面でのび太の母親は「役にたたないあやとりなんか……」という言葉を発していたが、その何気ない言葉のうちにも、「遊び」は役に立たないもの＝有用でないものという価値判断が含まれている。

無時間感覚

　さらに、「遊び」と「労働」では時間感覚も異なる。私たちが嫌々何かを行っているとき（たとえばつまらない授業を聞いているときなど）は、時間の流れはとても遅く感じる。逆に何らかの楽しい事柄に従事しているとき（読書やゲームに興じているときなど）は時間が一瞬にして過ぎ去る。同じ1時間でも体感される時間感覚は「遊び」と「労働」でまったく異なるのである。「遊び」において時間を忘れる感覚、それは**無時間感覚**とでもいうべきものである。ここで一度立ち止まり、あなたが時間を忘れて何かに取り組んでいるときがどんなときか、以下の空欄に思いつくままに記してほしい（ワーク16-2）。

あなたはいつどんなときに無時間感覚に至るか？

　では、「遊び」において特徴的な無時間感覚に浸る状態は、はたしてたんなる「息抜き」＝不真面目な状態であろうか。上の空欄に記した「時間を忘れる」状況について考えてみてほしい。それは、弛緩しきった怠惰な状況だろうか。むしろ、極度の集中状態なのではあるまいか。そのように考えてみると、「労働」＝真面目、「遊び」＝不真面目という構図は、そう単純に割り切れるものではないことがわかる。

2.「遊び」と「労働」の二項対立の消滅

　すなわち、「遊び」と「労働」の二項対立が消滅する瞬間があるのだ。たとえば、アルバイトをしている際に、「給料を得る」という目的のために働くのではなく、働くことそのものに充実感が得られたという体験はないだろうか。あるいは、志望校に合格するために嫌々勉強をするのではなく、数学や歴史の面白さそのものにふれた体験はないか。そのような場合、「遊び」と「労働」の境界は溶け合い、両者が一体化するという幸福な状態が訪れる。ドイツの詩人シラー（Schiller, J.C.F. 1759–1805）は、そのような「したいこと（感性的衝動）」と「せねばならないこと（形式衝動）」が溶け合った状態に人間の真のあり方を見出した。（言葉が同じなので紛らわしいのだが）いまこの瞬間が充実し、かつそれが利那的な享楽に陥らず、ある目的に向かっている状態を「遊び」という言葉で捉えたのである。シラーは、「**人間は遊ぶときにのみ真の人間であり、真の人間であるときにのみ遊ぶ**」（『人間の美的教育についての書簡』（*Über die äs thetische Erziehung des Menschen*））と述べ、「遊び」をきわめて高く評

価した。つまり、「遊び」を
たんに息抜きや気晴らしと
いった余暇と捉えるのではな
く、人間のあるべき状態・理
想的な状態とみなし、「遊
び」に新たな価値を吹き込ん
だのである。私たちは世界の
ルールに縛られる場合も、そ
れを捨て去り享楽的な状況に
耽る場合もともに不自由であ
る。シラーは「したいこと」

図16-2　フレーベルの恩物

と「せねばならないこと」が一致した「遊び」の状態のうちに人間の「自由」
を見出した。

　そして、「遊び」の価値は数多くの教育学者たちによっても評価されている。
シラーの影響を受けた**フレーベル**（Fröbel, F. 1782-1852）は、幼稚園の父とし
て知られるが、彼がもっとも重視したのも「遊び」であった。子どもの成長を
促す教具である「**恩物**（Gabe）」（図16-2）を制作し、「遊び」を通して子ど
もの成長を導く学習方法を開発したのである。この「恩物」とは神からの子ど
もへの贈りものを意味しており、恩物は神の永遠の法則、永遠の真理を象徴す
るものとして考案された。そして、恩物での遊びを通じて子どもたちはさまざ
まな能力を発達させてゆくことができるとフレーベルは考えた。

　また、新教育運動（子どもの自発性や自由な表現を重視）が登場して以降、
教育学者は「遊び」を子どもの成長にとって重要なものとみなすようになった。
けれども、その際に「遊び」は子どもの発達と結びつくところでのみ（発達に
際して有用であるという意味で）、その重要性が認められてきた。たとえば、
デューイ（Dewey, J. 1859-1952）は、「遊び」を「仕事」の前段階に位置づけら
れるものとみなし、教育者は「遊び」を「仕事」へと転化させていくべきだと
考えたのである。

　だが、本章でとくに明らかにしたいのは、「労働」に従属するものとしての
「遊び」ではなく、「遊び」そのものの価値である。

3．ホイジンガの「遊び」論

「遊び」の価値を文化論的な視野から解き明かしたのが**ホイジンガ**（Huizinga, J. 1872-1945）である。ホイジンガは、名著『ホモ・ルーデンス（*Homo Ludens*）』（1938 年）のなかで「人間の文化は遊びにおいて、遊びとして、成立し、発展した」という有名なテーゼを打ち出した。彼は「遊び」をあらゆる文化の根底にあるものとみなし、芸術、祭礼、競技、戦争などすべての文化現象は遊びの形式のなかで発生したと考えたのである。すなわち、「遊び」を文化よりも歴史的に古いものと捉え、人間の本質を**ホモ・ルーデンス**（Homo Ludens、遊戯人）として定義したのである。ホイジンガは「遊び」の特徴を以下のように見定めた。①自由な行動であること。②物質的利害関係を離れたものであるということ。③決められた規則に従うこと。④非日常であること。

それぞれの項目について詳細にみていこう。

①「遊び」は自由な活動である。「ごっこ遊び」を例にとろう。「ごっこ遊び」において子どもたちは、椅子を船に見立てたり、泥の塊をケーキに見立てたりと意味を一つに固定せず、イマジネーション豊かにさまざまな世界をつくりあげる。大人にとって椅子は椅子、泥は泥である。だが、「遊び」のなかで子どもの想像力は大人の固定観念を破壊し、事物は固定された意味（「椅子」「泥」）から解放される。

②「遊び」は利害関係から切り離されたところで成立する。つまり、私たちが遊ぶときには遊びたいから遊ぶのであって、その行為により利益が得られるかどうかには無関心である。「労働」においては対価が求められるが、「遊び」に対価は必要なく、遊ぶことそのもので私たちは充足する。

③決められたルール（「せねばならないこと」）に従うことも遊びの重要な要素である。ルールなきところに「遊び」は成り立たない。もし、サッカーで手を使うことが許され、将棋の駒を自分の好き勝手に動かすことが許されてしまえば、当然「遊び」は成立しない。

④「遊び」は日常性を超えるものである。祭りに象徴されるように「遊び」においては、「日常世界」が一時的に消えてしまう。たとえばディズニーラン

ドは、パーク内から外の世界がみえないように設計されているという。そこでは日常から隔絶された「非日常」の世界が意図的につくりあげられているのである。そうした人工的な空間のみならず、「遊び」が成立するところでは、先に述べた無時間感覚が体感されるなど、私たちは日常的な時間やしがらみから切り離される。

　さて、本節では文化論的な視点からホイジンガの遊び論を紹介したが[1]、「遊びが文化を生み出した」という彼の考えに依拠するならば、「遊び」は役に立たない（有用でない）どころか、人間の営みそのものを支え、その根幹に位置づけられるものとさえいえるのである。

4．二つの具体例——スポーツと音楽

スポーツの場合

　これまで、さまざまな角度から「遊び」の価値とその特徴を検討してきたが、次に具体例をあげながら「遊び」の内実に迫っていくことにしたい。ここではとくに『SLAM DUNK』と『のだめカンタービレ』を例にとることにする。なぜここでこの二つの漫画（前者はスポーツ漫画で後者は音楽をテーマとした漫画）を引き合いに出すかといえば、スポーツも音楽もともに英語では動詞 play を用いる点で共通しており、（その動詞が端的に示しているとおり）両者の本質はともに「遊び」にあると考えられるからである。

　『SLAM DUNK』（井上雄彦著、集英社、1990-96 年）は高校生の桜木花道を主人公とするバスケットボール漫画なのだが、この漫画のうちには（本章で取り上げた意味での）「遊び」の姿がじつに生き生きと描き出されている。とりわ

図 16-3　『SLAM DUNK』における
無時間感覚

出所）井上雄彦『SLAM DUNK』31 巻、
集英社、119 頁。

図 16-4 『SLAM DUNK』における「遊び」の境地

出所）井上雄彦『SLAM DUNK』31 巻、集英社、138-139 頁。

け、最終巻（コミックス 31 巻）のラスト数十ページは圧巻である。通常、漫画といえば絵と言葉（セリフやト書き）で構成されるが、この漫画のクライマックス数十ページのうちにはまったくといっていいほど言葉が記されていないのである。ほぼすべての場面が絵のみで表現されている。そこで描かれているのはまさに先に述べた無時間感覚である。登場人物たちは、フロー（あるいはゾーン、Zone）と呼ばれる特殊な精神状態にある[2]。その状況は極限の集中状態であり、「息抜き」とは無縁の状況にある。

　主人公の桜木花道は、才能豊かなのだが、バスケットボール経験は浅い。バスケをはじめた当初は華やかなプレーばかりを好んでおり、基本的な型（「せねばならない」＝ルール）を疎かにしていた。だが、彼は地道な特訓に励み、基礎からしっかりと「型」を身につける。そして最終巻で試合時間残り 1 秒という緊迫したシーンで彼は一言、「左手はそえるだけ」という言葉をつぶやき、冷静に逆転のシュートを決める。ここでの主人公の姿は、先にあげた「遊び」の状態を顕著に表している。彼はクライマックスのシーンにおいて、シュートを放つさいの基本的作法（「左手はそえるだけ」＝「せねばならないこと」）を守りつつ、自分の思い通りのプレー（「したいこと」）をし、最高のパフォーマンス（「自由」）を実現する。

音楽の場合

　同様の状態は『のだめカンタービレ』（二ノ宮知子著、講談社、2001-10 年）のうちにも描き出されている。主人公の野田恵（のだめ）は、才能豊かなピアノ

専攻の音大生で、ピアノをみずからの心の赴くままに弾くことを楽しんでいる（「したいこと」の重視）。そのため、楽譜通りにピアノを弾くということ（形式通りの演奏＝「せねばならないこと」）が大の苦手であった。だが、フランスの音楽院への留学をきっか

図16-5 『のだめカンタービレ』における「遊び」の境地
出所）二ノ宮知子『のだめカンタービレ』22巻、講談社、85-86頁。

けとして、彼女は基礎から技術を叩き込まれることになる。楽譜通りにピアノを弾くこと、すなわち「せねばならないこと」を身につける訓練を徹底的に受けることになるのである。

　そうして技術を磨いたすえ、デビューコンサートでのだめは先にあげた『SLAM DUNK』の主人公・桜木と同様の境地に達する。

　ショパンのピアノコンチェルトを演奏した際、彼女は自分の演奏に陶酔する（「したいこと」をする）のではなく、「曲が破綻しないよう」ルールを守りながら演奏している。自分の心の赴くままに行動しつつ（「したいこと」）、それがルール（楽譜＝「せねばならないこと」）を逸脱していないのだ。先の桜木同様、のだめの場合も、ルールに則りつつ、最大限の個性を発揮した「自由」の境地に至っているといえるのである。

　そして、これら二つの漫画に共通している点は、「遊び」の境地に達した人は周りの人間（観客）を魅了し、巻き込んでいくということだ。バスケの試合においても、オーケストラの演奏においても観客は、その場のエネルギーに惹きつけられ無時間感覚を共有している。

我欲す

汝なすべし

超人

人間

動物

人間の精神における「三変」

5．ニーチェの「超人」とは何か

　「遊び」は、たんに人生における稀有な一場面（ある一定の時間内での出来事）として描き出されるだけではない。「遊び」の境地はニーチェ（Nietzsche,F.W.1844-1900）によって、人間形成の最終形態となる。シラーやホイジンガなどとともに「遊び」を高く評価した思想家ニーチェは、主著『ツァラトゥストラ（Also sprach Zarathustra）』で「人間は動物と超人の間にかけられた一本の綱である」と叫ぶ（「超人」思想）。人間はけっして完成形ではない。人間は動物から「超人」となる過程での通過点にすぎないというのである。では「超人」の正体とは何か。ニーチェは三変という考え方を打ち出し、人間の精神は三段階に変容してゆくべきだと述べる。

　まず第一にラクダの状態。この状態において、人間は「汝なすべし」（こうしなさい、ああしなさい）という命令を一身に背負い、がんじがらめになっている。私たちは通常、無数の命令に縛られている（遅刻をしてはならない。あいさつをしなければならない。盗みをはたらいてはならない……）。ニーチェによれば人間は「汝なすべし」に縛られたそうしたラクダの状態を脱却せねばならない。待ち受けているのはラクダからライオンへの変身である。ライオンは「我欲す」と叫び、みずからの意志を尊重し、「汝なすべし」の命令を打破する。みずからのルールに則るライオンは、力強く勇ましい。ライオンの状態においては、みずからの行為を律する規律は外側にではなく、自分の内側にある。だが、ニーチェはライオンの状態もまだ不十分と考え、最終形態である「超人」を目指すべきだと説く。では、ライオンを超越した「超人」とは何か。ニーチェはその正体を「遊ぶ子ども」と捉える。「遊ぶ子ども」のなかにニーチェは、迸（ほとばし）る生のエネルギーと無限の創造性を見て取り、そこに人間の目指すべき「超人」の姿をみたのである。すなわち、人間の精神変容をラクダ→ラ

イオン→「遊ぶこども」の過程で捉え、「遊ぶ子ども」を最上位に位置づけたのである。かくしてニーチェもまた「遊び」を高く評価し、人間の目指すべき究極の境地として位置づけたのである。

6．授業における「遊び」について

　これまで「遊び」の意義について検討してきたが、最後に実際的な教育の場面での「遊び」について考えてみよう。授業を行ううえで、子どもたちにとって授業自体が「遊び」（「せねばならないこと」であると同時に「したいこと」でもある）と感じられるようになれば、それはきわめて理想的なことといえる。「遊び」のなかで私たちは時間を忘れ、プロセスに没頭し、言い知れぬ充実感を得ることができる。そして、何より「遊び」は楽しい。授業が「遊び」に満たされて楽しくなれば、勉強が楽しくなり、学校も楽しくなる。1960年代には「競争主義」や「能力主義」の風潮により、詰め込み教育が行われ、子どもたちが勉強嫌いになり、学習意欲の低下が問題視されるようになった[3]。そうした状況を改変すべく、1970年代以降[4]、子どもたちの学習意欲を高めることが第一に考えられ、「楽しい授業」というフレーズが学校教育においてキーワードとして使用されるようになった。授業が「遊び」となり楽しくなれば、勉強嫌いもなくなるはずである、というわけである。だが、本章でみたとおり、「遊び」という言葉はたんなる「余暇」としての側面から、真に人間が目指すべき究極の境地に至るまでさまざまな相で用いられ、多義的である。

　「楽しい授業」には「遊び」の要素が少なからず含まれていると考えられるのだが、それでは、ここでいう「遊び」とはどの次元での「遊び」を指すのだろうか。そもそも「楽しい授業」とはどのような授業なのか。こうした問題を考えてゆくにあたって、次の記入欄にあなたがこれまで受けてきた授業のなかで「楽しかった授業」はどのような授業か具体的に記してほしい（ワーク16-3）。

　記入欄に記した楽しさとはどのような種類の楽しさであろうか。大きく分けて、楽しさはバラエティ的な楽しさ（funny）と真に充実感が得られるような楽しさ（interesting）に大別される。funnyのほうの楽しさは、娯楽的楽しさで

（小・中・高と）あなたがこれまで受けてきたなかで「楽しかった授業」とはどんな授業だったか？

あり、たとえば、授業でクイズやゲームを取り入れたり、体験学習を行ったりして、子どもたちが能動的に授業に参加できるように工夫がなされたものである。それはともすれば、享楽的・刹那的な楽しさとなる危険がある。ゲームやクイズを授業に取り入れ、授業が「楽しい」ものであっても、これにより「学ぶべき事柄」が子どもたちに十分身につくかどうかはまた別問題である。あるいは、しばしば指摘されるように、キャリア教育における職場体験が子どもたちにとって「楽しい」ものであっても、それが一過性のもので終わってしまい、体験が積み重なっていかないなどということもありうる。対して interesting のほうの楽しさとは、学ぶ内容そのものの楽しさ、文化を学ぶこと自体の楽しさである。funny な「楽しさ」のように、「遊び」が子どもたちにとって本来的に苦しい勉強を楽しませるための手段（ソフトな管理）として利用される場合、それはシラーやニーチェが評価した「遊び」の次元に到達してはいない。interesting は、子どもが学ぶ内容そのものに興味を示す際にもたらされる「楽しさ」であり、それは「学びたいこと」と「学ぶべきこと」が一致するときに訪れる楽しさである。そこにおいて、子どもたちは時間を忘れて学習内容に没頭し、かつそこで学ばれている内容が学ぶべき事柄を十全に満たしている。そうした授業が実現できたとき、授業は「遊び」となり、真に「自由」を体感できる場となるであろう。上の空欄に記した「楽しかった授業」は、はたしてどちらの「楽しさ」を含むものであっただろうか。

　本章でみてきたとおり、「遊び」はたんなる余暇・気晴らしとしてではなく、ある思想家によっては発達に寄与するものとして評価され、また別の思想家によっては、人間の目指すべき理想状況・究極状態として描き出されているので

あった。この意味において「遊び」は厚みをもった言葉といえる。教育的営み
に従事する際には、そうした「遊び」の多義性を自覚し、子どもへのそのつど
のはたらきかけに際して「遊び」の意味を考えてゆく必要があるのだ。

注
（1）　カイヨワ（Caillois,R. 1913-1978）は、ホイジンガが取り上げなかった偶然の
　　　遊びと眩暈の遊びにも光を当て、遊びを次の四つのカテゴリーに類型化した。ア
　　　ゴーン＝競争（サッカー、チェス、ビー玉遊び）、アレア＝偶然（ルーレット、
　　　宝くじ）、ミミクリー＝模擬（ごっこ遊び）、イリンクス＝眩暈（ブランコ、
　　　ジェットコースター）。
（2）　フロー（flow）とは、チクセントミハイによって提唱された特殊な精神状態の
　　　こと。この状態は、しばしば一流の芸術家やスポーツ選手が最高のパフォーマン
　　　スを行っているさいに体験するもので、フロー体験が起こるとその人の能力が最
　　　大限に発揮され、極度の集中状態が訪れる。
（3）　わが国の戦後教育史を見返してみても、60年代の「能力主義」は、経済成長
　　　に必要なエリート養成を目指し、ピラミッド型の人材育成システムの構築をは
　　　かった。これにより教育内容の水準が引き上げられ、学習の量も増加したことで、
　　　知識重視の「詰め込み」教育が行われることとなった。結果、授業についていけ
　　　ず「勉強嫌い」になる子どもの数は増えた。
（4）　1977年の学習指導要領改訂により、詰め込み主義からの転換がはかられ、教
　　　科の授業時間が削減されるなど、「ゆとりと充実」が目指されることとなった。

【読書案内】
①シラー（石原達二訳）『美学芸術論集』冨山房、1977年。
　シラーの『人間の美的教育についての書簡』（1795年）は、「遊びと人間形成」の
問題に光を当てた教育学の古典的テクストである。シラーは、カントの『判断力批
判』（1790年）に深く影響を受け、これを乗り越えることをみずからの使命と考え、
「遊び」に新たな価値を吹き込んだ。
②ホイジンガ（高橋英夫訳）『ホモ・ルーデンス』中公文庫、中央公論社、1973年。
　ホイジンガは文化論的な視点から、法律、戦争、哲学などを「遊び」と関連づけて
論じ、それらの本質には根本的に「遊び」が関与していることを発見した。そしてホ
モ・ルーデンス（遊戯人）を、ホモ・サピエンス（知性人）、ホモ・ファーベル（工
作人）よりも根源的なものとして捉えた。

③ニーチェ（氷上英廣訳）『ツァラトゥストラ』岩波書店、1967 年。

　ニーチェ後期の著作である『ツァラトゥストラ』は、物語性をもった詩的・哲学的な寓話である。ニーチェは『ツァラトゥストラ』において、端的に人間性それ自体が脱皮されるべきであることを訴え、「超人思想」を展開した。

参考文献

ホイジンガ（高橋英夫訳）『ホモ・ルーデンス』中公文庫、中央公論社、1973 年。

矢野智司『意味が躍動する生とは何か——遊ぶ子どもの人間学』世織書房、2006 年。

教育思想史学会編『教育思想事典』勁草書房、2000 年。

シラー（石原達二訳）『美学芸術論集』冨山房、1977 年。

カイヨワ（清水幾太郎・霧生和夫訳）『遊びと人間』岩波書店、1970 年。

ニーチェ（氷上英廣訳）『ツァラトゥストラ』岩波書店、1967 年。

松下良平「楽しい授業・学校論の系譜——子ども中心主義的教育理論のアイロニー」
森田尚人・森田伸子・今井康雄編『教育と政治／戦後教育史を読みなおす』勁草書房、
　2003 年。

（井藤　元）

第17章
「いのちの大切さ」を教えるには？
「いのちの教育」のあり方を考える

1. 道徳教育のテーマとしての「生命の尊さ」

　現在の学習指導要領では、道徳教育の内容が四つの視点から整理されており、そのなかの一つに、「D　主として生命や自然、崇高なものとの関わりに関すること」がある[1]。この視点は、さらに三つ、または四つの内容項目からなるが、そのうちの一つに、小・中ともに「生命の尊さ」がテーマとなっているものがある。以下に、このテーマがそれぞれの学年段階・学校段階ごとにどのように表現されているかを確認しておこう（表17−1）。

　たしかに、「いのちの大切さ」を子どもたちに教えるのは非常に大切なことである。それは、「減少傾向にある」といわれながらも、いまだにわが国では数多くの自殺者が出ていること[2]や、諸外国と比べれば少ないとはいえ、相当な件数の殺人が起こっていること[3]などに対処していくうえで効果的であるように思われるし、また、2011年の東日本大震災によって、いかに個々のいのちが脆く不確かなものであるかを知った私たちの経験を風化させないため

表17−1　「生命の尊さ」の内容項目

「生命の尊さ」の内容項目：各学年段階・学校段階ごとの表現	
小学校第1学年及び第2学年	(17) 生きることのすばらしさを知り、生命を大切にすること。
小学校第3学年及び第4学年	(18) 生命の尊さを知り、生命あるものを大切にすること。
小学校第5学年及び第6学年	(19) 生命が多くの生命のつながりの中にあるかけがえのないものであることを理解し、生命を尊重すること。
中学校	(19) 生命の尊さについて、その連続性や有限性なども含めて理解し、かけがえのない生命を尊重すること。

出所)『中学校学習指導要領（平成29年告示）解説　特別の教科　道徳編』にもとづき筆者作成。

にも、重要な営みであるに違いない。

　しかし、その大切さがいかに疑いえないことだとしても、ではどうやって「いのちの大切さ」を教えればいいのか？と問うたとき、確信をもって答えを述べられる人は、じつは、（たとえ現役の教員であっても）あまり多くないのではないだろうか。

　そこで本章ではまず、みなさん自身が「いのちの大切さ」を学んだ、と感じられる場面を振り返ってみてもらいたい。そこには、将来みなさんが教壇に立ち道徳教育を行う際の、第一のヒントが潜んでいると考えられるためである（ワーク 17 – 1 ）。

── ワーク 17 – 1 ──

あなたがこれまでに「いのちの大切さ」を学んだと感じられるのは、どのような場面だったか？

　どのような場面が思い浮かんだだろうか？　もちろん、学校での道徳教育のなかでそれを学んだという人もいただろう。しかし、それと同じくらい（あるいはもっと）、家族とのふれあいや近所の人との会話、ペットとの関係といった、学校生活を離れたところでの体験から"偶然に"学ばれたというケースが多くあげられたのではないだろうか。もしかすると、なかには宗教についてふれてくれた人もいたかもしれない。

２．「いのちの大切さ」を教えてきた宗教──でも国公立学校では……

　というのも、「いのち」、あるいは生や死は、どの宗教にとっても大きなテーマとされてきたからである。「宗教」というと、「非科学的」「怪しい」といった負のイメージと結びつけられてしまうことも多いが、たとえば墓参りや灯ろ

う流しなど、日常生活に溶け込んでいる信仰のなかで、死や生について思いをめぐらすといった身近な場面も、そのうちに含めて考えることができるだろう。宗教学者の弓山達也も、「いのちの教育」と「**宗教教育**」との近さについて指摘している[4]。

では、各学校において「宗教教育」をいまよりもっと積極的に行えば、「いのちの大切さ」が子どもたちに伝わるのではないか、と考える人もいるかもしれない。しかしそこには、日本の教育にとって非常にやっかいな問題が存在している。なぜなら、わが国の憲法第20条、および教育基本法第15条（旧教育基本法第9条）では、宗教と教育に関して次のような規定がなされているためである。

　　憲法第20条第3項：「国及びその機関は、宗教教育その他いかなる宗教的活動もしてはならない。」
　　教育基本法第15条第2項：「国及び地方公共団体が設置する学校は、特定の宗教のための宗教教育その他宗教的活動をしてはならない。」

わが国には、戦前および戦中、国家神道教育によって国民を戦争に向け駆り立て、支配者への絶対服従の姿勢を育成しようとした苦い歴史がある。こうした過去への反省から、戦後、上記二つの規定によって、国公立学校で「宗教教育」を行うことが禁止されるに至ったのである。このため、私立の学校であれば、たとえばキリスト教や仏教の教えにもとづく「宗教教育」を通じて「いのちの大切さ」を伝えようとすることが可能であっても、義務教育段階において圧倒的多数を占める国公立学校では、それは基本的に認められていないのである。

ただし、それでは国公立学校ではまったく「宗教教育」の可能性がないかといえば、そうでもない。その可能性は、「宗教教育」が、一般的に次の三つに分類して捉えられるということと関係している[5]。

　　①宗派教育：ある特定の宗教の教理や儀礼を通じて児童・生徒の人間形成を目指す教育。

②宗教知識教育：特定の宗教に限定せず、さまざまな宗教についての客観的な知識を教える教育。

　③宗教的情操教育：特定の宗教だけのものではない、あらゆる宗教に普遍的に共有される「宗教的情操」を育もうとする教育。

　この分類を押さえたうえで、もう一度、先ほどの憲法および教育基本法の規定をみてみよう。すると、教育基本法の内容は憲法の規定を前提としていることから、わが国の国公立学校で禁止されているのは「特定の宗教のための宗教教育」、すなわち①の「宗派教育」だけであることがわかる。

　それならば、②と③は禁じられていないのだから、②と③を通じて「いのちの大切さ」を教えていけばいいのだろうか？　しかし、事はそう単純ではない。そこにはまだ考えるべき問題が残っている（上で「非常にやっかいな問題」と書いたのはこのためである）。

　まず②の「宗教知識教育」についてだが、こちらは、「さまざまな宗教についての客観的な知識」を教えることを指しているのであった。たとえば世界史や日本史の授業といった機会に、さまざまな宗教についての基本的な知識を学ぶことは、たしかに憲法や教育基本法の規定と照らし合わせて問題のあるものではない。しかし、客観的な知識を学ぶだけでは、なかなか「いのちの大切さ」という次元にまでは届かないのが現実だろう。

　次に、③の「宗教的情操教育」について。こちらはとくに、「いのちの大切さ」を教えることと関連が深いように思われるが、しかし実践を行ううえで難しいのが、「③は①なしには成り立たない」とする意見があるという点である。つまり、どれか一つの宗教にもとづくことなしに、すべての宗教に通じる「宗教的情操」だけをダイレクトに教育することは不可能だ、というのである。

　この点について、宗教学者の佐木秋夫が面白いたとえ話をしている。昔ある国で、「酒教育」の重要性が力説された。酒は人生に非常に大きな影響をもつので、教育のうえでもこれを尊重しなければならない。しかし、一口に酒といっても、ビール、ワイン、日本酒……と種類がきわめて豊富である。にもかかわらず、どれか一つの酒を選んで酒教育を行うならば、ほかの酒に対して不公平になる。そこで頭のいい役人が「酒的気分教育」ということを考え出し、

酒を飲ませることなく酒の気分だけを味わわせようとした……という内容だ[6]。ある特定の酒を使うことなく、酒を飲んだときの気分一般を理解させることが不可能であるように、ある特定の宗教にもとづくことなく「宗教的情操」を育成することはできないはずだ、という主張である[7]。

　このように考えるならば、③を行うときはかならず①にもとづく必要があることになり、結局③も、日本の国公立学校では不可能ということになってしまう。現在でも、③の「宗教的情操教育」を国公立学校で行えるかどうかについては議論が続いており、はっきりとした回答が出されているわけではない。しかし、「いのちの大切さ」という、宗教的情操ときわめて関連の深い概念を教えようとするならば、このように、「不可能である」とする考え方があることをきちんと押さえたうえで、そのやり方や保護者への説明の仕方など、慎重に吟味しておく必要があるといえるだろう。

3.「いのちの教育」の実践──「生きること」と「食べること」

　このように、「いのちの大切さ」を教えることには、「宗教教育」との関係という側面だけをとっても、非常に複雑・困難な問題が横たわっていることがわかる。次にここからは、「宗教教育」になってしまうかどうかの問題を離れ、「いのちの大切さ」を教えることそれ自体の難しさについて考えてみたい。

　一般に、「いのちの大切さ」を教える教育は「**いのちの教育**」と呼ばれ、1980年代にはじまり多くの実践が試みられてきた。そのなかでもとくによく知られているのが、妻夫木聡主演『ブタがいた教室』として映画化もされた、大阪の小学校での黒田恭史による実践だろう。

　黒田は、4年生の担任をしていたときからの約2年半、間にクラス替えを挟みながらではあるが、クラス全体で1頭の豚を飼育した。飼いはじめた当初、クラスでは、その豚を最後には食べようということになっていた。しかし「Pちゃん」という名前をつけ世話を続けるなかで、やがてクラス内に、「自分たちで食べる」以外に、「下の学年に引き継いで飼ってもらう」「食肉センターに引き取ってもらう」という案が出され、話し合いが重ねられる[8]。

　黒田による実践は、「生きること」と「食べること」（もっといえば、そのた

図17-1 『ブタがいた教室』
出所）DVD『ブタがいた教室』日活、2009年。

めに他のいのちを犠牲にすること）との関係を、子どもたちにはっきりと意識させることを一つのねらいとしている。「子どもたちは、スーパーに並ぶ肉が、最初はどんな形であったかは知らない。いや、言葉では知っているかもしれないが、事実は隠されたままなのである[9]」という黒田の言葉からは、ふだんの生活のなかで食べている肉と、動物としての牛・豚・鶏などのいのちとが、当たり前のように切り離されてしまっていることへの違和感を感じ取ることができる。この実践は、自分たちが生きるために他のいのちを犠牲にしているということを、たんに頭だけを通じた知識として教えるのでなく、1頭の豚とのかかわりあいのなかで身をもって理解させることを通じて、①「だからこそ、もともとはいのちである食品を無駄にすることは許されない」、②「だからこそ、その犠牲の上に成り立っているすべての人間のいのちは尊い」、という二つの意味での「いのちの大切さ」を学ぶ機会にすることをねらいとしていたといえる。

　しかし、本章第1節でも述べたように、「いのちの大切さ」を教えることは、一筋縄ではいかない問題である。黒田の実践は、たしかに子どもたちの学びを引き出し、周囲からも多くの評価を得たが、同時に、「いのちの教育」にともなう数々の問題点について、私たちに問いかけてくるものでもあるように思う。ここで黒田の実践の結末は脇におき、その当初のねらいにあった、「「いのちの教育」のために動物を殺して食べる」ということに問題がないかどうか、少し立ち止まって考えてみよう（ワーク17-2）。

┌─── ワーク17-2 ───
│　「いのちの教育」のために動物を殺して食べることの問題点とは？
│
│　⋯⋯⋯⋯⋯⋯⋯⋯⋯⋯⋯⋯⋯⋯⋯⋯⋯⋯⋯⋯⋯⋯⋯⋯⋯
│
│　⋯⋯⋯⋯⋯⋯⋯⋯⋯⋯⋯⋯⋯⋯⋯⋯⋯⋯⋯⋯⋯⋯⋯⋯⋯
│
│　⋯⋯⋯⋯⋯⋯⋯⋯⋯⋯⋯⋯⋯⋯⋯⋯⋯⋯⋯⋯⋯⋯⋯⋯⋯
│
│　⋯⋯⋯⋯⋯⋯⋯⋯⋯⋯⋯⋯⋯⋯⋯⋯⋯⋯⋯⋯⋯⋯⋯⋯⋯
│
└

4．「いのち」が「手段」にされてしまう？

　その問題点には、たとえば、「保護者の理解を得るのが難しそう」であると
か、「それを見た子どもがショックを受け、肉を食べられなくなるかもしれな
い」などといったものがあるだろう。こうした実践には、たしかに、ふだん私
たちの目から遠ざけられている、「動物を殺すことで食用の肉がつくられてい
る」という当たり前の事実を身をもって学び、そこで犠牲となるいのちを意識
化するという大きな意味がある一方で、いざそれを実行に移そうとするときに
は、多くの困難が生じてしまうものである。

　さらにまた、子どもや保護者、同僚の反応といった面だけでなく、そこには
根本的に、ねらいと正反対のことを伝えてしまう危険性がある、という問題も
あるのではないだろうか。その危険性とは、「「いのちの教育」のために動物を
殺して食べる」とき、そこでは、その生き物のいのちが、教育のための「手
段」と受け取られる可能性がある、という
ものだ。どういうことか、以下に詳しくみ
ていこう。

　私たちの生活は、たいていの場面におい
て目的－手段の関係に組み込まれており、
「有用性の論理」（第16章を参照）にもとづ
いて営まれている。この、目的－手段の関
係のなかで、たとえば家畜としての豚は、

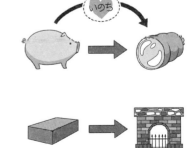

人間が豚肉を食べるという目的のための手段である。しかしその豚は、手段であると同時にいのちでもある。だからこそそれは、「人間が寒さをしのぐ・た・め・に・」積み上げて暖炉にされるレンガとは違った種類の尊重が必要となるものであり、また、そのいのちの犠牲の上に成り立つ私たちのいのちも尊重されるものとなる。この、「目的のための手段」という枠組みに落とし込めきれないところに、いのちの尊厳があるのではないだろうか。

　しかし、もしある豚が、「いのちの大切さ」を教えるという目的のために飼われ、殺されるとするならば、結局そのいのちまでもが、すべて人間の管理下におさまった目的–手段関係のなかに埋め込まれてしまうことになる[10]。それでは、いのちも人間の管理によってコントロールできるものだし、また、そうしてよいものだ、という「いのちの大切さ」とは正反対のメッセージを伝える危険と隣り合わせの教育になってしまうのである[11]。

　「ワーク17−1」を行ったさい、「いのちの大切さ」を学んだ経験としてあげられた場面には、身近な人を亡くしたことや出産の場に立ち会ったことなど、思いもよらないときのものが多かったのではないだろうか。それは、いのちが完全に人間の管理下におけるものではないことを考えるならば、当然のことだったといえる。自分の孫に「いのちの大切さ」を教える・た・め・に・死ぬ祖父はいないのであり、"偶然に"接した祖父の死を前に、孫が、身をもって何かを受け取るところに「いのちの大切さ」の学びは生起するのである。

　ただ、そうであるならば、道徳教育の枠内で「いのちの大切さ」を教えることは、そもそも不可能なのだろうか。なぜならば「教育」とは通常、先立つ世代があとの世代に知識や能力を獲得させるための、意図的・計画的なはたらきかけを意味しているためである。しかし、「ワーク17−1」で「道徳教育で「いのちの大切さ」を学んだ」と言ってくれた人がいた（かもしれない）ように、学校教育のなかで「いのちの教育」を行う可能性はゼロではない。私たちは、その性質からして「教育」になじみにくい「いのちの大切さ」を、それでも意図的・計画的に教育しようという矛盾のなかで、実際にどんな取り組みができるのだろうか。ここで本章の最後のワークとして、この問題を考えてみてほしい（ワーク17−3）。

── ワーク 17−3 ──

学校における道徳教育として「いのちの大切さ」を教えるには、どのような取り組みが考えられるだろうか？

....

....

....

....

....

5．「いのちの次元」への感度

　上で確認したように、「いのちの大切さ」は、教師の意図したとおりに学ばれるものではないだろう。ただ、その学びが生起することへの「願い」をもちながら、そのための土台を用意することまでであれば、意図的な教育の枠内で十分に可能なのではないか[12]。その具体的なやり方については、皆さん一人ひとりに考えていってもらうしかないが、ここで最後に、「いのちの大切さ」を伝えようとする教師に求められると思われることを提示しておきたい。それは、**「いのちの次元」への感度**である。

　「いのちの次元」とはどういうものだろうか。本章ではこの言葉を使うことで、近年、日本でも「**スピリチュアリティ**」という概念で示されるようになってきた領域を念頭においている。「スピリチュアリティ」や「スピリチュアル」について、明確な定義をすることは難しいが、たとえば世界保健機関（WHO）が 1990 年に出した報告書『がんの痛みからの解放とパリアティブ・ケア』のなかでは、「スピリチュアル」は次のように定義されている──「人間として生きることに関連した経験的一側面であり、身体感覚的な現象を超越して得た体験を表す言葉[13]」。そして 1998 年には、WHO 執行理事会において、「健康」の定義に、それまでの「肉体的（フィジカル）」「精神的（メンタル）」「社会的（ソーシャル）」だけでない、「スピリチュアル」という側面を加えようという提案がなされた[14]。

　こうした意味での「いのちの次元」は、たんにある人間やある生物が生きて

いるか死んでいるかといった意味でのいのちの、さらに奥深くにある領域ということができる。この点については、吉田敦彦による整理を参考に考えてみたい。

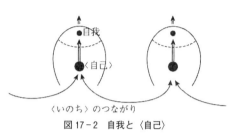

図 17-2　自我と〈自己〉

出所）吉田敦彦『ホリスティック教育論』日本評論社、1999 年、60 頁。

吉田は、さまざまな心理学者の議論を背景に、人間の心には「自我」と〈自己〉の二つの層があるという仮説を立てる。「自我」のほうは、社会から求められることにあわせて、意識的にコントロールしている自分を、〈自己〉のほうは、何かに心の底から夢中になって、ワクワクしてくるときの源のような、奥のほうまで続いていく広い自分のことを指している。このイメージは、楽しいことに夢中になって遊んでいるときの自分と、それを適当なところで切り上げて課題に取り組む自分とが、どちらも同じ自分であることを考えるならば、納得のいくものであるだろう。しかし吉田は、そのうえでさらに、この〈自己〉の奥の奥は、他者との〈いのちのつながり〉に開かれているという。

　自分と他者の間に、〈いのちのつながり〉があるといわれても、あまりピンとこないかもしれない。しかしたとえば、合唱の際に、一人ひとりの声や息つぎのタイミングがぴったりとあい、全体が一体感をもてたときの喜びを思い浮かべてみてほしい。そこには、それぞれの個人のいのちのリズムが、それぞれの「自我」のものでありながらも、その枠を超えて、ここでいう〈自己〉として、周囲の人々のいのちのリズムとつながっている様子が表れているのではないだろうか。また、先に黒田の言葉を引用したところでもみたように、私たちのいのちは他の生き物のいのちを取り入れることで保たれているのだし、誰のいのちも、ある男女のいのちが交差し、それが連綿と続いてきたところに成り立っているものである。本章では「いのちの大切さ」という言葉をはじめから当たり前のように使ってきたが、その言葉には、こうした広さと深さがともなっていることを考える必要があるのではないだろうか。

　仮に教師が、このようないのちの広さや深さに思いを馳せることなく、たん

なるお題目として「いのちは大切に」と繰り返していたとしたら、そこではまさに「**隠れたカリキュラム**（hidden curriculum[15]）」として、いのちに対する表面的な建て前だけが子どもたちに伝わってしまうことだろう。

　もちろん、教師が「いのちの次元」に配慮していたからといって、すぐに子どもたちに目に見える変化が現れるわけではない。はっきりとした成果の出ないことに配慮し続けることは、不安な気持を呼ぶこともあるかもしれない。また、「いのちの次元」や「スピリチュアリティ」と呼ばれる領域を受け入れられない子どもや保護者、同僚がいる場合、たがいの立場を尊重しあうことに多大な苦労がともなうこともあるだろう[16]。しかし、それでもなお教師が、生活のなかの目的－手段関係の次元だけではない、「いのちの次元」へのまなざしを少なくとも忘れずにいることが、必ずしも「宗派教育」に数え入れられるわけではない「宗教的情操教育」の一つとして、子どもたちの「いのちの大切さ」の学びを背後でしっかりと支えてくれるように思われる。

注

（1）　そのほかの三つの視点は、「A　主として自分自身に関すること」、「B　主として人との関わりに関すること」、「C　主として集団や社会との関わりに関すること」である。

（2）　警察庁のデータによれば、2018 年、年間の自殺者数が 37 年ぶりに 2 万 1000 人を下回った。しかし、その 2018 年でも 2 万 840 人であり、2009 年以降減少傾向にあるとはいえ、依然として高い数字が続いている。

（3）　同じく警察庁のデータによれば、殺人の認知件数はここ数年、次のような数字で推移している。2015 年：933 件、2016 年：895 件、2017 年：920 件。

（4）　カール・ベッカー／弓山達也編『いのち　教育　スピリチュアリティ』大正大学出版会、2009 年、237 頁。

（5）　家塚高志「宗教教育と宗教的情操教育」日本宗教学会「宗教と教育に関する委員会」編『宗教教育の理論と実際』鈴木出版、1985 年。

（6）　佐木秋夫『宗教と時代』白石書店、1981 年、198–199 頁。

（7）　宗教的情操教育に対する異論には、たんに、それが特定の宗教なしには不可能であるというだけではない、歴史的な背景もある。1899（明治 32）年、政府は、文部省訓令第 12 号によって、国公立だけでなく、私立学校でも宗教教育を厳しく禁止した。しかしその一方で、「神社は宗教ではない」と神道を別扱いにする

ことで、国家神道による国民意識の統合をはかった、という経緯があるのである。宗教的情操教育の問題が議論されるとき、この点への警戒感はつねに大きな論点となる。詳しくは、菅原伸郎『宗教をどう教えるか』朝日新聞社、1999年を参照。

（8）　詳しい経緯については、この実践についての黒田自身による記録がある。黒田恭史『豚のPちゃんと32人の小学生』ミネルヴァ書房、2003年。

（9）　同書、9頁。

（10）　田中智志は、この問題を「いのちの物象化」と呼び、そこでは「一つの「いのち」を「教育」の名のもとに、教師が自在に操作できるモノ、所有物に還元している」として批判している（田中智志『教育臨床学――〈生きる〉を学ぶ』高陵社書店、2012年、191頁）。

（11）　ドイツの哲学者、カント（Kant, I. 1724-1804）は、人間については、たとえ誰かのための手段として働いている人であっても、つねに同時に「目的としてみられねばならない」と考えていた。たとえば、誰かの空腹を満たすために料理をつくっている料理人は、その料理を食べる人にとっては手段となっている。しかし同時にその料理人には、自動で料理をつくってくれるロボットとは違う、その存在自体の絶対的価値がある（だから「手段」でなく「目的」）のである。ただしカントは、動物については、人間という目的のために存在する「たんなる手段」であるとみていた。この論によるならば、豚のいのちが人間の学習の手段になることに矛盾はなくなるが、学習指導要領で求められているような、人間以外の「いのちの大切さ」について考えることは難しくなるように思われる。

（12）　たとえば、『朝日新聞』2016年4月3日の記事「花まる先生公開授業」で紹介された、愛媛・四国中央市立三島小学校の田中正史は、次のような授業を行っている。小学校4年生対象の2時間続きの授業で、前半では、ニワトリの手羽先を使って骨、関節、筋肉を観察し、体のしくみを学ぶ。その後、後半では家庭科室に移動、観察に使った手羽先を使ってスープをつくり、全員でいただく。この実践は、「いのちの教育」に特化したものではない各教科の意図的な教育の枠内でも、教科に関する教育的意図（ここでは、体のしくみを学ぶこととスープづくりを学ぶこと）とはまた別に、「いのち」をいただいて生活しているという実感を子ども達が得る可能性があることを示す一例である。

（13）　世界保健機関編『がんの痛みからの解放とパリアティブ・ケア』金原出版、1993年、48頁。

（14）　ベッカー／弓山編前掲書、p.v 参照。ただし、提案はなされたものの、「健康」の定義の変更を審議する必要性が他の案件に比べて低い、などの理由から、翌年のWHO総会でこの件が実際に審議されるには至らなかった。しかし、この間の

議論によって、「スピリチュアル」という語は世間の注目を集めることになった。

（15） アメリカの教育学者、ジャクソン（第7章参照）により最初に提唱された。詳しくは第3章を参照のこと。

（16） 林貴啓は、「いのちの次元」を受け入れられない人の信念は尊重される必要があるが、同時に、その次元をまったく扱わないこともまた、一つの特定の「いのち」観にとらわれているとみている。林は、一つの答えを出すのでなく、さまざまな「いのち」の問いの深め方に対しオープンな姿勢でいること、「「問い」として「いのち」を考える」ことの重要性を指摘している。詳しくは、林貴啓「「いのちの教育」を「問い」として考える」得丸定子編『「いのち教育」をひもとく——日本と世界』現代図書、2008年参照。

【読書案内】

①鳥山敏子『いのちに触れる——生と性と死の授業』太郎次郎社、1985年。

本章で取り上げた黒田恭史も影響を受けたという、鳥山敏子による実践の記録。「いのちの教育」の源流としてよく知られる「にわとりを殺して食べる」授業のほかにも、「飼育から屠場まで」のプロセスを学ぶ授業や、「原子力発電所とゴミ」についての授業など、80年代に行われたものでありながら、現在の私たちにとってもアクチュアルな視点から、生・性・死について考えるきっかけを与えてくれる。

②シンガー（戸田清訳）『動物の解放 改訂版』人文書院、2011年。

「いのちの大切さ」を考えるうえで避けて通れない「食べること」の問題について、明確な肉食反対の立場から書かれた著作。筆者は、人間が人間以外の動物を食用や実験用に利用していることを、かつての白人による黒人への専制政治になぞらえて批判している。「いのちの教育」の目的は、筆者の主張のようにベジタリアンを選択させることではないが、本書を通じて、「生きること」と「食べること」のバランスに対する自分の立場を見直すことができる。

③日本ホリスティック教育協会編『ホリスティック教育入門』せせらぎ出版、2005年。

本章の最後にふれた「いのちの次元」までをも含めて、人間を「ホリスティック」に（＝「つながり」や「バランス」を意識して、全体的・総合的に）みようとする「ホリスティック教育」の入門書。バラバラな部分をたんに足しただけでは捉えられない「全体性」についての本書の視点は、「いのちの教育」にかぎらず教育全般について、ありがちな直線的な教育観（「教師」という主体が、「児童・生徒」という客体を「教育」する）を相対化してくれる。

参考文献

カント（土岐邦夫ほか訳）『プロレゴーメナ／人倫の形而上学の基礎づけ』中央公論
　　新社、2005 年。

黒田恭史『豚の P ちゃんと 32 人の小学生』ミネルヴァ書房、2003 年。

近藤卓編『いのちの教育——はじめる・深める授業のてびき』実業之日本社、2003 年。

佐木秋夫『宗教と時代』白石書店、1981 年。

世界保健機関編『がんの痛みからの解放とパリアティブ・ケア』金原出版株式会社、
　　1993 年。

菅原伸郎『宗教をどう教えるか』朝日新聞社、1999 年。

田中智志『教育臨床学——〈生きる〉を学ぶ』高陵社書店、2012 年。

得丸定子編『「いのち教育」をひもとく——日本と世界』現代図書、2008 年。

日本宗教学会「宗教と教育に関する委員会」編『宗教教育の理論と実際』鈴木出版、
　　1985 年。

ベッカー／弓山達也編『いのち　教育　スピリチュアリティ』大正大学出版会、2009
　　年。

吉田敦彦『ホリスティック教育論』日本評論社、1999 年。

（河野桃子）

第18章
未来の社会に求められる資質とは？
異なる文化の他者と共に生きる

　あなたは将来どのような人間になりたいだろうか。また、将来子どもが生まれたとしたら、どういった人間に育ってほしいだろうか。そもそも教育とは、人間の自己実現の可能性を信じ、未来への志向性をもった人間形成を見守る営みである。そうしたなかで、どのような人間形成が行われていくかは、個人によるところも大きいが、時代や文化、環境によっても求められる人間像はさまざまであり、私たちが生きている社会の影響も少なくない。それでは、現在の社会おいて未来に求められる資質にはどのようなものがあるか考えていこう（ワーク18-1）。

```
─── ワーク 18-1 ───
未来の社会を担う人間に必要な資質とは何だろうか？
.............................................................................
.............................................................................
.............................................................................
```

1．未来の社会に求められる資質とは？

　最初のワークから、問いが抽象的で少し難しかったかもしれない。「将来に向けて自分に必要な資質とは？」、あなたが教師を目指しているのであれば、「教育を通して、これからの社会を担う生徒に育んでほしい資質とは？」という問いに変えて考えてみるといいかもしれない。この章を読み進めながら、考えていこう。
　ここでは、文部科学省（以下、文科省）が描く、未来の社会に求められている資質をみていきたい。文科省は、2008年に教育基本法第17条第1項にもと

づく教育振興基本計画を策定し2019年6月に第三期計画を発表した。基本方針の一つ「社会の持続的な発展を牽引するための多様な力を育成する」の目標として、「グローバルに活躍する人材の育成」があげられている。この目標は第一期計画から一貫しており、価値観が多様化し、変化が激しく先のみえない未来の社会でも、新たな価値を創造し、グローバルに活躍する日本人の育成が課題となっている。こうした文科省の文言を引き合いに出すまでもなく、「国際社会で活躍する人間の育成」とは、日常でもよく聞かれる言い回しであろう。では、そもそも具体的にどのような資質をもった人間かを考えたことはあるだろうか。まずは、あなたが考える国際社会で活躍している人物を、思いつくまま何名かあげてみよう（ワーク18-2）。

── ワーク18-2 ──

国際社会で活躍していると思う人物を書いてみよう。

どんな人物の名前があがっただろうか。スポーツや政治、国際機関で働く人など、さまざまな人物の名前があがっただろう。それでは、次にその人物たちに共通する資質や特徴を考えてみよう（ワーク18-3）。

── ワーク18-3 ──

ワーク18-2であげた人たちに共通する資質や特徴を考えてみよう。

文科省は先述の大きなビジョンをさらに具体化し、グローバルな社会課題を発見・解決できる人材や、グローバルなビジネスで活躍できる人材の育成に取り組んでいる。それは、高等学校などを「スーパーグローバルハイスクール

(SGH)」に指定し質の高いカリキュラムの開発・実践やその体制整備を進める取り組みである。ここでは、生徒が育むべき国際的素養として、①社会課題に対する関心と深い教養、②コミュニケーション能力、③問題解決力をあげている。「ワーク 18 − 1」や「ワーク 18 − 3」でも、似たような資質があげられたのではないだろうか。

　この章では、この三つの資質を参考にして、第 2 節では異文化との接触の観点からコミュニケーション能力と問題解決能力について、第 3 節では社会課題に対する気づきと深い教養について、それを育む日常を問い直すアクティビティから考えていきたい。

2．異文化の他者と共に生きるには

言葉の背景にあるもの

　「ワーク 18 − 1」や「ワーク 18 − 3」では、コミュニケーション能力や、「英語が話すことができる」など、外国語の能力について書いた人が多いのではないだろうか。最近では TOEIC や TOEFL の得点が一般企業でも重視されるようになり、外国語でのコミュニケーション能力に高い価値がおかれている。教育の現場でも、国際理解の一環として外国語や異文化に慣れ親しむことや、コミュニケーション能力の向上が期待され、2018 年から小学校 5・6 年生で英語が教科化され、小学校 3・4 年生で「外国語活動」が導入された。しかし、外国語を話すことができるだけで、国際社会で活躍するグローバルな人間であるといえるだろうか。次の事例から考えてみよう（ワーク 18 − 4）。

　なぜ、英語の能力も十分にある G さんが、事例のように、グループとの関係でうまくいかなくなったのだろうか。コミュニケーションの面から考えてみると、「①討論で発言しなかったこと」と「②「O.K.」という発言」という二つの行動が浮かび上がる。二つの行動のどこが問題となったのだろうか。

　語学や外国語と聞くと、日本語の「本」と英語の「books」といったように文字そのものの違いに目がいくだろう。しかし、言語にはジェスチャーや人との距離などといった非言語的な領域も含まれる。私たちは、言語だけでなく非言語的なコミュニケーション、**ノンバーバル・コミュニケーション**（nonverbal

以下の事例を読み、問題の背景には何があるか考えよう。

Gさんは、アメリカの大学に留学して何カ月か過ぎ、英語の能力や友だち関係にも問題なく、留学生活を楽しんでいた。ある日、グループで課題を討論し発表する形式の授業に参加した。しかし、Gさんはその日体調が悪いうえに、グループの討論は早く、自分の考えを先に言われてしまうこともたびたびあり、なかなか発言することができなかった。途中、「大丈夫?」と声をかけられたが、討論を止めてしまうのは悪いと思い、「O.K.」と答えた。そのままグループの話し合いはうまくいき、次回の授業での発表を残すだけとなった。しかし、次の授業で同じグループに参加したところ、仲間の態度は冷たく、グループ発表での役割も簡単なものしか分担されず、Gさんは仲間の急な態度の変化にとまどった。

communication）を含めた情報のやりとりを行っており、そこにも文化が影響しているのである。このことをふまえて、異なる文化に所属する人々とコミュニケーションをとるために必要な一つの考え方をみていこう。

①は、「沈黙は金」などということわざがあるとおり、日本では沈黙は美徳でもある。この場合、Gさんは討論を邪魔しないように、他者のことを考えて沈黙していたとも考えられる。しかし、アメリカなどでは意見を述べないということは自分の考えをもっていない人、能力のない人、参加する気がない人などとみなされる傾向にある。そのため、グループの仲間は、Gさんがグループワークに非協力的で能力も低いと思い、態度が冷たくなったと考えることができる。沈黙に対する意味の違いが存在していたのだ。

②では、Gさんは、「大丈夫?」と聞かれた際に、「O.K.」と答えたが、熱があり体調が悪いことや討論が早くて困っていることをはっきり伝えなかったことがすれ違いを生んだと考えられる。日本では、いくら「O.K.」と答えても言葉をそのまま受け取らず、「ゆっくり話したほうがいいかもしれない」などと配慮するだろう。それは、同じような文化的背景をもつ人々が多い日本では、

文脈や状況、人間関係から伝えられるべき情報を読み取る傾向にあるため、明確に言葉にしなくても意図や思いが伝わるからである。こうした文化は「**高コンテクスト文化**（high-context culture）」と呼ばれる一方、アメリカなどさまざまな文化的背景をもつ人々が多いところでは、情報を明確に言葉に示されなければ伝わりにくい特徴をもつ「**低コンテクスト文化**（low-context culture）」と呼ばれる[1]。事例の場合、文脈や状況ではなく言葉によるメッセージを重視するため、「O.K.」はそのまま文字度通り受け取られ、実際に困っている状況は仲間に伝わらなかったと推察できる。このようにふだん同じ文化内では経験しないような、異文化との接触による驚きや戸惑い、不安などの体験を、**カルチャー・ショック**という。

枠組みに気づき共生する

　事例のように、異なる文化的背景をもつ人たちと良好な関係を築くことは、なぜ難しいのであろうか。それは、異なる文化の人間と接するときに、「話している言葉」や「食べ物」など文化の違いが非常にわかりやすい部分がある一方で、先ほどの事例のような沈黙や動作、空間の使い方といったノンバーバル・コミュニケーションなどのすぐにはわかりにくい部分があるからである。ただ言葉が話せるだけでなく、言葉の背景にある文化的特徴や行動様式の違いに目を向けることが重要になる。そうした文化的な違いは、「ワーク18−5」の「**文化の島**」と呼ばれる図でたとえられている[2]。

　そもそも、文化とは一般的に「人間が自然に手を加えて形成してきた物心両面の成果。衣食住をはじめ技術・学問・芸術・道徳・宗教・政治など生活形成の様式と内容を含む[3]」と定義される。しかし、それはある集団においてである。そのため、「ワーク18−5」にあるように海面から出ている島の上部の、文化が見える部分と、海面下の見えない部分が生じる。一方で海底でつながっているところは、人類として共通する部分である。事例で考察されたのは、この見えない部分である。それぞれの文化には思考体系や価値観、生活規範、社会的ルールなどがあり、あまりにも日常的であるために自分自身ではなかなか気づくことができないが、**異文化との接触**によって気づくのである。

　異文化との接触は、自分の深くにある前提や枠組み、時によってはその前提

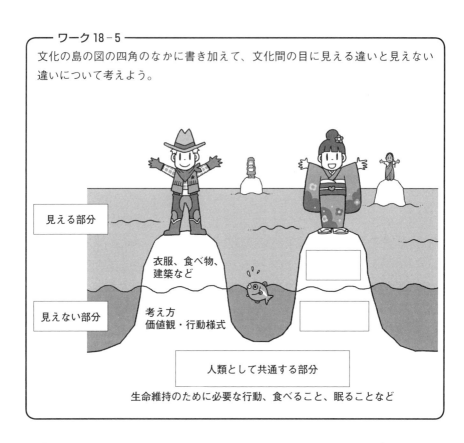

ワーク 18-5

文化の島の図の四角のなかに書き加えて、文化間の目に見える違いと見えない違いについて考えよう。

見える部分

衣服、食べ物、
建築など

見えない部分

考え方
価値観・行動様式

人類として共通する部分

生命維持のために必要な行動、食べること、眠ることなど

の前提が揺さぶられる経験であるため、カルチャー・ショックと呼ばれるような戸惑いや不安を感じるが、そうした問題を解決し、異文化の相手と望ましい関係を築くための「**統合的関係調整能力**[4]」を育む機会でもある。問題の生じている異なる文化の他者との関係を客観的にみることにより、自己への気づきを深め、自己とともに他者との関係を調整していくことができる能力である。異なる文化の他者と出会うことで自己が揺らぎ、その揺らぎのなかで、自分のもつ文化的な前提となる価値観に気づくことで、他者と新しいかかわり方ができるようになる。

問題を超えて新たな関係を築く

　異文化との接触を通して自分の前提が揺らぐことは、驚きや恐怖などのマイ

ナスのイメージをもたれやすい。しかし一方で、
自己自身を問い直すきっかけとなり、真の自己実
現や他者との新しい関係を育む機会にもなる。そ
のような過程をみることのできる映画が、『マ
イ・ビッグ・ファット・ウェディング（My Big
Fat Greek Wedding)』（2003 年）である。日本では
あまり知られていないが、主演女優の実体験をも
とにしたラブ・コメディで、アメリカでは記録的
な大ヒット映画となった。主人公のギリシア系ア
メリカ人の家庭に育った女性が、典型的なアメリ
カ人の男性と恋に落ちるが、ギリシア人らしく生
きギリシア人と結婚して家庭に入ってほしいとい
う伝統的な考えの家族や親族の反対にあい、大騒
動のすえに反対を乗り越え、文化の違いを理解し
あって幸せな結婚をする話である。

**図 18-1　『マイ・ビッグ・ファッ
ト・ウェディング』**

出所）DVD『マイ・ビッグ・ファッ
ト・ウェディング』ワーナー・
ホーム・ビデオ、2003 年。

　アメリカとギリシアの文化的な特徴がコミカルに描かれており、映画として
も非常におもしろいが、ここで興味深いことは、主人公が異文化の他者と出会
うことで親族を巻き込んだ異なる文化間の葛藤を超えるだけでなく、その過程
で、同じ文化の家族との関係も新しく構築し、さらには自分自身の人生に対す
る意識や取り組み方までも変化させるところである。

　このような他者との関係や自己実現の問題は、異文化間だけで生じる問題で
はない。この節で述べてきたような、異文化接触において求められる統合的な
関係調整能力が、異文化間においてのみ役立つのではなく、日常においても一
つの問題解決力として大きな力となることに気づくだろう。

── ワーク18-6 ──

この映画のように、これまで価値観や他者との関係が変わるような体験をした
ことがあるだろうか？　あなた自身に変化はあっただろうか？

....

....

....

3．前提を問い社会課題に気づく

日常から世界と自分のかかわりに気づく

　前述の SGH でも明示されているように、社会課題に対する関心と深い教養が生徒に求められている一方で、若者の海外離れが指摘され、世界に興味がない人も少なくない。また、一方で情報が溢れており、インターネットなどですぐに調べることができるため、国際社会に関して十分に "知っている" 人も多い。しかし、自分のこととして考え、実行している人はどのくらいいるだろうか。このような、"知っている" 形だけの知識を深い「知」へと導き、行動につなげる手助けの一つが、『世界がもし 100 人の村だったら』のアクティビティである。

　『世界がもし 100 人の村だったら』は、周知のとおり、世界を 100 人の村にみたてて世界の多様性と現状をわかりやすく描いた絵本である。『ワークショップ版　世界がもし 100 人の村だったら』（図 18-2）は、絵本の内容を「人口」や「識字率」、「格差」などのテーマにもとづいてアクティビティとして展開し、参加者が世界の現状を疑似体験し、公正な地球社会を築くための行動へつながることを意図して製作された。さらに、体験だけで終わらずに、原因を考えたり、アクションプランをつくり、自分ができることを書き出して行動につなげる工夫が盛り込まれている。

　筆者は、大学で 200 人の学生を対象にして、この教材を用いた授業を行ったが、学生の反応は予想以上であった。とくに、世界全体の所得配分の不公平さを体験する「所得が多いのは誰？」のアクティビティでのショックが大きかったようである。このアクティビティは、世界人口を所得配分状況に応じて 5 分割にした国連開発計画（UNDP）の統計にもとづいた「役割カード」（図 18-3）を 1 人 1 枚配布し、そこに描かれているマーク（図 18-3 右上）で、参加者を五つの所得グループに分ける。教材では、世界の全所得を飲み物にみたて先ほどの統計にもとづいて各グループに配布し、他のグループと比較しながら実際に飲みその不公平な配分を体験する。

　筆者の場合、学生により身近でわかりやすいように、参加者全員分の 200 本

の「うまい棒」を世界全体の所得として使用した。「もし、世界が平等であったら1人1本うまい棒を食べることができます。しかし、世界の現状はどうでしょうか？」とコメントし、統計通りに各グループに配布するとどよめきが起こった。いちばん所得が多い40人には148本が配られ、1人当たり約3.7本食べることができる。しかし、いちばん所得が少ない40人は3本を全員で分けることになる。その差は約50倍にも上る。その場で食べてもいいと伝えたが、実際には誰も食べなかった。誰も食べる気にならなかったのだ。

　世界について知っていたつもりの学生も、興味がなかった学生も、アクティビティを通して体験した歪んだ所得配分に大きなショックを受けていた。「ただカードをひくような偶然で、貧富の差が生じているなんて」と驚く学生もいた。体験後にアクションプランを書き、考察して文字にすることによって、大学でのボランティア活動や募金の意味も理解し、いまの自分ができることをまず行いたいというコメントも多かった。自分の日常に潜んでいる社会的な課題に気づき、これまで学んできた知識とあわせ、行動へとつなげていくことの大切さに気づいたようである。

図 18-2 『ワークショップ版
　　　　世界がもし 100 人の村
　　　　だったら』

出所）100 人の村教材編集委員会編、
　　　開発教育協会、2003 年。

図 18-3　役割カード

出所）同 51 頁。

日常を問い直し、身近な社会的課題に気づく

　以下では、日常を問い直し、社会的な課題が身近にあることに気づこう。ありふれた日常をじっくりみてみると、国際社会のなかで生きている自分があぶり出されてくる。ワーク18−7には三つの問いをあげている。どれも正解のない問題であるため、以下には考え方一つが示してある。そのなかのキーワードなどをもとにして、調べ、考察しよう。また、自分なりの問いや疑問も考えて話し合ってみるのもいいだろう。しかし、こうしたアクティビティは考え、行動するきっかけにすぎない。体験だけで満足してしまわずに、あなた自身で知識を深め行動へとつなげていこう。

```
─── ワーク 18−7 ───────────────
 私たちの日常を疑ってみよう。
 Ⅰ　チョコレート 100 円は高いか？　安いか？
 Ⅱ　日本は豊かか？　貧しいか？
 Ⅲ　日本は平和だろうか？
 Ⅳ　自分で問いをたててみよう。
 ─────────────────────────
 ─────────────────────────
 ─────────────────────────
 ─────────────────────────
 ─────────────────────────
 ─────────────────────────
 ─────────────────────────
 ─────────────────────────
 ─────────────────────────
```

チョコレート 100 円は高いか？　安いか？

　一般的な 50 グラムの板チョコは 100 円前後であるが、高いだろうか、安いだろうか。また、100 円は正当な値段だろうか。チョコレートは、原料のカカオを栽培する人、それを加工する人、輸入する人、多国籍企業などさまざまな人の手を渡り、生産者に十分な報酬が支払われていないといわれている。さら

に、国際相場や天候に大きく左右され、生産者は劣悪な生活水準と労働環境に
いる。一般的な値段よりも割高となるが、そのような原料生産者に対する報酬
を増やし、自立と環境の改善のため、適正な価格で継続的に製品を購入する
フェア・トレードという仕組みがある。ほかにも、コーヒーや砂糖紅茶なども
同じような問題をもつ。植民地時代の政策によるモノカルチャー経済の影響、
歴史的背景を調べながら考えてみよう。

日本は豊かか？　貧しいか？

　日本は、GDP で世界第 3 位（2018 年）を誇る先進国である。しかし一方で、
子どもの貧困が大きな問題になっている。貧困とは、格差とは異なり、社会の
なかのどのような人もそれ以下であるべきではなく、許容できない生活水準で
ある(5)。さらに、子どもの貧困は経済的な問題だけではなく、学習環境や医
療などさまざまな分野に連鎖し複合化している。また、就学や就職など長期に
わたって影響し、貧困から抜け出しにくいといわれている。そうした状況を打
破し、社会階層を移動する有力な手段と考えられてきた教育は、逆に社会階層
を再生産していると指摘されている。フランスの社会学者**ブルデュー**（Bourdieu,
P. 1930-2002）は、高い階層の養育環境がもつマナーなどの行動パターンや言
語能力、教養などの文化的資本が学校教育で有利にはたらくため、逆に教育に
よって階層構造が固定化されることを「**文化的再生産論**」として説明している。
経済からの視点だけでなく、教育などさまざまな点からも日本の未来を考えて
みよう。

日本は平和だろうか？

　戦争や紛争の対義語としてだけではなく、平和の意味を考えてみよう。人の
心の状態として平和を考えるとどうだろうか。第 2 節では国際社会におけるコ
ミュニケーション能力について考えてきたが、ここではクラスやグループなど
の小さいコミュニティでの人間関係に目を移してみよう。

　狭い世界の人間関係の歪みによって、心の平和が侵されている事態の一つが、
いじめである。いじめは、被害者、加害者だけの問題ではなく、観衆と傍観者
を加えた 4 構造で形成されており、観衆や傍観者が黙認し是認することによっ

て、継続的にエスカレートしていくとされる[6]。また最近では、教室内の地位や序列がスクール・カーストという言葉で表され、いじめという言葉ではくくることのできない日常的な上下関係のコミュニケーションといった歪んだ人間関係が指摘されている[8]。学校生活で日常となっている状況を問い直すと何がみえてくるだろうか。

　この章では、未来の社会に求められる資質について、第2節で異文化との接触の観点からコミュニケーション能力と問題解決能力について、第3節では社会課題に対する気づきと深い教養について、ワークを通して考えてきた。これらの資質に共通することは、当たり前となった日常を問い直し、他者とともに課題に気づいて新しい価値を築き、行動していくような力として考えることができた。これは、異文化間だけでなく身近な他者と関係性や社会の課題、自己自身の成長にも深く関係するようなダイナミックな学びでもある。また、自分自身が気づき、行動していくきっかけをつくり、環境を整えていくことが、教育の重要な役割の一つであろう。

注

（1）　エドワード・T・ホール（岩田慶治・谷泰彦記）『新装版　文化を超えて』TBSブリタニカ、1993 年を参照。

（2）　Carter, J. "The Island Model of Intercultural Communication", *SIETAR Japan Newsletter*, July 1997, p.15、八代京子ほか編『異文化トレーニング　改訂版』三修社、2009 年を参照。「ワーク 18-5」の図も、これらをもとに作成した。

（3）　新村出編『広辞苑』岩波書店、2008 年。

（4）　渡辺文夫『異文化と関わる心理学』サイエンス社、2002 年、61-65 頁。

（5）　阿部彩『子どもの貧困』岩波書店、2008 年を参照。

（6）　森田洋司・清永賢二『いじめ――教室の病い』金子書房、1986 年を参照。

（7）　鈴木翔『教室内カースト』光文社新書、光文社、2012 年を参照。

【読書案内】

①青木保『異文化理解』岩波書店、2001年。

　異文化接触と交流が身近で日常的なものとなっているが、文化画一化の危険性や、自分化中心主義による異文化間の衝突の問題も潜んでいる。文化人類学者の著者の体験などもふまえ、真の相互理解とは何かを説いている。

②100人の村教材編集委員会編『ワークショップ版　世界がもし100人の村だったら』特定非営利活動法人開発教育協会、2003年。

　世界を100人の村にみたて、世界の多様性と現状を「識字率」「格差」などのテーマにもとづくアクティビティとして展開している。世界の現状を疑似体験し、公正な地球社会を築くための行動へつながることを意図している。

③エドワード・T・ホール（岩田慶治・谷泰訳）『新装版　文化を超えて』TBSブリタニカ、1993年。

　人間がつくりあげた延長物と文化を定義し、その文化と人間の関係を、時間や空間、コンテクストや協調動作など、さまざまな知見から問い直し、異なる文化どうしの人々が文化対立を超え、共存するための新しい見方を示唆している。

参考文献

エドワード・T・ホール（岩田慶治・谷泰訳）『新装版　文化を超えて』TBSブリタニカ、1993年。

阿部彩『子どもの貧困』岩波書店、2008年。

Carter, J. "The Island Model of Intercultural Communication", *SIETAR Japan Newsletter*, July 1997, p.15.

教育思想史学会編『教育思想事典』勁草社、2000年。

ジャン＝ピエール・ボリス（林昌宏訳）『コーヒー、カカオ、コメ、綿花、故障の暗黒物語』作品社、2005年。

鈴木翔『教室内カースト』光文社、2012年。

高橋順一・渡辺文夫ほか編『異文化へのストラテジー』川島書店、1991年。

ピエール・ブルデュー＆ジャン＝クロード・パスロン（宮島喬訳）『再生産』藤原書店、1991年。

100人の村教材編集委員会編『ワークショップ版　世界がもし100人の村だったら』特定非営利活動法人開発教育協会、2003年。

森田洋司・清永賢二『いじめ——教室の病い』金子書房、1986年。

文部科学省「小学校外国語活動サイト」
　http://www.mext.go.jp/a_menu/shotou/gaikokugo/index.htm

文部科学省「平成 26 年度スーパーグローバルハイスクールの指定について」
　http://www.mext.go.jp/a_menu/kokusai/sgh/1346060.htm。
八代京子ほか編『異文化トレーニング　改訂版』三修社、2009 年。
渡辺文夫編『異文化接触の心理学』川島書店、1995 年。
渡辺文夫『異文化と関わる心理学』サイエンス社、2002 年。

（米川泉子）

第19章
建設的な議論のやり方とは？
「共通了解」を見出そう

　次のテーマについて、何人かで議論したとしてみよう。

　「良い教師とは、いったいどんな教師だろうか？」

　第6章でも論じられたテーマだが、まず、あなた自身でも少し考えをめぐらせてみてほしい。

　このテーマ、実際に議論してみると、混乱を極めるかひどい対立に陥るかして終わってしまうことがけっこうある。

　なぜか？　理由はおもに二つある。

　一つは、議論に参加する人たちが、ただそれぞれの経験を語り合うだけで、共通了解可能な地点を見出そうとしないこと。もう一つは、誰かが「教師たるものこうあるべきだ！」と強く主張するのに対して、「いや自分はそうは思わない！」という人が現れ、おたがいにただ対立し続けること。

　どちらも、非建設的な議論の典型的なパターンだといっていい。

1．一般化のワナ

　一つ目の問題を、筆者は「**一般化のワナ**」と呼んでいる。

　私たちは、物事を基本的には自分の経験からしか語れない。そしてその経験を、しばしば、他の人にも当てはまるものと考えて"一般化"してしまうことがある。

　たとえば、「良い教師とは、自分の仕事に使命感をもち、時に自分を犠牲にしてでも生徒のために尽くす教師だ！」と主張する人がいる。

　このように考える人は、それまでにそのような「良い」先生にめぐり会えた経験があるのかもしれない。あるいは、生徒のことをまったくかえりみない教師と出会って、その反動から、このように考えるようになったのかもしれない。

でも、この「良い」教師像に反発を覚える人も、きっと少なくないはずだ。たとえば、生徒に尽くすことを信条としている教師の"お節介"のために、ほんとうは放っておいてほしいのにかえって嫌な思いをさせられた、というような。

　何をもって「良い教師」とするかは、人によって違う。にもかかわらず、私たちはあまりにしばしば、自分の経験から得られた「良い教師」のイメージを、思わず一般化して語り合ってしまう。そしてそのために、それぞれがそれぞれのイメージをただぶつけあうだけで、議論がどこにも行きつかないということが起こるのだ。

　とりわけ教育については、誰もが教育を受けた経験をもっているため、一つや二つ、皆言いたいことがある。しかしそのために、教育論は、それぞれが「一般化のワナ」に陥って、ひどく非建設的な議論が行われることになってしまいやすいものなのだ。

　もちろん私たちは、どのようなテーマについても、基本的には自身の経験からしか考えられないし論じられないものだ。しかしその際、私たちはつねに、それが自分の経験の過度な「一般化」に陥ってしまってはいないか、十分にかえりみる必要がある。自分の経験や考えが、他の人にもちゃんと妥当性をもちうるかどうか、吟味する必要がある。そうでなければ、私たちの議論は、いつまでもおたがいの経験や考えをただ素朴に主張しあうだけの、非建設的なものになってしまうだろう。

── ワーク 19-1 ──

「一般化のワナ」に陥ってしまっているかもしれない、あなた自身の教育についての考えをあげてみよう。（例：塾の先生のほうが学校の先生よりも教え方がうまい）

2．問い方のマジック

　二つ目の問題、すなわち、「教師たる者こうあるべきだ！」「いや違う、こうあるべきだ！」という対立の問題を、筆者は「**問い方のマジック**」と呼んでいる。

　それは、「あちらとこちら、どちらが正しいか？」という、二項対立的な問いの立て方のことだ。

　私たちはこのように問われると、思わず、「どちらかが正しいんじゃないか」と思ってしまう傾向がある。たとえば先にあげた例でいえば、「教師は自分を犠牲にしてでも生徒に尽くすべきか、否か？」と問われたりすると、私たちは思わず、「どっちが正しいだろう？」と思ってしまいやすいものなのだ。

　しかしそれは、文字通り「マジック」にかかってしまった思考態度だ。

　とりわけ価値をめぐる問題に、あちらかこちらか、どちらかが絶対に正しいなどということは、まずほとんどありえないことだ。しかしこの「問い方のマジック」に、私たちはあまりによくひっかかる。「あちらとこちら、どちらが正しいか？」繰り返すが、私たちはそう問われると、思わず「どちらかが正しいんじゃないか？」と思ってしまう傾向があるのだ。

　「良い教師」をめぐる議論の場合、よくあるのは次のような「問い方のマジック」だ。

　「情熱や使命感のない者は、教師になってはならないか、否か？」言葉を換えれば、「情熱や使命感なき教師は、教師をやめるべきか、否か？」

　しかしこのような問いの立て方をするかぎり、建設的な議論を展開することはなかなかできない。先述したように、これはどちらかが絶対に正しいという話ではなく、時と場合によって答えは違ってくるからだ。あるいはまた、それは程度問題であるからだ。

　にもかかわらず、私たちは議論を行うとき、この「問い方のマジック」に引っかかってしまうことがある。ある対立的な意見が出たとき、思わず、そのどちらが正しいか、決着をつけようとしてしまうのだ。

　以上述べてきた「一般化のワナ」と「問い方のマジック」は、私たちが何ら

かのテーマで議論をするとき、その議論を非建設的なものにしてしまう典型的なワナである。それゆえ私たちは、建設的な議論のために、まずはこれらのワナにひっかからないよう意識しておく必要がある。

　私たちはおたがいに、「これは自分の経験を過度に一般化してしまってはいないか？」と自分に問う必要がある。そしてまた、「あっちとこっち、どっちが正しいか？」という問いの立て方をしてしまっていないか、十分に反省する必要がある。この二つのワナに引っかからないことは、建設的な議論のための、まずは初歩の初歩なのだ。

```
─ ワーク19−2 ─
教育議論において、私たちがひっかかってしまいやすい「問い方のマジック」
をあげてみよう。(例：教育は子どものためのものか、それとも社会や国のための
のものか)
───────────────────────────────────
───────────────────────────────────
───────────────────────────────────
───────────────────────────────────
───────────────────────────────────
```

3．共通了解を見出す

　では、建設的な議論とはいったいどのような議論だろうか？　おたがいの経験をただ主張しあうのでも、「あっちかこっちか」で対立しあうのでもない、建設的な議論とはどのようなものだろうか？

　筆者の考えでは、それは"共通了解"を見出そうとする議論だ。

　学校では、よく、絶対の答えのない難しいテーマが議論されることがある。

　たとえば、救命ボート問題といわれる問題がある。「豪華客船が沈没し、10人乗りの救命ボートに11人が乗り込んだ。このままだと全員が溺れて死んでしまう。この場合、10人の命を救うために1人を犠牲にすることは、正しいことといえるかどうか？」という問題だ。

　この議論、次の二つのパターンで終わることがとても多い。一つは、「絶対の答えはないし決めることはできないけど、話し合えたことに意味があったね」で終わること。もう一つは、「正しいか、正しくないか」という「問い方のマジック」に引っかかり、延々答えの出ない対立的な議論を続けることだ。

　これはどちらも、ひどく非建設的な議論のパターンだと筆者は思う。前者の、「話し合えたことに意味がある」のはそのとおりかもしれないが、しかしそれで結局何も結論が出なければ、生徒たちはただもやもや感を抱き続けるだけで、議論することに空しさを感じてしまうこともあるかもしれない。

　後者の「問い方のマジック」については、前に述べたとおりである。この救命ボート問題も、私たちはどちらかが絶対に正しいなどと主張することはできないものだ。身もふたもない言い方をするならば、それは文字通り時と場合によるからだ。この問題は、「正しいか正しくないか」という問題ではなく、その時々の状況に応じて、「どのような選択であればぎりぎり納得できるか」というタイプの問題なのだ（もちろん完全に納得できることなんてありえないだろうけど）。

　たとえば、ボートに乗っていた男が、突然目にとまった人を海に突き落としたとしたらどうだろう？　この場合、男の行為は、（それによって残り10人が助かることを考えると、）「絶対に正しくない」とはいえないにしても、かなり問題のある行為だと多くの人は感じるだろう。

　しかし一方で、もしもそのボートのなかにとても正義感にあふれた人がいたとして、10人を救うためみずから海に身を投げたとしたらどうだろう？　この場合、その人の行為は、（残された家族のことやそれ以外の選択肢もあったかもしれないことを考えると、）「絶対に正しい」とはいえないにしても、とても「立派」な行為だと多くの人は感じるだろう。

　そして、いまいみじくも「立派」という言葉を使ったように、私たちはその人の行為を、「正しいか間違っているか」という尺度だけでは、判断できないししないはずなのだ。救命ボート問題は、「どちらが正しいか？」という問いの立て方で論じあうかぎり、不毛な議論を呼び起こす、典型的な「問い方のマジック」といわざるをえないものなのだ。

　こうした、「あちらかこちらか」で対立するのでも、あるいは「答えはない

けど話し合えてよかったね」ですませるのでもない建設的な議論、それが、「ここまでならおたがいに納得・合意できる」という地点を、たがいに見出しあおうとする議論である。

　というと、それは妥協点を探すことかと考えられるかもしれないが、必ずしもそういうわけではない。おたがいに合意できる、つまり共通了解を得られる議論とは、しぶしぶ妥協しあうというよりは、おたがいが十分に納得しあえるポイントを探す議論のことなのだ。

　もちろん、私たちは、そのような納得・合意を必要としない議論を行うときもある。それこそ、ただ話し合っていることそれ自体が楽しいというときもある。相手を言い負かすことが目的の場合もある。しぶしぶ妥協することもある。でも建設的な議論というかぎり、筆者はそれを、できるだけ議論に参加した人たち全員の、十分な納得・合意——共通了解——を得られる議論のことといいたいと思う。

　建設的な議論、それは「共通了解」を見出そうとする議論のことなのだ。

４．超ディベート

　では私たちは、どうすれば共通了解を見出す議論をすることができるだろうか？

　その一つの方法として、筆者は、「**超ディベート**」あるいは「**共通了解志向型ディベート**」というものを提唱している。

　もっともこれは、あくまでも一つの方法として定式化したものなので、その手順それ自体にとり立ててこだわる必要はない。でもその基本発想は、建設的な議論の本質をなすものといっていいのではないかと筆者は考えている。

　いわゆる（競技）ディベートは、現代におけるもっともポピュラーな議論の方法として、いまではほとんどの中学・高校で取り入れられている。その利点は、議論を感情的にではなく論理的に展開する力がつく、とか、相手の考えも理解する必要があるので、物事を多角的にみられるようになる、などといわれている。

　たしかにそのような面はあるだろう。しかし筆者は、ディベートの思考スタ

イルは、時にある大きな問題を抱えてしまうこともあると考えている。

それはまさに、先に述べた「問い方のマジック」にかかりやすい思考の癖を、子どもたちに身につけさせてしまうという問題だ。

先述したように、「あちらとこちら、どちらが正しいか？」と問われると、私たちは思わず、「どちらかが正しいのではないか」と思ってしまう傾向がある。それゆえ、「あちらとこちら、どちらが論理的に説得的か」を問うディベートもまた、この「マジック」にひっかかりやすい思考モードを、子どもたちに育んでしまう可能性があるのだ。

私たちは、むしろ次のような議論の仕方をこそ学び鍛えていくべきではないだろうか。「肯定側と否定側、どちらが説得的か？」ではなく、どちらの意見も考えあわせたうえで、どうすれば双方が納得できる第三のアイデアを見出すことができるだろうか、と。このような第三のアイデアを見出しあう議論を、筆者は、相互の納得と合意——共通了解——を見出そうとする、建設的な議論の基本姿勢といいたいと思う。

ではこの「超ディベート」、具体的にはどのように行われるものなのだろうか？

まず十分に理解しておくべきは、私たちのどのような思想・考えにも、絶対に正しいものなどないということだ。たとえば先にあげた例でいえば、絶対に「良い」教師などというものはない。ある人にとっては「良い」教師も、また別の人からすれば「良い」教師ではないということもある。

しかしだからといって、私たちは、「正しいものなんて何もない」と過度の相対主義に陥る必要もない。そして、「答えはないけど、まあ話し合えてよかったね」ですませてしまう必要もない。「絶対に正しい考えなんてない」などというのは、いわば織り込みずみの前提だ。建設的な議論のためには、私たちはそのうえで、なおいかに「共通了解」を見出しあっていけるかと考える必要がある。絶対に正しいことではなく、共通了解可能性を見出そうと考えるのだ。

ではそれは、どうすれば可能なのだろう？

やや哲学的・専門的な話になってしまうため詳論は避けるが、ここで理解しておくべきは、私たちの信念や考えは、つねに何らかの「欲望・関心」から形

成されているということだ。

　たとえば、「いじめをした生徒は厳罰に処するべきだ」と考えている人がいたとする。その人は、なぜそのような考えをもつようになったのか？　それはもしかしたら、（自覚できるかどうかは別として）たとえばかつていじめにあったことがあり、それゆえいじめをする生徒たちに復讐したいという「欲望・関心」があるからかもしれない。この「欲望・関心」から、「いじめ厳罰処分」という考えが形成されたのかもしれない。

　他方、この考えに対して、「いじめをした生徒には反省とやり直しの機会を与えるべきだ」と主張する人もいるかもしれない。その人は、いったいなぜそのように考えるようになったのか？　それはもしかしたら、かつて自身がいじめをしていて、しかしある教師との出会いが、その自分を更生させるきっかけを与えてくれたという経験があるからかもしれない。そしてそれゆえに、いじめをしている生徒たちに、そうしたやり直しのきっかけを与えたいという「欲望・関心」があるのかもしれない。

　私たちの考え・信念・思想は、このように、つきつめれば私たちの何らかの欲望・関心から編み上げられたものなのだ。

　それゆえ目を向けるべきは、まずはこれら「欲望・関心」の次元である。なぜなら私たちは、両者のこの「欲望・関心」についてであれば、おたがいにある程度は理解・納得しあえるはずであるからだ。少なくとも、その可能性は高まるはずだ。

　「厳罰にするべきだ！」「いや更生の機会を与えるべきだ！」とただ主張しあうだけではなかなか納得しあうことができないものだが、これらの考えの奥底にある、たがいの「欲望・関心」の次元までさかのぼれば、了解しあえる可能性はぐっと高まる。「復讐」の欲望・関心も、「やり直しの機会を与える」欲望・関心も、完全に共感することはなかったとしても、「なるほど、そういうことだったんだね」と、おたがいにある程度は理解できる「欲望・関心」であるはずだから。

　それぞれの主張の底にある、「欲望・関心」の次元までさかのぼりあうこと。これが、超ディベートの第一ステップなのである。

　さて、しかしだからといって、たがいの欲望・関心を、どちらも全面的に承

認するというわけにはおそらくいかない。「復讐」の欲望・関心も、「やり直し」の欲望・関心も、ある程度理解はできたとしても、完全に認めてしまうわけにはいかないだろう。

　そこで、たがいに共有できる「共通関心」を見出す必要がある。これが第二ステップだ。たとえば、復讐のためではなく、厳罰処分に値するいじめは何かと考えよう、とか、いついかなるときもやり直しの機会を与えるというよりは、そのほうが望ましいときはどういうときかと考えよう、といった認識を、「共通関心」として見出しあうのだ。

　そしてそのうえで、この「共通関心」を満たせるような、たがいに納得しあえる建設的な第三のアイデアを考えあっていく。これが第三ステップだ。再びいじめの例でいえば、どのような状況であれば、厳罰処分を視野に入れる必要があるか、そしてまた、どのような状況であれば、反省・やり直しの機会を与えることのほうが適当か、といったアイデアを、状況に応じて具体的に考えあっていくのだ。さらにまた、いじめを受けた生徒に対するケアのあり方や、いじめをしている生徒も、その底には何らかの苦悩や傷を抱えている場合が多いものだから、そのケアへと視野を広げていくことも重要だろう。

　いずれにせよ、以上のような三つのステップを通して、私たちは、「いじめをした生徒は厳罰に処するべきか、否か」といった「問い方のマジック」に陥ることなく、より建設的で柔軟な、第三のアイデアを見出しあっていくことができるようになる。少なくとも、その思考の道筋をつけることはできるようになるはずだ。

　先にあげた、「良い教師とは、生徒への愛情と情熱をもっている教師のことだ」という意見をめぐっても同様だ。私たちは、このように主張する人は、どのような欲望・関心からそのような考えをもったのかをさかのぼりあう必要がある。あるいはこの意見に反対する人が、どのような欲望・関心からこれに反対しているのか、考えあう必要がある。そしてそのうえでおたがいの共通関心

を見出しあい、この共通関心を満たすための、第三のアイデアを考えあっていくのだ。

繰り返すが、超ディベートは以下の手順を通して行われる。

1．対立する意見の底にある、それぞれの「欲望・関心」を自覚的にさかのぼり明らかにする。
2．たがいに納得できる「共通関心」を見出す。
3．この「共通関心」を満たしうる、建設的な第三のアイデアを考えあう。

ついでながらいっておくと、これは哲学者の**ヘーゲル**（Hegel, G. W. F. 1770–1831）がその思考方法として深めた「**弁証法**」に、**フッサール**（Husserl, E. 1859–1938）という20世紀ドイツの哲学者が創始した、**現象学**という哲学の方法を組み合わせた思考・議論の方法だ。

ただし、思考の方法化・マニュアル化は、それがどれだけ原理的かつ建設的であろうとも、思考を杓子定規にしてしまう危険性をつねにはらんでいる。だから筆者自身は、この超ディベートを、いま行われている競技ディベートのようにあまり形式化したくはないと考えている。しかし右にあげた三つの思考のステップは、共通了解を見出しあう建設的な議論のために、今後意識的に教育実践のなかに取り入れていけるだろうし、またその必要があるのではないかと思う。

5．さあ議論をはじめよう

以下、本章の議論をまとめておこう。

まず、「一般化のワナ」と「問い方のマジック」に引っかかってはいないか、私たちはつねにかえりみる必要がある。自分の経験を過度に一般化してしまってはいないか、そしてまた、「あっちとこっち、どっちかが絶対に正しいんじゃないか」と考えてしまってはいないか、たえず自覚的にみずからに問う必要がある。

そのうえで、「あちらか、こちらか」で対立するのでも、「答えはないけど話

── ワーク19-3 ──

以下のワークシートの流れに沿って、さまざまなテーマをめぐる「建設的な議論」をしてみよう。

（1）テーマ

....

....

....

⬇

（2）対立しあう考え

①	②	③	④	⑤

⬇

（3）それぞれの考えを支える「欲望・関心」（ステップ1）

①	②	③	④	⑤

⬇

（4）それぞれに通底しうる「共通関心」（ステップ2）

....

....

....

⬇

（5）「共通関心」を満たすための「第三のアイデア」（ステップ3）

....

....

....

し合えてよかったね」で終わるのでもなく、どうすれば、できるだけ議論に参加した人たち全員の「共通了解」を得られる議論を展開できるかと考える必要がある。

　そのもっとも根本的な方法は、まず、さまざまな考えの、その奥底にある「欲望・関心」の次元にまでさかのぼりあうことである。おたがいの信念や考えを、ただそのままにぶつけあうだけでは議論がどこにも行きつかないが、その底にある「欲望・関心」の次元にまでさかのぼりあえば、「なるほど、そこまでなら納得できる」という地点が見出せる可能性がある。そしてその地点を見出しあうことができれば、そのうえで、「ではおたがいが納得できる、よりよい第三のアイデアを考えあおう」と議論を進めていくことができる。

　以上が十分に理解・自覚されれば、私たちはきっと、さまざまな場面で建設的な議論を展開していくことができるはずである。

参考文献

苫野一徳『勉強するのは何のため？──僕らの「答え」のつくり方』日本評論社、2013 年。

苫野一徳『教育の力』講談社現代新書、講談社、2014 年。

山口裕也・苫野一徳・西條剛央「よい教育とは何か──公教育の「原理」が現場を変える」西條剛央・京極真・池田清彦編『よい教育とは何か　構造構成主義研究 5』北大路書房、2011 年。

（苫野一徳）

第20章
ディスカッション　テーマ集
原理から教育を問い直す

　本章においては、これまでの各章の内容を土台としながら、読者どうしで
ディスカッションを行うためのテーマを提示してみたい。ただし、ここではわ
ざと「一般化のワナ」や「問い方のマジック」にハマりやすい問題の立て方を
している。第19章の内容を参考に、これらの「ワナ」や「マジック」にハマ
らないよう注意しながら、教育の原理をめぐる議論を深めてほしい。

1．子どもと大人の境界線？──教育の目的①

　現在の日本の法律は20歳を成年と定めている。20歳をすぎれば飲酒・喫煙
などさまざまな権利が認められる。競輪・競馬などの投票券を買えるのも20
歳からである。これは学歴や職業の有無に関係なく、年齢によって一律に定め
られた、子どもと大人の境界線であるといえる。

　とはいえ、20歳の誕生日を迎えただけで、みんなが同じように大人になる
という見方には、異論もあるだろう。成人式を終えたあとであっても、自分は
まだ子どもだと感じている大学生は多い。逆に、高校に通っていた頃から、大
人としての自覚をもって行動していたという大学生もいる。高校卒業のあとす
ぐに職に就いて家族を養っている人と、30歳を超えても職に就かず親元で暮
らしている人の、どちらが子どもでどちらが大人だろうか。子どもと大人の境
界線の問題には、年齢だけでは割りきれない難しさがある。

　子どもは教育を通して大人になるのだともいわれる。あなたが思い描く子ど
もと大人の境界線はどこにあるだろうか。「子どもらしさ」「大人らしさ」とは
何を指しているのだろう。子どもは何を獲得することで、あるいは何を喪失す
ることで、大人になるのだろうか。あなたが考える大人になるための条件を、
重要と思われるものから順に三つあげてみよう。また、なぜそれらが子どもと

大人の境界線だといえるのか、根拠も一緒に書き留めておこう。さらに、これらをもとにして、子どもと大人の境界線はどこにあるのか、他の人と意見交換をしてみよう（ワーク20-1）。

　＊「一般化のワナ」にハマらないように注意！

―― ワーク20-1 ――

ディスカッション　テーマ（1）　子どもと大人の境界線？
◎子どもと大人の境界線①＝
→これが境界線だといえる根拠

....

....

....

◎子どもと大人の境界線②＝
→これが境界線だといえる根拠

....

....

....

◎子どもと大人の境界線③＝
→これが境界線だといえる根拠

....

....

....

2．現代の子どもたちに学んでほしいこと？――教育の目的②

　個人が社会のなかで生きていくために求められる能力・資質は、国や地域によっても時代によっても異なるだろう。たとえば、テレビやインターネットをはじめとする情報メディアが発達を遂げた今日、情報の検索や取捨選択にかかわる処理能力はいっそう重要性を増してきている。反対に、小型の計算機やパソコンが普及した現代社会においては、算盤による計算技術は以前ほどの価値をもたなくなってきている。また、現在は非常に重視されている英語（外国

語）の学習も、将来高機能の小型翻訳機が発明されたならたんなる趣味にすぎなくなるかもしれない。科学技術の進歩にともなって、私たちの社会は急速に変化を続けている。この社会の未来を背負ってゆく子どもたちが、いまとくに学んでおかなければならないことは何だろうか。

　あなたが、現代社会を生きる子どもたちに、いまいちばん学んでほしいことは何だろうか。重要だと思われる順に三つあげてみよう。また、なぜそれを学ぶことが重要だといえるのか、根拠もあわせて書き留めておこう。さらに、これらをもとにして、いま子どもたちが学ぶべき事柄とは何か、他の人と意見交換をしてみよう（ワーク20-2）。

　＊「一般化のワナ」にハマらないように注意！

── ワーク20-2 ──

ディスカッション　テーマ（2）　現代の子どもたちに学んでほしいこと？

◎学んでほしいこと①
→重要だといえる根拠

....

....

◎学んでほしいこと②
→重要だといえる根拠

....

....

....

◎学んでほしいこと③
→重要だといえる根拠

....

....

....

3．競争原理が教育を発展させる？──教育のシステム①

　競争原理が教育を発展させるという見解がある。日本の社会全体の趨勢をみれば、こうした意見が主流であるともいえるかもしれない。

　第一に子どもどうしの競争があげられる。これは定期試験や入学試験制度によってある程度実現されている。子どもたちのテストの点数にもとづく順位を明らかにすることで、競争心を育み学業へのモチベーションを高め、学力を向上させることにつながるという発想である。成績を基準とする習熟度別のクラス編成や、成績優秀者の飛び級、成績不振者の原級留置を推進しようという議論も、こうした競争原理への賛同と密接な関係がある。

　第二に教員どうしの競争があげられる。学習指導・生活指導などに関する評価を給与などの待遇に直結させることで、教員の自己研鑽へのモチベーションを高め、教育の質を改善することができるという発想である。こちらも、2000年代から日本全国で検討・実施されている、新しい教員評価システムの導入などによって、ある程度実現されてきている。

　第三に学校どうしの競争があげられる。子どもや保護者が自由に学校を選択できるようにすることで、学校改革や教育改善へのモチベーションを高め、特色と魅力を備えた学校づくりを推進しようという発想である。このようなシステムも、やはり 2000 年代から本格導入されてきた学校評価や学校選択制によって、実現が進められている。

　他方、こうした見解に対しては異論も多い。子どもどうしの競争を促すことは、学業を勝ち負けの問題として捉えることであり、子どもどうしの敵対心を助長するだけでなく、学びの本質から外れているという批判もある。また、教員の仕事は一定の尺度にもとづいて評価しうるものばかりではなく、短期間に明確な成果が現れるともかぎらないため、評価の徹底はかえって教育活動の多様性・柔軟性を損ねてしまうと危惧する声も聞かれる。学校どうしの競争についても同様に、学校運営を企業経営とおなじ市場原理にもとづいて捉えることに対する批判のほか、学校評価と学校選択制によって学校間格差が固定されてしまうことを危惧する声もある。

　さて、競争原理が教育を発展させるという上記の見解について、あなたは賛成の立場をとるだろうか反対の立場をとるだろうか。まずは教育に競争を導入することのメリット・デメリットを列挙したうえで、あなた自身の立場を書き留めてみよう。また、なぜ賛成あるいは反対の立場をとるのか、根拠もあわせて記しておこう。さらに、これをもとにして、教育に競争原理を取り入れることの是非について、他の人と意見交換をしてみよう（ワーク20-3）。

　＊「問い方のマジック」にハマらないように注意！

── ワーク 20-3 ──

ディスカッション　テーマ（3）　競争原理が教育を発展させる？
◎教育に競争原理を導入するメリット

◎教育に競争原理を導入するデメリット

◎教育に競争原理を導入することに　　　賛成　・　反対
→賛成・反対の根拠

4．オルタナティブ教育から学ぶこと？──教育のシステム②

　第4章において言及されたように、従来の学校教育とは異なる理念・方法をもったオルタナティブ教育には、シュタイナー教育以外にもさまざまな種類がある。再度あげておくなら、モンテッソーリ教育、ドルトン・プラン学校、イエナ・プラン学校、サドベリー・スクール、フレネ学校、サマーヒル・スクールなどである。これらを典型とするオルタナティブ教育には、教師主導・教科

書中心の一般の学校教育とは異なり、子どもの個性や自主性にもとづく活動を重視したものが多くみられる。

　一般の学校教育よりもオルタナティブ教育に魅力を感じて、実際に子どもを通わせたりオルタナティブ教育施設に就職したりする人もいる。あなたが一般の学校で教壇に立ちたいと望んでいたとしても、オルタナティブ教育の理念・方法から学ぶことは多いはずである。まずは上にあげたものをはじめとするオルタナティブ教育のなかから一つを選んで、書籍やWEBサイトを参考に教育理念や教育方法の特徴について調べてみよう。そのうえで、個々のオルタナティブ教育の理念・方法から学ぶべきこと、一般の学校教育にも取り入れたほうがよいと思うことを列挙してみよう。さらに、他の人が調べたオルタナティブ教育の特徴も見比べながら、オルタナティブ教育から学ぶべきことについて

── ワーク 20−4 ──

ディスカッション　テーマ（4）　オルタナティブ教育から学ぶこと？

◎オルタナティブ教育の名称＝

◎発祥国・提唱者

◎教育理念

◎教育方法

◎そのほかの特徴

◎一般の学校教育にも取り入れたほうがよいと思うこと

①

②

③

意見交換をしてみよう（ワーク20-4）。

　＊「一般化のワナ」にハマらないように注意！

5．どのような授業が「良い」授業だったか？——理想の授業

　国語、算数、理科、社会……あなたがこれまで小学校・中学校・高校と受けてきた授業を思い起こしてみてほしい。あなたがこれは「良い」と思った授業、これが理想だと思った授業は、どのような授業だっただろうか。また各回の授業を「良い」ものにするために、教師はどのような工夫をしていただろうか。あなたが「良い」と思った授業の特徴や、担当教師の工夫を思い起こして書き留めてみよう。また、なぜその授業が「良い」といえるのか、「現在の」あなたが考える根拠もあわせて記しておこう。さらに、これらをもとにして、どのような授業が「良い」授業であるといえるのか、一人ひとりの体験を出発点として他の人と意見交換をしてみよう。

　加えて、あなたがこれまで受けてきたなかで、反対にこれは「ダメ」だと思った授業、受けていて不満を覚えるような授業はあっただろうか。あったとすれば、とくに「ダメ」なのはどのような授業であり、どのような点に不満を覚えたのだろうか。あなたが「ダメ」だと思った授業の特徴や、当時不満を覚えた理由を記してみよう。また、なぜその授業が「ダメ」だといえるのか、「現在の」あなたが考える根拠も一緒に書き留めておこう。さらに、これらをもとにして、どのような授業が「ダメ」な授業であるといえるのか、一人ひとりの体験を出発点として他の人と意見交換をしてみよう（ワーク20-5）。

　＊「一般化のワナ」にハマらないように注意！

6．どのような教師が「良い」教師だったか？——理想の教師

　厳しい教師、優しい教師、授業の上手な教師、話の面白い教師……あなたがこれまで小学校・中学校・高校と出会ってきた教師のことを思い起こしてみよう。あなたがとくに「良い」教育者だと思った教師、彼／彼女こそ理想の教育者だと思った教師は、どのような教師だっただろう。あなたが「良い」と思っ

ディスカッション　テーマ（5）　どのような授業が「良い」授業だったか？

◎あなたが「良い」と思った授業　　小学校　・　中学校　・　高校　　年

◎教科名

◎授業の特徴

◎教師の工夫

◎「良い」授業だといえる根拠

◎あなたが「ダメ」だと思った授業　　小学校　・　中学校　・　高校　　年

◎教科名

◎授業の特徴

◎当時不満を覚えた理由

◎「ダメ」な授業だといえる根拠

た教師の特徴や、当時「良い」と思った理由を、思い起こして書き留めてみよ
う。また、なぜその教師が「良い」教師だといえるのか、「現在の」あなたが

── ワーク20-6 ──

ディスカッション　テーマ（6）　どのような教師が「良い」教師だったか？

◎あなたが「良い」と思った教師　　小学校　・　中学校　・　高校　　年

◎担当教科名

◎教師の特徴

◎当時「良い」と思った理由

◎「良い」教師だといえる根拠

◎あなたが「ダメ」だと思った教師　　小学校　・　中学校　・　高校　　年

◎担当教科名

◎教師の特徴

◎当時「ダメ」だと思った理由

◎「ダメ」な教師だといえる根拠

考える根拠もあわせて記しておこう。さらに、これらをもとにして、どのような教師が「良い」教師であるといえるのか、一人ひとりの体験を出発点として

他の人と意見交換をしてみよう。

　加えて、あなたがこれまで出会ってきたなかで、反対にこれは「ダメ」だと思った教師、あるいは教育者として望ましくないと思われる特徴をもった教師はいただろうか。いたとすれば、とくに「ダメ」なのはどのような教師であり、どのような点が望ましくないと思われたのだろうか。あなたがこれは「ダメ」だと思った教師の特徴や、当時「ダメ」だと思った理由を記してみよう。また、なぜその教師が「ダメ」だといえるのか、「現在の」あなたが考える根拠もあわせて書き留めておこう。さらに、これらをもとにして、どのような教師がとくに「ダメ」な教師であるといえるのか、一人ひとりの体験を出発点として他の人と意見交換をしてみよう（ワーク20-6）。

　＊「一般化のワナ」にハマらないように注意！

7．電子辞書や携帯電話は禁止するべきか？──学習の道具

　小学生の頃、筆記には鉛筆を用いるように指定され、シャープペンシルを使うことを禁止されていた、という人も多いのではないだろうか。あるいは中学校・高校の英語の授業などで、電子辞書を使ってはならないといわれ、紙製の辞書を用いるように指示された人も少なくないだろう。大学の授業中にノートをとるかわりにパソコンや携帯電話のメモ機能を使ったり、黒板を写真に撮ったりして怒られた、という人もいるかもしれない。

　他方近年は、各種学校の授業におけるタブレット型 PC の使用が推進されるなど、学習に用いられる道具にも変化の波が押しよせてきている。こうした技術革新の時代に電子辞書の使用を禁止されたり、授業中のパソコンや携帯電話の使用を怒られたりするのは、納得できないという意見もあるだろう。便利なシャープペンシルの使用を禁止するなど、根拠が希薄だという反論も子どものなかにはあるかもしれない。

　小学校のシャープペンシル、中学校・高校の電子辞書、大学のパソコンや携帯電話、これらの道具の使用の是非について、あなたはどのように考えるだろうか。また、小学生が紙製の辞書ではなく電子辞書を使ったり、中学生がノー

---- ワーク 20−7 ----

ディスカッション　テーマ（7）　電子辞書や携帯電話は禁止するべきか？

◎鉛筆代わりのシャープペンシル

・メリット＆デメリット

・学習に用いることを認めるべきか否か（根拠を含む）

◎紙製の辞書の代わりの電子辞書

・メリット＆デメリット

・学習に用いることを認めるべきか否か（根拠を含む）

◎ノート代わりのパソコンや携帯電話

・メリット＆デメリット

・学習に用いることを認めるべきか否か（根拠を含む）

ト代わりにパソコンや携帯電話を使ったり、大学生が友人に授業内容の録画・録音を依頼したりすることについてはどうだろうか。ここにあげた道具を学習

のために使用することについて、まずはあなたの考えるメリットとデメリットを列挙してみよう。そのうえで、これらの道具を学習のために用いることを認めるべきか否か、根拠を明らかにしたうえであなたの意見を書き留めておこう。さらに、これらをもとにして、シャープペンシルや、電子辞書、パソコン、携帯電話などの道具を学習に用いることの是非について、他の人と意見交換をしてみよう（ワーク20-7）。

　＊「問い方のマジック」にハマらないように注意！

8．空はどうして青いのか？——子どもの疑問

　あなたは小学校1年生の担任教員であると仮定してみよう。4月に新入生を迎えてから早2カ月が過ぎて、梅雨のあいまに珍しく太陽が顔を覗かせたある日のお昼休み。クラスの児童が一人あなたのもとにやってきた。

　「先生、どうしてお空は青いの？」

　さて、小学校1年生の児童からのこの素朴な疑問に、あなたはどのように答えを返すだろうか。あなたが「これが望ましい」と考える児童とのかかわり方や、疑問への答えを書き留めてみよう。また、なぜそのようなかかわり方や答えが望ましいといえるのか、根拠もあわせて記しておこう。さらに、これらをもとにして、子どもからの素朴な疑問にどのように答えるのが望ましいのか、他の人と意見交換をしてみよう。

　加えて、反対にあなたが「これは望ましくない」と考える児童とのかかわり方や、疑問への答えも書き留めてみよう。また、なぜそのようなかかわり方や答えは望ましくないといえるのか、根拠もあわせて記しておこう、さらに、これらをもとにして、子どもからの素朴な疑問に対する望ましくない答えとはどのようなものか、他の人と意見交換をしてみよう（ワーク20-8）。

　＊「一般化のワナ」や「問い方のマジック」にハマらないように注意！

─── **ワーク 20 − 8** ───

ディスカッション　テーマ（8）　空はどうして青いのか？

◎あなたが「望ましい」と考える児童へのかかわり方＆疑問への答え

→それが望ましいといえる根拠

◎あなたが「望ましくない」と考える児童へのかかわり方＆疑問への答え

→それが望ましくないといえる根拠

（井谷信彦）

人名索引

事項索引

・執筆者一覧（＊は編者、執筆順）

尾崎博美（おざき・ひろみ）　第1章、第6章
1978年生まれ。東北大学大学院教育学研究科博士課程後期修了。博士（教育学）。現在、東洋英和女学院大学准教授。『カルチュラル・ミスエデュケーション』（共訳、東北大学出版会、2008年）、『男女共学・別学を問いなおす』（分担執筆、東洋館出版社、2011年）、「教育目的としてのeducated person概念を問う意義とは何か」（『教育哲学研究』第102号、2010年）、「教育言説としての「ケア」論がもつ困難性と可能性」（『教育思想』第37号、2010年）、他。

髙宮正貴（たかみや・まさき）　第2章、第8章
1980年生まれ。上智大学総合人間学研究科博士後期課程修了。博士（教育学）。現在、大阪体育大学教育学部准教授。『よくわかる！教職エクササイズ①　教育原理』（編著、ミネルヴァ書房、2018年）、『ワークで学ぶ教職概論』（分担執筆、ナカニシヤ出版、2017年）、ワークで学ぶ道徳教育』（分担執筆、ナカニシヤ出版、2016年）、他。

渡邊福太郎（わたなべ・ふくたろう）　第3章、第5章
1981年生まれ。東京大学大学院教育学研究科博士課程単位取得退学。博士（教育学）。現在、慶應義塾大学文学部准教授。『ウィトゲンシュタインの教育学——後期哲学と「言語の限界」』（慶應義塾大学出版会、2017年）、シュネーデルバッハ『ドイツ哲学史　1831-1933』（共訳、法政大学出版局、2009年）、他。

＊井藤　元（いとう・げん）　第4章、第16章
1980年生まれ。京都大学大学院教育学研究科博士課程修了。博士（教育学）。現在、東京理科大学教育支援機構教職教育センター教授。『シュタイナー「自由」への遍歴——ゲーテ・シラー・ニーチェとの邂逅』（京都大学学術出版会、2012年）、『マンガでやさしくわかるシュタイナー教育』（日本能率協会マネジメントセンター、2019年）、『笑育——「笑い」で育む21世紀型能力』（監修、毎日新聞出版、2018年）、『ワークで学ぶ道徳教育』（編著、ナカニシヤ出版、2016年）、『ワークで学ぶ教職概論』（編著、ナカニシヤ出版、2017年）、他。

山本一生（やまもと・いっせい）　第7章、第13章
1980年生まれ。東京大学大学院教育学研究科博士課程修了。博士（教育学）。現在、東洋大学文学部教育学科教授。『青島と日本——日本人教育と中国人教育』（風響社、2019年）、「青島における公立小学校の「接収」と「再編」——戦後国民政府期を中心に」（『中国研究月報』第74巻第3号、2020年）、他。

小室弘毅（こむろ・ひろき）　第9章、第14章
1975年生まれ。東京大学大学院教育学研究科博士課程単位取得退学。修士（教育学）。現在、関西大学人間健康学部准教授。『人間形成と修養に関する総合的研究』（分担執筆、野

間教育研究所、2012年)、「『しない』をする教育——身体心理療法ハコミの逆説の原理と技法から」『ホリスティック教育研究』第17集、2014年)、『ワークで学ぶ教育課程論』（分担執筆、ナカニシヤ出版、2018年）、『ワークで学ぶ教育の方法と技術』（共編著、ナカニシヤ出版、2019年）『ワークで学ぶ道徳教育〔増補改訂版〕』（分担執筆、ナカニシヤ出版、2020年）、他。

畠山　大（はたけやま・だい）　第10章、第11章
1984年生まれ。東北大学大学院教育学研究科博士課程修了。博士（教育学）。現在、東京海洋大学学術研究院准教授。『ワークで学ぶ道徳教育（増補版）』（分担執筆、ナカニシヤ出版、2020年）、『子どもと共に育ちあう エピソード保育者論（第2版）』（分担執筆、みらい、2020年）、『ワークで学ぶ学校カウンセリング』（分担執筆、ナカニシヤ出版、2019年）、『ワークで学ぶ教育課程論』（分担執筆、ナカニシヤ出版、2018年）、他。

奥井　遼（おくい・はるか）　第12章
1983年生まれ。京都大学大学院教育学研究科博士課程修了。博士（教育学）。現在、同志社大学社会学部教育文化学科准教授。『〈わざ〉を生きる身体——人形遣いと稽古の臨床教育学』（ミネルヴァ書房、2015年）、『教職教養講座 臨床教育学』（分担執筆、協同出版、2017年）、他。

井谷信彦（いたに・のぶひこ）　第15章、第20章
1980年生まれ。京都大学大学院教育学研究科博士後期課程研究指導認定退学。博士（教育学）。現在、武庫川女子大学教育学部教育学科講師。『臨床の知——臨床心理学と教育人間学からの問い』（分担執筆、創元社、2010年）、『存在論と宙吊りの教育学——ボルノウ教育学再考』（京都大学学術出版会、2013年）、他。

河野桃子（こうの・ももこ）　第17章
1978年生まれ。東京大学大学院教育学研究科博士課程単位取得退学。博士（教育学）。現在、日本大学文理学部准教授。「前後期シュタイナーを貫く「世界自己」としての「私」という観点——シュタイナーのシュティルナー解釈に見られる倫理観に着目して」（『教育哲学研究』第104号、2011年）、『よくわかる教職シリーズ　教育実習安心ハンドブック』（分担執筆、学事出版、2018年）、他。

米川泉子（よねかわ・もとこ）　第18章
1980年生まれ。上智大学総合人間科学研究科博士後期課程満期退学。修士（教育学）。現在、金沢学院大学文学部教育学科准教授。『子どもの心によりそう保育原理』（分担執筆、福村出版、2012年）、『実践保育シリーズ4　言葉』（分担執筆、一藝社、2014年）、他。

苫野一徳（とまの・いっとく）　第19章
1980年生まれ。早稲田大学大学院教育学研究科博士課程修了。博士（教育学）。現在、熊本大学大学院教育学研究科准教授。『どのような教育が「よい」教育か』（講談社選書メチ

エ、2011 年)、『勉強するのは何のため？──僕らの「答え」のつくり方』（日本評論社、2013 年）、『教育の力』（講談社現代新書、2014 年）、『「自由」はいかに可能か──社会構想のための哲学』（NHK ブックス、2014 年）、他。

ワークで学ぶ教育学〔増補改訂版〕

2015 年　4 月 30 日	初版第 1 刷発行
2020 年　3 月 31 日	増補改訂版第 1 刷発行
2023 年　4 月 15 日	増補改訂版第 4 刷発行

（定価はカヴァーに
表示してあります）

編　者　井藤　　元

発行者　中西　　良

発行所　株式会社ナカニシヤ出版
〒606-8161　京都市左京区一乗寺木ノ本町 15 番地
TEL075-723-0111　FAX075-723-0095
http://www.nakanishiya.co.jp/

装幀＝宗利淳一デザイン
イラスト＝藤沢チヒロ
印刷・製本＝亜細亜印刷
©G. ITo *et al.* 2015, 2020　　Printed in Japan.
＊落丁・乱丁本はお取替え致します。
ISBN978-4-7795-1446-3　C1037

「ワークで学ぶ」シリーズ　全7巻

ワーク課題で教育学の基本を学ぶ

ワークで学ぶ教育学 〔増補改訂版〕

井藤　元［編］　何が正しい教育なのか、良い先生とはどんな先生なのか。ワーク課題を通じて創造的思考を養っていこう。　　　　　　　　　　　2600 円＋税

ワークで学ぶ道徳教育 〔増補改訂版〕

井藤　元［編］　学校で道徳を教えることはできるのか、そもそも道徳とは何か。ワーク課題を通じて道徳をめぐる問いと向き合っていこう。　　　　2600 円＋税

ワークで学ぶ教職概論

井藤　元［編］　教師になるとはどのようなことか。理想の教師像なんてあるのか。ワーク課題を通じて「教育観」を磨いていこう。　　　　　　　2500 円＋税

ワークで学ぶ教育課程論

尾崎博美・井藤　元［編］ワーク課題と授業案を通じて、「授業を受ける立場」から「授業をつくる立場」へと視点を転換していこう。　　　　　　2600 円＋税

ワークで学ぶ学校カウンセリング

竹尾和子・井藤 元［編］　児童・生徒や家庭への支援はどうすればいいのか。ワーク課題を通じて、学校カウンセリングの良き担い手になろう。　2600 円＋税

ワークで学ぶ教育の方法と技術

小室弘毅・齋藤智哉［編］　大改正された新学習指導要領に対応。ワークを通じて「主体的・対話的で深い学び」を実践していこう。　　　　　　2600 円＋税

ワークで学ぶ発達と教育の心理学

竹尾和子・井藤　元［編］　子どもの発達はどのように進むのか。ワーク課題を通じて発達観と教育観を磨こう　　　　　　　　　　　　　　　2600 円＋税